U0864943

火红印迹

——上海公安博物馆藏品背后的故事

上海公安博物馆　编

群众出版社
·北　京·

图书在版编目（CIP）数据

火红印迹：上海公安博物馆藏品背后的故事 / 上海公安博物馆编．—北京：群众出版社，2021.5

ISBN 978-7-5014-5871-4

Ⅰ.①火… Ⅱ.①上… Ⅲ.①公安工作—藏品—上海—图集
Ⅳ.①D631-092②G262.9-64

中国版本图书馆 CIP 数据核字（2021）第 083674 号

火红印迹

——上海公安博物馆藏品背后的故事

上海公安博物馆　编

出版发行：群众出版社
地　　址：北京市丰台区方庄芳星园三区 15 号楼
邮政编码：100078
经　　销：新华书店
印　　刷：天津盛辉印刷有限公司

版　　次：2021 年 5 月第 1 版
印　　次：2021 年 5 月第 1 次
印　　张：18.75
开　　本：787 毫米×1092 毫米　1/16
字　　数：299 千字

书　　号：ISBN 978-7-5014-5871-4
定　　价：88.00 元

网　　址：www.qzcbs.com
电子邮箱：qzcbs@sohu.com

营销中心电话：010-83903991
读者服务部电话（门市）：010-83903257
警官读者俱乐部电话（网购、邮购）：010-83901775
综合分社电话：010-83901870

本社图书出现印装质量问题，由本社负责退换
版权所有　侵权必究

序

百年大党风华正茂，新时代中国朝气蓬勃。

2021 年，是中国共产党成立 100 周年，是“十四五”规划开局之年，也是全面建设社会主义现代化国家新征程开启之年。站在一个历史新起点上，回首来时路，以警徽的名义，去讲述上海公安博物馆藏品背后的故事，正当其时。

讲好上海公安博物馆藏品背后的故事，是一种对精神力量的诠释。

在担当维护国家安全和社会稳定的使命，履行打击犯罪、保护人民的职责中，上海公安始终承载着党和政府的殷殷重托，承载着人民群众的无限信任，保障着人民群众的安居乐业，维护着社会发展的稳定有序，让平安成了上海这座人民城市最美的底色。只有深入了解历史，我们才能深刻认识到，上海公安发展史就是我们宝贵的精神财富和力量源泉；深入挖掘、整理、利用红色资源，对于进一步继承和弘扬党的优良传统，传承红色基因，培育和弘扬社会主义核心价值观，具有十分重要的意义。

讲好上海公安博物馆藏品背后的故事，是一曲承上启下的旋律。

在建立和巩固红色政权的历史进程中，上海公安始终把牢人民城市的生命体征，冲决黑暗之桎梏、涤荡岁月之积秽，把国家的追求、民族的向往、人民的期盼紧密地联系在一起，用自己的生命之光闪亮警徽、温暖人心，让上海这座城市走向了新生；在具有新的历史特点的伟大斗争中，上海公安始终保持思想上的清醒、政治上的坚定，奋进在新形势、新任务提出的新挑战、新要求之中，奋进在历史担当和社会治理创新之中，以准确识变之智、科学应变之道、主动求变之能，走出了与时俱进的路子。

沧海横流，方显英雄本色。

讲好上海公安博物馆藏品背后的故事，就是讲好忠诚、讲好智慧、讲好脊梁的故事。

我们要忠实践行习近平总书记重要训词精神，牢记对党忠诚、服务人民、执法公正、纪律严明总要求，始终以党的旗帜为旗帜、以党的方向为方向、以党的意志为意志，着力锤炼铁一般的理想信念、铁一般的责任担当、铁一般的过硬本领、铁一般的纪律作风，坚决锻造一支让党放心、让人民满意的“铁一般”的公安队伍。

讲好上海公安博物馆藏品背后的故事，就是讲好心灵共鸣、讲好生命交响的故事。

我们要坚持以人民为中心的价值取向，坚持总体国家安全观，坚持维护社会公平正义，坚持共建共治共享，不断推动上海城市平安建设的数字化转型，不断增强人民群众获得感、幸福感、安全感，让上海这座人民城市更有温度、倍加安全。

警徽，因为生命之光的集聚而闪耀在天地之间；人心，因为生命之光的温暖而和谐于社会之中。

不忘初心、牢记使命。

我们共同期待着《火红印迹——上海公安博物馆藏品背后的故事》一书的出版，因为《火红印迹——上海公安博物馆藏品背后的故事》所承载的历史意义和深刻内涵，不仅可以“存史”，更应该成为一种“传播”。

是为序。

编　者

2021 年 4 月

目　录

燎原之火

——战斗在旧上海警察系统的地下党组织

孙建伟

这是一面手工缝制、年代久远的党旗。一小块红色的粗布面料上缀着一块由黄色粗布裁剪成的党徽。党徽的周边是长长短短、歪歪扭扭的针脚，看上去不怎么规整，但每一针都扎得很实在、很牢固，以至于这么多年过去了，它仍然可以向我们讲述当年的故事：在这面党旗下，曾有这么一群共产党人，他们冒着九死一生的风险潜伏在敌人的心脏，一次次坚定从容地走向殊死的战斗。革命的挫折、敌人的凶残、战友的牺牲，都不曾削弱他们的意志、动摇他们的信仰。面对极端白色恐怖，他们无比坚定地举起右手向党宣誓：对党忠诚，永不叛党！他们就是战斗在旧上海警察系统的地下党组织。

“地下警委”新党员入党宣誓时使用的中国共产党党旗

“深海”潜伏

1927 年 4 月 12 日，蒋介石发动反革命政变后，帝国主义在沪巡捕房也与国民党的警、特机关相勾结，利用各种办法搜查、破坏隐身于租界的中国共产党组织。“中央特科”为了保卫中央机关和党组织的安全，了解并掌握敌特机关的活动动向，向苏区通报敌情、营救被捕同志和惩办叛徒需要，自 1929 年起就在公共租界巡捕房和国民党上海市公安局内发展情报关系，并逐步打入和发展一些党员。1931 年首先在公共租界巡捕房建立了地下党组织。

贾斌，又名贾斌炎，男，1903 年生，安徽合肥人，1925 年在上海商务印书馆印刷厂装订部工作时，参加了“五卅”惨案发生后的全市大罢工斗争。1926 年由郑复泰（又名郑复他）、陈醒华介绍参加中国共产主义青年团。1927 年由徐茂坤、郑复泰介绍加入中国共产党。1929 年 12 月，贾斌进入嘉兴路巡捕房任华捕，成为第一个走进巡捕房的中共地下党员。1931 年，贾斌接到上级命令，在巡捕房建立起了第一个中共地下支部，贾斌任支部书记。

这一年的 7 月，来自江苏如东的王范（原名张庭谱）进入福州路巡捕房当华捕。王范，1926 年 11 月在原籍秘密加入中国共产党，当时化名张云飞，后曾改名张景庆，是一名虽与组织失去了联系，却从未忘却自己信仰的老党员。他与贾斌接上头后，于 1931 年 10 月恢复了党的组织关系，任福州路巡捕房中共地下支部书记，接受“中央特科”领导，联系人为张相泉（又名张勤）。1932 年 5 月，中共江苏省委军委在租界巡捕房建立了中共华捕委员会，李乐平任委员会书记。

然而，由于敌人的白色恐怖和王明“左”倾错误，1932 年到 1933 年，王范、张相泉、李乐平先后被捕，党组织遭到严重破坏，巡捕房的地下党员与党组织失去了联系。此时，虽然地下党组织被迫停止了活动，但隐藏在敌人内部的“深海”们坚守初心，默默等待着组织的召唤。

1936 年 4 月下旬，上海北站出现了一位器宇轩昂的年轻人。三年前，因江苏省委宣传部部长的身份暴露，他离开了这座被白色恐怖笼罩的城市，随后参加了长征。他是一个坚定的革命者，还是一位少有的参加了长征的文化人，他就是出生于浙江义乌山村农民家庭的冯雪峰。“四一二”反革命政变后，这位深受五四运动影响的“湖畔诗人”深感悲愤，毅然加入中国共产党。在遭到国民党的通缉后，他来到上海并在柔石的引荐下与鲁迅相识。其间，冯雪峰与鲁迅建立起了深厚的友谊。1930 年，冯雪峰以鲁迅为旗帜，牵头组织成立中国左翼文化界总同盟，与国民党争夺宣传阵地，在中国革命史上产生了不可磨灭的影响。

这次来上海，冯雪峰带着党中央交予的重要任务：了解、审查、联系上海各方面的地下党组织，并着手恢复和重建上海地下党组织。当时，党中央由于与上海的党组织中断了一段时间的联系，加之敌人在上海统治很严，对上海党组织和现状不尽了解。为此，冯雪峰到达上海后首先找到了鲁迅——这位党中央最为信赖的朋友，倾听他的意见。通过鲁迅的关系，冯雪峰找到了曾任中国左翼作家联盟内设中共党团成员、组织部部长的王尧山。

鲁迅是王尧山的偶像，早年王尧山在上海当学徒时，对现实十分苦闷和彷徨，接触到鲁迅的著作后，他心里一下子豁亮了，觉得“先生的著作犹如一把把解剖刀，把旧社会的肺腑内脏、血肉神经一层层地都解开了”。1931 年，在浦东电气公司当职员的王尧山加入中国共产党，确定了人生方向。后来，在纪念鲁迅逝世五十周年时他由衷地写道：“鲁迅著作犹如万丈光芒的指路明灯，引导我找到了伟大的中国共产党，使我投向革命，毫不反顾，并为献身革命感到无限的幸福。”

接上头后，冯雪峰立即指示王尧山整理上海地下党组织的有关材料，准备恢复和重建上海地下党组织，为此还专门成立了一个“临时工作委员会”，由王尧山任书记，受冯雪峰领导。王尧山迅速通过情报系统的李伟联系上了在巡捕房内静默待机的中共地下党员刘泮泉。1938 年，中共地下支部在巡捕房成功重建，刘泮泉任支部书记，上海租界巡捕房的革命火种重新点燃。

这一期间，“深海”严格执行中央“隐藏精干、长期埋伏、积蓄力量、以待时机”的斗争策略，并按照“勤学、勤业、勤友”的要求，认真学习党的方针政策；以自己的职业作掩护为党工作；考察和发展党的支持者和同情者，为将来的发展做准备。

到 1941 年 12 月太平洋战争爆发时，老闸、虹口、普陀、戈登路（今江宁路）、汇司、法租界六个巡捕房均已建立中共地下支部，有党员 40 余

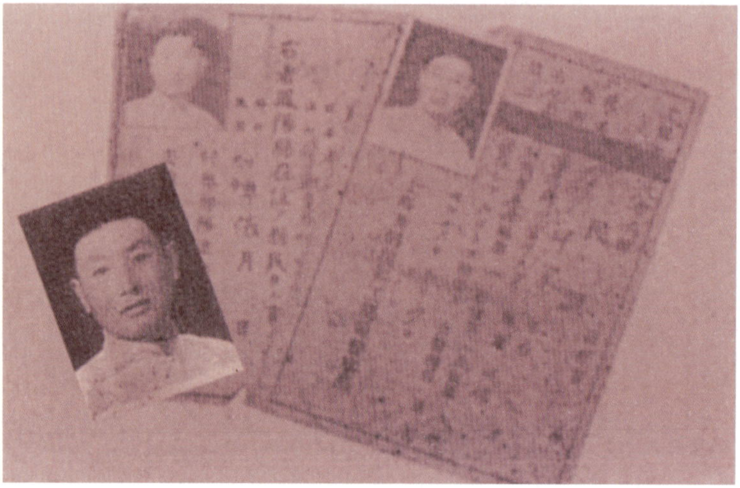

巡捕房特支书记刘泮泉用的市民证和化名为李秉镕用来
掩护自己身份的凤阳县县民证

名。1942 年，汪伪南京政府接管租界巡捕房，改为上海特别市警察局，中共地下支部仍潜伏其中，坚持地下斗争。至日本投降时，中共地下支部已发展到 11 个，党员人数上升到 130 人左右，党的外围组织“新警同盟会”拥有会员 200 余名。而这个“新”字，隐含了与旧时代的对抗和对新时代的向往，这个外围组织为党组织进一步发展储备了大量红色资源，燎原之势已经形成。

“地下警委”成立

解放前①夕的上海，不仅是我国第一大城市，也是国民党统治时期的经济、文化和金融中心。国民党在这里建立了庞大的警察及特务机构，拥有 1.6 万名警察，其中还包括由国民党京沪杭警备司令部驻无锡装甲兵营改编而来的机动车大队。驻上海的国民党特务组织更是庞杂，仅国防部保密局、内政部调查局、国防部二厅等特务系统就设有 84 个站、组，特务分子 6000 余人，其中组长以上骨干分子 1600 余人。

① 本文所说解放前、解放后，均以中华人民共和国成立（1949 年 10 月 1 日）为界限。

“地下警委”书记邵健

“地下警委”委员刘峰

“地下警委”委员马益三

“地下警委”委员贾荣顺

“地下警委”委员姜敏

“地下警委”委员苗雁群

“地下警委”委员刘诚

2020年，央视热播电视剧《隐秘而伟大》讲述了一个有正义感的年轻警察如何在“地下警委”的影响下逐步成长为一名信仰坚定的革命者。剧中这个潜伏在国民党上海市警察局里的秘密组织“地下警委”在历史上真实存在，它的全名叫“中共上海警察工作委员会”（以下简称“地下警委”）。

抗战胜利后，中共上海市委根据形势变化，决定将原警察系统里的中共地下组织整合起来，成立“地下警委”，统一领导国民党上海市警察局和各警察分局及所属一些部门内中共地下党组织和地下党员。“地下警委”由中共上海市委书记张承宗直接领导，邵健任书记，刘峰、马益三、贾荣顺、姜敏、苗雁群、刘诚任委员，拥有百余名地下党员。

此前，邵健和刘峰曾前往中共江苏省委淮安根据地，在华中局下辖的华中党校接受了培训和学习。“地下警委”成立后，如何在森严的国民党上海警察系统中带领地下党组织在关键的时候发挥利刃的作用，邵健等人深感责任重大。

这一时期，根据中共上海市委的部署，“地下警委”一方面积极配合工人、学生“反饥饿、反内战、反迫害”的爱国民主运动；另一方面在反对国民党“甄别伪警察”等斗争中以新的姿态出现。他们把为警察局内部受压迫的底层警察争取待遇，与同情、支持人民革命运动结合起来，想方设法宣传党的政策，提高那些受压迫警察的政治觉悟，以此在敌人内部赢得“群众基础”，拉来更多同路人。

邵健和他的班子成员们深入解析旧上海警察组织的构成状况后发现，警察中的很大一部分人，过去或是冀、鲁、豫等北方农村的贫苦农民，或是破产的小手工业者。他们离乡背井来上海是迫于生计，当警察是不得已为之。他们一方面充当着统治者压迫人民的工具，另一方面深受统治者的压迫和欺侮，他们只有农民和城市贫民意识，不知晓共产主义，也不了解“三民主义”。“没得法，当警察”是他们真实的内心写照。小李原在济南老家做小买卖，可水旱天灾、兵燹人祸，生意黄了。为了一家人糊口，他独自一人来上海当警察，扳过红绿灯，巡过大街，薪水天天贬值，老婆来信说大儿子生病要他赶快寄钱回去，他摸摸自己空落落的口袋，心里着急上火，却不敢跟别人讲，生怕被辞退。老陈的苏北老家是解放区，他通过乡亲了解到新四军的抗日斗争和军民鱼水情深的佳话，泛起了想回家看看的念头。

这些旧上海警察在自身悲惨经历中逐步认清了真理之所在，在感情上日益倾向于共产党。在这样水到渠成的情况下，“地下警委”根据上级党组织“大胆发展而又不让一个坏分子侵入”的建党方针，研究决定以积极、慎重、个别、秘密的原则，在旧上海警察队伍里成熟一个发展一个，有472名警察先后加入了中国共产党。

纪律保障

“根据许多朋友的经验，被捕事件之产生每每都是明知故犯，屡告不诉的自由主义，违反秘密工作纪律所造成的，而平日没有‘战斗准备’，又是仓皇失措被捕的主要原因，因之为了保卫组织战胜敌人，革命组织内必须坚决反对自由主义，严格执行秘密工作纪律，每个组织再有战斗的准备，这样敌人就无法达到破坏组织的目的。”

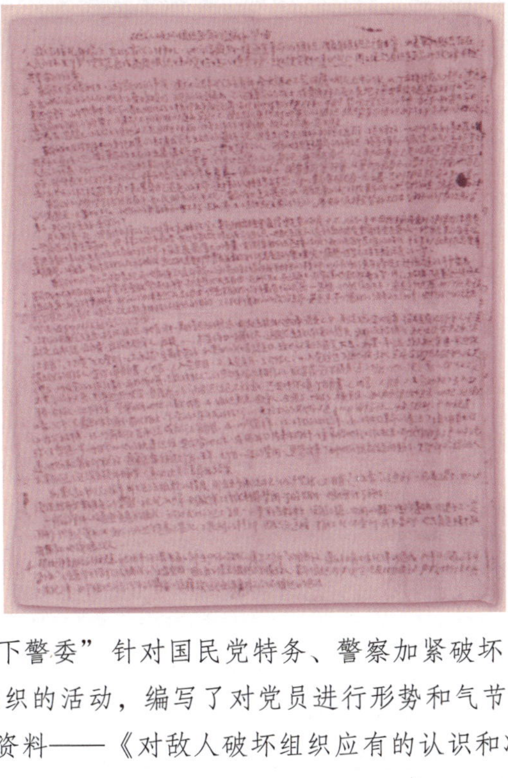

“地下警委”针对国民党特务、警察加紧破坏中共地下组织的活动，编写了对党员进行形势和气节教育的内部资料——《对敌人破坏组织应有的认识和准备》

这是"地下警委"编写的《对敌人破坏组织应有的认识和准备》中的一段话。这些战斗在旧上海警察系统的"特殊警察"，从入党起就受到了党组织对他们在形势、阶级、纪律、气节等方面的教育，通过严密组织生活，把经常的、个别的、细致的思想政治工作同隐蔽的对敌斗争紧密结合起来，从而使广大党员进一步坚定革命必胜的信心和斗志，百倍提高革命警惕和增强应对突发事变的能力，确保在特殊的环境里进行特殊斗争。

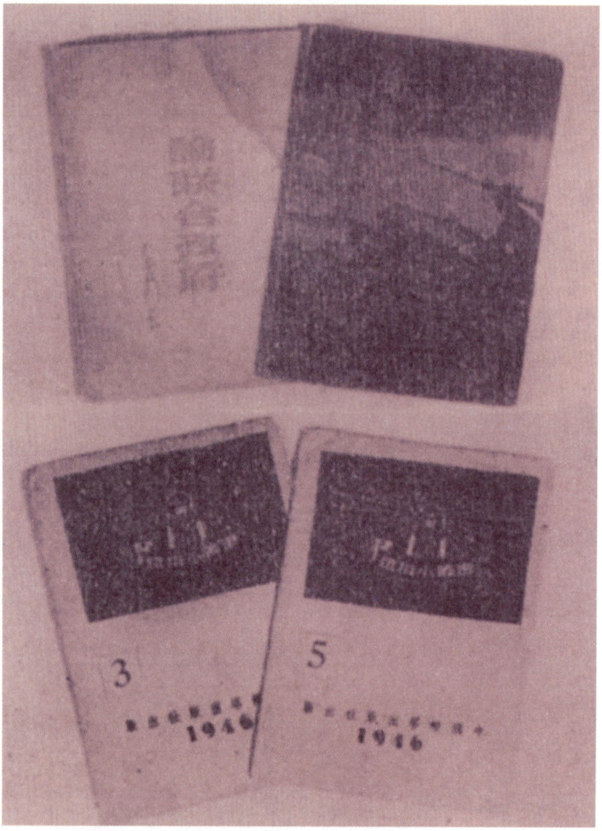

地下斗争时期的学习材料

在那面手工缝制的中国共产党党旗下，举行了一个又一个的新党员入党仪式。到1949年年初，国民党上海市警察系统的1.6万名警察中，已有20个地下党支部、近500名地下党员，且分别打入警察局调查科、人事科、户籍科和政治处等要害部门，外围组织成员扩大到2000余人。

生死决战

解放前夕，“地下警委”遇到了一个心狠手辣、嗜杀成性的对手——曾在“军统”内部被称作“毛骨森森”的毛森。1949年3月7日，毛森就任国民党上海市警察局局长。当时，解放军已逼近长江，时任京沪杭警备总司令的汤恩伯对毛森说：“我手上的兵力不够防守漫长的长江，恐怕顾此失彼。所以想在上海附近给予共军沉重打击，如此一来，上海治安必须确保，故希望你毛老弟能接任警察局长一职，大力肃清败类。”

毛森上任后派了大批特务打入上海社会的方方面面，似乎是在印证他上任伊始的那句话：“上海有1000条路，我有1000个特务。”他在警察局内部建立了“保密防谍组”“生活指导组”等特务组织，以所谓的“连环保”形式要警察人员互为签名连保连坐，借此查找、清除地下中共组织。毛森定下规矩：只要共产党员出来自首，就可保送台湾，如检举别人还可领赏，晋升三级，否则，一切后果由本人负责，等等。在他公布的《警察战时禁令》中，规定凡警察背叛国民党或弃职潜逃者均予以处死并杀戮其全家。

解放前夕，上海有数百名中共地下党员和进步人士落入毛森之手，他们未经审判就被秘密处决或突击处决。那些日子里，几乎每天都有从福州路警察局开出的行刑车呼啸着穿过市区，然后在闸北宋公园（今闸北公园）实施枪杀，或者将人直接塞入麻袋投进黄浦江，也有的革命者被活埋在牢房里。就连居住在上海的英美人士都感觉风声鹤唳、毛骨悚然，因此给了毛森一个绰号“Bloody Mao”（血腥毛）。当时的美国《生活》杂志报道，一位在上海生活多年的西方商人对记者说：“每天晚上我跪下向上帝祈祷，希望共产党的军队能够早一点儿来到这里。”

情势如此高压凶险，“地下警委”仍然选择针锋相对。他们一方面对全体党员进行形势和气节教育，列举反动警察机构镇压共产党人的种种手段，提出对付敌人的办法，教育党员在任何情况下都要坚持原则，不变节、不损害组织、不出卖同志，保持共产党员的革命气节。另一方面有针对性地组织开展“互保立功”活动，要求每个地下党员都要联系几个警察，以谈心的方式，进行认清前途教育，团结倾向共产党的警察，争取中间动摇的警察，启发大家互相保证不做危害人民利益的事，不毁坏物资档案，不转移枪支弹药，维持好社会治安，为迎接解放、配合接管警察局立功。

1949 年 4 月 25 日，毛泽东、朱德联名发布《中国人民解放军布告》（亦称《约法八章》）。“地下警委”迅速把《约法八章》精准投寄到 2000 多名一心“效忠党国”的警、特家中，并在随信附寄的警告信中告诫他们：“如继续破坏捣乱，为非作歹，定不宽贷。”这是一颗不亚于武器的“隐形炸弹”。这一精准投寄行动引起了这些人深深的恐慌和不安。黄浦分局警官吴琼曾运了 20 只汽油桶到分局，扬言要在解放军入城前用汽油将黄浦分局烧光，但接到《约法八章》和警告信后，连夜弃职逃跑。打入市局调查科的地下党员杨俊臣、董行健等五位同志，利用敌人内部混乱之机，将各分局特务呈报的准备搜捕我地下党员和进步人士的名单与行动计划报告上级党组织，成功避免了组织遭受破坏。除了死硬派，大多数警察的反动气焰大为收敛。

毛森接到报告后脸色铁青，给下属打电话时声音都变了调，“我身边就有共党”。这个判断不错，也已是不争的事实了。确实，就连他的局长办公室的勤杂工也是中共地下党员。

白区斗争是残酷的，1948 年至 1949 年解放，遭逮捕的警察有 50 余人，他们被通电流、灌辣椒水、拔指甲，有的人被砍断十指，有的人被开水活活烫死。5 月 22 日以后，被捕人员仅几小时后就被拉上刑场，监狱里的革命者也被分批屠杀。“地下警委”普陀分局支部书记钱凤歧和地下党员刘家栋、杨树浦分局地下党员钱文湘、党的外围积极分子蒋志毅等同志都是在黎明前最黑暗的时候为人民解放事业献出了生命。后来从闸北宋公园等地挖出的数以千计的尸体中找到他们其中三个人的遗体，上面到处可见惨遭毒刑留下的累累伤痕。

面对敌人的恫吓、利诱，“地下警委”近 500 名党员利用职务展开第二条战线的特殊斗争，没有一个变节、背叛革命，他们用鲜血和生命保卫了党的组织，实现了信仰的忠诚。5 月 25 日早晨八点，陈毅率领的“三野”主力沿着三排车道的贝当大道（今衡山路）进入市中心城区。早些时候，先头部队已经抵达外滩，部署在外白渡桥的国民党守军很快被击溃。从这一天开始，红色成了上海的主基调。“地下警委”在这条特殊的秘密战线，为这一抹红色留下了不可磨灭的一笔。

掀起轰动申城、震惊全国的革命运动

范晋川

秘密与公开结合，智谋与胆略并存。在国民党统治下的上海，“地下警委”借助国民党警察的公开身份，秘密配合工人、学生的“反饥饿、反内战、反迫害”运动。同时，利用反动统治者对旧上海警察的肆意压迫，组织被无故开除的警察向国民党当局请愿，要求复职，以此行动，团结一切可以团结的力量，为壮大革命队伍打下深厚的群众基础。

“申九”罢工工人登上食堂屋顶，占据制高点

1945 年 9 月底，夏日的暴热逐渐散去，由于国民党接管大员的贪腐无能，抗战胜利带给人们的欢庆和欣喜也跟暑热一样消退了。

这天早晨，上海街头行人步履匆匆，谁也没想到，一件怪事就要发生，国民党警察竟然也搞起了游行。从胶州公园（现为静安工人体育场）里出来了一支 1000 多人的游行队伍，游行队伍一路高呼“我们要生活”“我们要复职”，因为这支游行队伍是由警察组成的，所以路人纷纷停下脚步观看。

组织反“甄审”和“复职”运动

警察为什么要游行呢？这就要从头说起了。

抗战胜利后，国民党接管大员空降上海，大搞“五子登科”，在狂揽金子、票子、房子、车子、女子的同时，倒行逆施，给一批汉奸戴上了“曲线救国”的桂冠，授以要职，却宣布在上海沦陷期间的大中学生为“伪学生”，在敌伪工厂企业工作的职工为“伪工人”，必须“甄别审查”，甚至对警察也要进行“甄审”，还要每个警察交两家铺保。

此举一出，舆论大哗，被列为“伪学生”“伪工人”和“伪警察”的，不仅在人格上受到污辱，而且面临着失学、失业的危机，理所当然地激起了人们的极大愤慨和强烈反抗。

1945 年 9 月上旬，“甄审”一开始，上海工人在中共上海地下组织的领导下，开展了要求复职和救济的斗争，成立了“沪西失业工人联合会”，先后两次组织了大规模的游行示威，两万余名工人包围国民党市党部。同月下旬，交通大学、国立上海医学院等四所大学的 4000 余名学生，也组织游行到蒋介石在上海的“官邸”请愿，反对国民党当局对他们的歧视和“甄审”。

“地下警委”根据中共上海市委的指示，决定在国民党警察局内发动基层警察反对“甄审”，以配合工人、学生的行动，与国民党进行针锋相对的斗争。“地下警委”书记邵健、委员刘峰摸清情况后发现有些警察存在怕失业的顾虑，不愿出头露面投身战斗，因此在在职警察中掀起反“甄审”运动难度较大，运动的突破口应放在发动被汪伪警察局开革的警察要求“复职”问题上。

“甄审”是国民党对沦陷期间在上海警察系统工作过的人进行审查。什么是“复职”呢？1944 年，汪伪警察局以“肃清英美思想”为由，先后开除了 1000 余名警察，其中有一批是我地下党员，还有不少是在我党影响下对日伪当局采取不合作态度的爱国者。总之，凡不是竭力为敌伪效劳的，都被视为“受英美思想影响”而遭开革。抗战胜利后，国民党接管汪伪警察局后却对这 1000 多人的复职要求不予置理。

这 1000 多名被开革的警察已经没了工作，请愿复职既少顾虑又事关他们切身利益，比较容易发动，应当将他们组织起来，向国民党当局请愿，要求复职。这样，既可解决失业警察的生活问题，又可扩大社会影响，对工人、学生的反“甄审”斗争起到呼应的作用。同时，还可以乘此机会让一部分中共党员和积极分子打入国民党警察机构，以利于日后的工作。

而那些未被开革的警察，虽不愿出面，但出于多年同事之谊，或因同乡亲戚关系，对被开革的人普遍表示同情，况且自己也面临“甄审”的厄运，说不定什么时候就会被开革，心中也有不满和愤怒。因此，当地下党员提出要发动被开革的警察向国民党当局请愿复职时，赢得了广大警察的赞同。在地下党的组织下，大家分头同被开革的警察取得联系，提出的理由也是堂堂正正的：“我们被日本帝国主义和汪伪开革，受苦多年，现在抗战胜利了，国民政府接收了上海，应当让我们复职。”这样，经过一段时间的多方联络，集体行动的时机逐渐成熟。

1945 年 9 月中旬，“地下警委”发动失业警察登记并联名请愿复职。三天之内，登记人员超过了千人。而后，由地下党员发起在胶州公园举行了两次集会，进行思想教育，以坚定斗争的信心和决心；同时推选代表，以便党组织通过代表公开领导斗争。经群众推选的五名代表中有四名是中共地下党员。在代表们的带领下，又经过一番准备：分工、编队、书写横幅标语、确定请愿方案和游行路线方案等。9 月 25 日八点半，1000 余名失业警察在胶州公园集合后出发，扛着大旗和横幅，从昌平路经北京路、南京路、江西路，按预定路线游行来到福州路国民党上海市警察局门口。

市警察局副局长俞叔平听到警察游行，而且堵住了警察局大门，既感到意外，又十分恼怒。前些日子，两万多名请愿工人包围了国民党市党部，紧接着四所大学 4000 多名学生到蒋介石在上海的“官邸”请愿，现在被汪伪开革的警察竟然也同工人、学生一起游行请愿，真是“窝里反”

了。但既已“兵临城下”，只好要请愿队伍派代表进行谈判。

游行队伍集中到国民党市政府大门旁边的教堂门前等待谈判结果。俞叔平在警察局办公大楼四楼和代表见面。他摆出架势说：“你们是伪警察，是被汪伪开革的，你们要复职，去找汪好了。”谈判代表非但没被俞叔平吓住，反而据理驳斥：“日本人来以前我们就是警察，从来没做过危害国家和民族的事。政府来了，光复上海，对当汉奸的官员都继续任用，为什么我们这些受日本人迫害的普通公务人员却不能复职?”

俞叔平仍强词夺理：“你们当过伪警察就不能复职。”

代表反驳道：“东北沦陷了 14 年，难道在日本人统治下的东北人都是伪民吗？上海沦陷后，我们被敌人开革。现在抗战胜利了，我们为什么不能复职？难道当局承认日伪对我们的迫害是对的?”

俞叔平被驳得哑口无言，示意一个警察把代表带到楼下审事室，随后送进了拘留所。

游行队伍在等代表的消息，听说代表被扣押，群情激愤，他们堵住警察局和市政府门口，要求释放代表，同时请上海各大新闻媒体的记者到现场，向记者介绍了事态发生的经过，要求舆论界主持公道。

与此同时，各分局的地下党员根据“地下警委”布置，把代表被扣的消息散布开来，引起在职警察的愤怒。为了支持自己的同胞兄弟，几个分局的警察纷纷声援，给游行队伍送水送饭。

迫于压力，市警察局局长宣铁吾出面，释放了被扣押的代表，并宣布被革职者可以参加考试，合格者一律复职。

通过考试，一些年轻的、有文化的被重新录用，年纪较大的被派到企业去当驻卫警，共有二分之一的人得到了复职。几位谈判代表由于触怒了俞叔平，一个也没有被录用。

警察和工人、学生的联合斗争，迫使国民党当局不得不宣布取消“甄审”，使国民党到上海“接收”才一个多月，就受到了迎头一棒。

反“甄审”和“复职”运动取得胜利后，“地下警委”体会到只有从群众的切身利益出发，广泛发动群众，并使警察的斗争同工人、学生的斗争呼应，才能取得胜利。“地下警委”决定扩大战果，利用巡捕房时期许多老警察养老金被取消的问题，再与国民党当局开始新一轮较量。

“养老金”问题起源于公共租界的巡捕房，当时巡捕房有一项制度，规定每个华捕都要参加“储金会”。参加者每人每月从工资中取出一定数目的钱存入“储金会”，巡捕房也按人头拨出一定比例的钱并存储起来，作为华捕退休时的养老金。日本人占领租界后，“储金会”的钱被日本人拿走，去向不明。

“向国民党讨还养老金”的理由是，日本人在上海的财产全部被国民政府接收，其中就包括被日本人没收的“储金会”里的存款，所以国民政府应该偿还。

这个主张提出后，得到老警察的热烈响应，特别是那些经过考试未能复职的警察，更是情绪激昂，纷纷主张立即采取行动。在“地下警委”的领导下，分局各支部发动和组织了原在巡捕房任职的老警察到国民党上海市政府请愿，要求发还“储金会”的钱。

市政府出来一位官员，说“储金会”是租界搞的，和本政府无关。代表反驳，钱虽然是交给租界，但日本人来了把钱拿走了，现在国民政府接收了日本人的财产，这笔钱理所当然要由市政府发还。

官员理屈词穷，搪塞说这事要请示上峰才能答复。

国民党当局想施展“拖字诀”，让此事不了了之。“地下警委”的对策是在春节期间散发《告市民书》，争取社会同情，同时发动数百名警察到外滩英国驻沪领事馆申诉，还发动老警察家属，扶老携幼到国民党上海市政府门口去索取养老金，让国民党政府不得安宁。在各种压力下，国民党政府被迫妥协，向参加“储金会”的警察发还了养老金，使失业的老巡捕暂时解决了一些生活上的困难，使在职的老巡捕也有所得益。

这场斗争由于共产党员在其中发挥了积极的领导作用，“地下警委”由此团结了更多的基层警察，进一步取得了群众的信任，也鼓舞了群众的斗志，在政治上取得了很大的胜利。

领导上海“摊贩斗争”

“黄浦分局门口喊声震天，摊贩家属集体探监”。这是 1946 年 11 月 30 日上海《联合晚报》上一则消息的标题。

11 月 30 日早晨 7 点，国民党上海市警察局黄浦分局门口会集了 3000 多人，这些人中有老有小，有男有女。有人提着饭盒，有人胳膊下夹着棉被，要求进入分局给被关押的亲人送衣送饭。3000 多人齐声呐喊：“我们要吃饭，你们要放人。”

与此相呼应，在分局院内拘留所里也爆发出了怒吼：“饿死人了、冻死人了。”

分局局长杜淳哪里见过这阵势，急忙下令关闭大门，同时打电话请求总局增援。此时，上海“摊贩事件”进入了高潮。

上海“摊贩事件”是当时陷入内战的中国发生的标志性事件。毛泽东称，因国民党压迫摊贩引起市民反抗和北平美军强奸女大学生引发学生走上街头抗议，标志着蒋管区人民斗争的新高涨。

“摊贩事件”的起因是国民党政府置人民生死于不顾，以“整顿市容”为名，强令黄浦、老闸两区的摊贩，只能在河南南路、浙江南路、芝罘路、汕头路等八条短小的偏僻马路上营业。1946 年又进一步下令，自 9 月起，在黄浦、老闸两区的任何街道均不准设摊。责成警察局从 8 月起，在三个月内把摊贩取缔完毕。警察就乘机敲诈勒索，对摊贩滥行罚款，没收货物，甚至拘留监禁。

这不是要把这些人逼入绝路吗？

抗战刚胜利，蒋介石就把大量人力、财力投入内战，加上到处是美军“剩余物资”，洋货大量涌入倾销，造成民族工业的严重危机。1946 年上半年，上海倒闭的工厂就达 1600 多家，大量工人失业，为了养家糊口，他们不得不在街头摆摊谋生。据当时的资料，上海全市摊贩达十多万人。

在最繁华的黄浦、老闸两区不准设摊的通告出来后，引起了摊贩的不满，其愤怒的情绪犹如干柴，一点儿火星就可以引燃。

在黄浦区的摊贩中，有个名叫王振煊的人，以前曾在巡捕房当巡捕，是中共地下党员，虽在抗战期间被汪伪警察局革职，但组织关系仍在中共黄浦区警察分局支部。王振煊见摊贩不满情绪越来越激烈，及时把此事向支部汇报。“地下警委”分析，这正是发动群众与国民党政府斗争的一个绝好时机。

“地下警委”把想法向中共上海市委汇报，得到批准行动的意见后，委派“地下警委”委员姜敏和黄浦分局支部党员陈云升具体负责领导摊贩斗争。

在“地下警委”的领导下，300 余名摊贩成立了“黄浦区摊贩委员会”，选出了王振煊、余庆堂、史品芳等16名委员。

“黄浦区摊贩委员会”策划的第一个行动是以联名信的方式向市政府提出三点要求：一是收回不准设摊的命令；二是立即释放被捕摊贩，今后不得无故抓人；三是发还没收的货物。

联名信送出后无任何结果，当局反而加紧了取缔摊贩的行动。

于是，摊贩大请愿行动开始了。

1946年9月20日上午9点，摊贩组成的请愿队伍高呼“我们要工作”“我们要吃饭”的口号，沿现延安东路、江西中路抵达汉口路市政府门口，要求市长吴国桢出来对话。

军警沿路围堵，围观市民呐喊助威，导致交通堵塞。

市政府一位秘书出来和摊贩选出的代表王振煊等三人对话，说市长不在，请各位先回。

代表们说，市长不在，那我们就在这里等他回来。

秘书灰头土脸地退回去，隔了不长时间又出来，请三位代表进市政府商谈。

三名请愿代表拿着请愿书到市政府三楼。直等到下午，市长都没露面。秘书保证一定负责把大家的来意转告市长并答复。王振煊根据组织上“要注意斗争策略，不要与敌人硬碰”的指示，和另外两名代表商量后，决定这次请愿活动暂时休战。

“地下警委”分析，第一次摊贩请愿，虽然没有达到满意的结果，但造成了一定的社会影响，目前要做的是继续发动群众，组织更大规模的游行，造成强大声势，迫使当局让步。

就在第二次请愿活动积极筹备之际，“摊贩委员会”接到市政府通知，让三位代表到市政府对话。

这次对话地点在市政府二楼会议室，市长吴国桢出面，强硬表示为了整顿市容、交通，10月底要把黄浦、老闸两区的摊贩全部取缔。

代表问：“那摊贩一家老小的活命呢？如果不让摆摊，何以为生？请政府安排大家的生活出路。”

吴国桢哪里管老百姓的死活，坚持说：“取缔摊贩，方针已定，如若不从，依法惩处。”

代表质问：“摆摊犯了什么法？属于哪条罪？”

吴国桢无言以对，悍然重申："如果10月底黄浦、老闸再有摆摊经营，不但对经营者严惩不贷，两地警察局长的职位也保不住。"

代表们返回向"地下警委"汇报后，"地下警委"分析，当局可能要狗急跳墙。

正如"地下警委"分析的那样，此后取缔摊贩的行动升级。

1946年11月26日，国民党上海市警察局黄浦分局便衣出动，事先埋伏在摊贩设点的马路两边，待摊贩摆摊完成，一声令下，便衣出动，见人就抓，见货物就收。然后连人带货一并塞进大卡车，直驶黄浦分局。接着，老闸分局也如法搜捕。这样连续行动三天，拘捕了近2000名摊贩。

此时正值寒流袭击上海，气温骤然降到零摄氏度以下，被抓的摊贩关在拘留所里，饥寒交迫，外面的家属担心着急，要为亲人送衣送饭。"地下警委"决定抓住这个机会，发动群众集体探监。

于是出现了本文开始的一幕。

声势浩大的探监活动把黄浦分局局长杜淳吓坏了，向总局求援。上午9点，总局调来两辆消防车，用高压水枪喷向聚集在分局门口的群众，但水枪一停，示威群众又冲向分局门口，来回拉锯五六次。

见高压水枪不行，杜淳命令打开分局仓库，取出警棍，警察人手一根，然后打开大门，警察恶狼一样扑出殴打群众。面对冲出来的警察，示威群众怒不可遏，奋起自卫，用砖头和石块还击，现场顿时一片混乱，双方相持不下。

11点钟，杜淳又调来大批保安警察，个个荷枪实弹，如临大敌。就在此时，分局对面的长沙商栈里有人打了两枪，杜淳称是共党作乱，下令警备车出动，掩护保安警察向群众冲击，并开枪打伤五人。

下午6点，示威人群退到金陵东路、福建南路路口的高生大纸店门前，焚烧纸张、门板，一时火光照天。附近停了一辆警车，也被愤怒的群众推翻。

警察局调来骑巡队开枪威吓，打伤了七名群众。

"地下警委"为保护群众，急令王振煊等人掌握斗争策略，注意隐蔽自己，争取分局和保警队、骑巡队警察的同情，斗争要有理、有利、有节。王振煊根据"地下警委"指示，通过"摊贩委员会"发动群众高呼"中国人不打中国人""摊贩和警察无冤无仇""你们也有亲戚朋友是摊贩”等口号，同时告诉对方这次示威的目的。这一来果然奏效，原来凶神恶煞的武装警察，听了摊贩的宣传，产生了同情心，不少人自行离去。

在请愿群众的强大压力下，黄浦分局不得已，把关押的摊贩陆续放出，此次斗争取得了初步胜利。

当天夜里，“地下警委”召开紧急会议，决定扩大战果，争取社会支持。

12 月 1 日清晨，5000 多人的示威群众又会聚在黄浦和老闸分局门口，这天黄浦和老闸的公共汽车和电车停运，两区的大部分商店包括大新、新新、先施、永安等大公司关门停业，形成全市罢市局面。《大公报》翌日在“本市新闻”栏上以头条新闻报道：“摊贩骚动昨更扩大，全市入半停市状态。”

当天晚上，“地下警委”得到消息，警备司令部正调集军队，准备镇压，吴国桢叫嚣：“再有捣乱，格杀勿论。”

“地下警委”把这条消息透露给报社，声势浩大的“求生存”“反迫害”摊贩斗争赢得了社会各阶层的广泛同情和支持，反动派“格杀勿论”血腥镇压的反动气焰激起了社会舆论的强烈不满，许多开明人士纷纷向报界发表讲话，谴责反动当局的暴行。著名经济学家孙晓村说：“民为邦本，本固邦宁，人民在水深火热之中，社会绝不会安宁的。”他要求国民党政府反省自己的政策不当之处。

在群众坚决斗争和社会舆论的压力下，市长吴国桢不得不发表演说和举行记者招待会，掩盖事情真相，并撤换了黄浦分局局长杜淳，将部分没收货物陆续发还摊贩，对摊贩设摊营业也不再“取缔”和干预了，摊贩斗争在“地下警委”的领导下取得了最终胜利。

抵制“警管区”　开展护职运动

1947 年，上海人民反抗国民党政府统治的运动此起彼伏，连担任维持秩序任务的警察局也后院失火，这引起国民党政府的警惕。为了强化警察机关，他们在警察局内部建立了督察和政治警察机构，进一步加强对内部人员的控制，并推行反动的“警管区”勤务制度，以清理一批他们认为有左倾思想的人。

对此，“地下警委”组织开展了针锋相对的斗争。

当时国民党上海警察局的实际情况是，有相当一批人是由巡捕房的巡捕转化而来的，这些人当巡捕之前大都是失业工人、失地农民和小市民，在巡捕房无地位、薪水低，除少数人外，绝大多数对现实不满，只要正确引导，就有可能参加革命运动。

抗战胜利，国民党接管汪伪警察局后为加强特务机构，下决心以重庆和杭州警校的正科学员为骨干，大量招收新警进行政治、军事训练和党化教育。他们把这批新扩充进来的警察称为警员，警员进来后，把老警调到老闸和黄浦分局，不给警员称呼，准备陆续淘汰，在此基础上推行“警管区”勤务制度。

“警管区”勤务制度是国民党为了加强对社会面的控制，借鉴英美和日本的警察勤务模式推行的一种工作方式。

推行这种勤务制度的一个重要方面，是为了镇压当时此起彼伏的工人和学生的反抗运动。

怎样才能粉碎敌人的阴谋呢？“地下警委”决定从面临失业的老警打开突破口，开展护职运动。

“地下警委”提出的口号是“实行警管，敲碎饭碗”“不受当局骗，就地改警员”“要改大家改”，并印发传单和《告市民书》，准备 1947 年 6 月 2 日在外滩集合请愿，反对当局集中裁减老警察。恰好此时北京学联发出号召，动员全国学生在 6 月 2 日举行反饥饿、反内战总罢课，当局听说警察也要在这一天集合请愿，大为恐慌，立即召开紧急会议，商讨解决办法。后来连蒋介石也连夜指示，要求上海当局必须设法平息此事。

6 月 2 日，各分局局长把老警察集合起来，要求大家不要闹事，同意全部改为警员。最终“警管区”计划流产了。

护职运动不仅破坏了国民党政府推行“警管区”的计划，还使广大警察认识到反动当局欺软怕硬，只有团结起来进行斗争才有出路。同时，保护了“地下警委”在警察中发展起来的革命力量，这支力量在后来配合解放军进入上海接管、维护社会秩序方面发挥了重要作用。

支援“申九”工人罢工

1947 年年底，随着内战扩大，物价飞涨。12 月，官方公布生活费指数为 6.8 万倍，而实际物价指数高达 10 万倍以上。挣扎在生死线上的各业职工纷纷开展年关斗争。

中国纺织建设总公司（中纺公司）和棉纺业同业公会串通一气，在同三区、四区棉纺业工会谈判时，推出“年奖按照上年旧例 8 折计算”，奖金分两期发放，甚至不按当月生活费指数折算的办法。全市棉纺工人对此反响强烈。中共上海市委工委决定发动全市棉纺业工人起来为维护自身权益而斗争，提出“年奖不打折扣，按当月生活费指数发放”的要求，并选择民营纱厂中规模最大、有 7000 多名工人、有 30 名党员、群众基础较好的申新九厂率先罢工，组织全行业响应声援。申新九厂工人连续五个月没有领到配给米和煤球，斗争要求迫切。1948 年 1 月 30 日，全厂 7000 名工人同时关机停车。各车间推派代表，向资方提出年奖按当月生活费指数发放、如期发放配给物资等谈判条件。工人纠察队守护机器设备和厂内通道，女工们还走上街头，把“申九”罢工的标语贴到公交车辆上，但资方故意拖延，谈判陷入僵局。

当时，全市接连发生学潮、舞潮，工委预感到“申九”罢工有可能遭到当局的残酷镇压，2 月 1 日，便通知收缩“申九”罢工，其他厂采取适当形式支援“申九”罢工工人的斗争，躲过当局可能的镇压。由于当天与申新九厂没有联系上，工委的指示未能及时传达到厂内。2 月 2 日，国民党当局调集武装军警包围申新九厂。军警开着装甲车撞击厂门，女工们以身躯组成人墙，工人王慕媚被挤倒当场压死。愤怒的工人用铁器、砖块、碗片、桌凳自卫还击。国民党淞沪警备司令宣铁吾来到现场，下令开枪。在催泪弹、烟幕弹的掩护下，军警蜂拥而入向工人疯狂扫射，女工朱云仙、蒋贞新中弹身亡。惨案中三人牺牲，百余人受伤，200 余人被捕，365 人遭资方开除。

国民党军警1000余人包围申新九厂，镇压罢工工人，
图为罢工工人守卫在三号门前

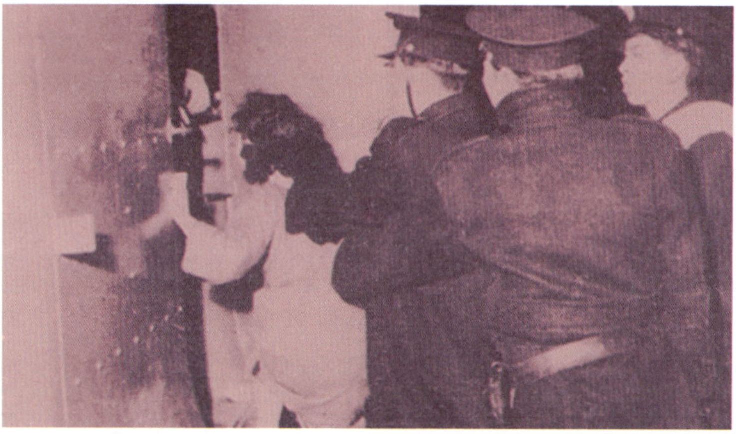

国民党军警冲进工厂后，大肆逮捕工人

“申九”惨案震惊全国。工委以工协名义发表《为“申九”惨案宣言》，揭露惨案真相，号召全市工人用各种方式行动起来，支援和援助“申九”罢工工人斗争。为配合这次斗争，在敌人内部制造矛盾，“地下警委”一面以“保警同仁会”的名义，散发了《告市民书》和《告警察书》，张贴了标语，主要内容是“中国人不打中国人”“支援工人罢工”“不要为当局卖命”等；一面发动警察募捐，慰问死难者家属及受伤工人，

还有许多警察和工人一起臂缠黑纱，追悼死难工人，在全市形成向国民党政府抗议的巨大声势。敌人在追查时发现标语、传单来源是用“保警同仁会”名义印发的，便把怀疑点集中在保警身上，对保警进行审查，核对笔迹，引起保警普遍不满。因笔迹和传单有相似之处，逮捕了三名保警，关了半年。此后，又出现同样笔迹的传单，经鉴定不是他们所为，才被释放。这样，更进一步加深了敌人内部的矛盾。

申新九厂工人的斗争在全国引起很大反响，新华社及时报道了消息，香港的《生活》《持恒学友》等进步刊物也热情颂扬了申新九厂工人的英勇抗暴事迹，人民解放军指战员闻讯后纷纷表示要多打胜仗，消灭蒋家王朝，为“申九”惨案死难者报仇。当年 8 月，在哈尔滨召开的第六次全国劳工代表大会上充分肯定了这次斗争的重大政治意义。

由警察与其他民众共同参与的“申九”后援活动推动了全市各界人民的大团结，在政治上给国民党反动派以有力的打击。

宪警冲突背后的隐形战场

姜龙飞

“利用敌人内部矛盾，扩大其裂痕，动摇其反动统治”是“地下警委”开展敌后斗争的一项重要策略。1947 年 7 月，国民党反动派公布“戡平共匪叛乱总动员令”，严禁 10 人以上的请愿和一切罢工、罢课、游行示威。在“总动员令”公布当月，首先冲破禁令罢工的竟是国民党上海市警察局的警察，领导者正是“地下警委”。上海公安博物馆的老照片引导我们穿越历史，再现那段充满艰险与智慧的岁月。

国民党警察截住运瓜车试图自救，却被宪兵刺破右前胎

7月27日夜，枪声遽响

“砰——”，紧接着又是一声，“砰——”。

仿佛被人施了定身术一般，刘君复倏然止步。无须回首，刘君复便知那枪声响自何处，起于何因。一股莫名的寒意袭向心头，刘君复情不自禁地哆嗦起来，上下牙床极不友好地互相磕碰冲撞，脚踵也变得有点儿发软，几乎难以支撑他的五尺之躯。

身后，远远的，枪声遽响之处，在他的眼前幻化成一座屠宰场，鲜血淋漓，尸横当街。鼻翼中仿佛可嗅到人血腥甜的气味。天哪，早知会闯出这等大祸，何必非看那倒霉的《龙凤花烛》不可！刘君复悔恨不已。

几小时前，刘君复吃罢晚饭出门溜达，偶遇老友金安平携新婚妻子去金都大戏院看名噪一时的古装哀艳凄情巨片《龙凤花烛》。犹如鬼使神差一般，刘君复被热情的老友连劝带拉，一路跟随，来到了金都大戏院。在检票口，三个人拿着两张票，与检票稽查张镛根好声好气商量，想着补一张票就能入场。却不料，热脸贴了冷屁股，检票稽查张镛根非但油盐不进，还对刘君复出言不逊。就这样，几个人你一言我一语，谁都不肯相让，起了争执……

金都大戏院

其间，一个宪兵中尉带兵巡逻路过这里，听到了金都大戏院的检票稽查在同人争吵，便走了进来。宪兵中尉名叫李豫泰，是国民党驻沪宪兵23

团八连的排长，人长得粗壮结实，性格火爆。他同检票稽查张镛根早已相识，平时看电影、看戏因有张镛根照应，从来不需花钱。如今张镛根与人争吵，他岂能不上前帮忙，于是仗着宪兵的身份管起了这桩闲事。

一桩小得不能再小的纠纷，在宪兵的介入下越发热闹起来。没多久，金都大戏院门口已经蜂拥了一大群人，个个踮足探首，围观凑热闹。新成分局警员卢运亨在这一片执勤，听到检票口这边汹汹的争吵声，便奋力扒开围观的人墙，出现在闹事圈内。只见一个佩戴中尉军衔的宪兵军官，正在推搡一个面皮白净的年轻人。

“有话好好说，不要难为这位先生。”卢运亨侧身其间。

“哟，半路杀出个程咬金。”中尉对这突然出现的小警察满脸不屑。

“我是维持这一带治安的警察，不是什么‘程咬金’。”卢运亨并不让步。

“警察，哈……”中尉爆出一串大笑，“看看这儿”，中尉指指自己胸前的宪兵证章，“我是宪兵团排长，别说老百姓的事，就算你是警察我也管得！”

“我当然可以管，我有治安管辖权！”

话音未落，“啪啪”两声，卢运亨就被中尉扇了两嘴巴，在场其余宪兵也上来围殴，打得卢运亨口吐鲜血，瘫倒在墙角。

宪兵打警察！这在当年的上海滩，还真不算是什么新鲜事。

抗战胜利后，大批国民党军队进入上海，横行街头，滋扰生事，胡作非为，引发民众极大愤怒。1945 年年末，上海影剧业同业公会，为抗议军人观看影剧不买票，组织全市影剧院罢影罢演。当局遂命宪兵 23 团走上街头，对现役军人行使监督纠察权。此举虽然让军人看白戏的行为有所收敛，但也带来了新的麻烦。宪兵在整饬其他军人的同时，自己的军纪同样废弛，一山难容二虎，宪警冲突不断。

1946 年 8 月 7 日晚，交通部铁路警察总局的多名警员和宪兵 23 团排长滕久烈等 30 多人，在海防路 527 号芷江大戏院为买戏票一事发生冲突，滕久烈命手下开枪，铁路警察胡崐、马茂良饮弹身亡……

1947 年 5 月，江宁分局长寿路派出所警士王开智奉命在其辖区内排解市民纠纷，被 20 多名宪兵横加干涉，并被带到康定路宪兵队扣押三个多小时。

1947 年 6 月，宪兵 23 团一辆无照大卡车，途经南京路、西藏路路口时闯红灯，与一辆电车相撞，老闸分局交通警刘成西上前执法，遭宪兵痛殴。

同月，新成分局交通警孙维福在今延安东路上管理交通，截住一辆违章吉普车，车内以宪兵班长吴志雄为首的四名宪兵将孙维福拖上车，带到思南路宪兵队殴打致伤。

桩桩件件，归根结底全一样：警察吃亏，警察斗不过宪兵。稍有不同的是，这一回金都大戏院的宪警冲突，结局比以上这些更惨。

当场打死警察七人

卢运亨在金都大戏院门口被宪兵殴打的消息传回了新成分局。

“宪兵这是打上瘾了吗?”也就是上个月，分局的交通警孙维福刚被宪兵殴打致伤，至今也没什么说法，如今一波未平，一波又起。警察们觉得上面那些当官的是靠不住了，于是 20 余名血气方刚的青年警察聚集起来，冲向了金都大戏院。

此时，卢运亨已被宪兵拖进了戏院的一处小房间，刘君复在戏院外遇到了 20 余名“救兵”，就如此这般地诉说了一番。众警察听后群情激愤，冲进戏院找到了被打得血肉模糊、惨不忍睹的卢运亨。

是可忍，孰不可忍。宪兵中尉李豫泰与另两名宪兵被警察围堵在戏院的一个屋子里，房门被撞得“吱吱”欲裂。戏院外，老闸、黄浦分局的 30 余名警察也陆续赶来撑场子。而另一边，李豫泰叫来“增援”的百余名宪兵也分乘两辆大卡车到达金都大戏院。

人越聚越多，事情也越闹越大。

“砰砰”两枪，被警察围堵在房间里的李豫泰见窗外援兵已至，重又变得嚣张起来，他朝天连鸣两枪向门外的警察示威。

枪声如同信号，围观的人群像没头的苍蝇一般乱冲乱撞，东奔西跑。他们被枪声吓到了。

枪声也一下子绷紧了所有在场的宪兵的神经，他们立即布防，有的抢占二楼窗口，有的爬上屋顶，占领有利地形居高临下，架起机枪。

急于逃命的警察纷纷攀爬上了一辆过路的运瓜卡车，催逼着司机驾车驱车向前，试图开出宪兵的包围圈。

宪兵们如临大敌，一个个枪刺平端。

刺刀的威胁是实在而直接的，司机知趣地放慢了车速。卡车如蚁蠕动。

双方都感受到了来自对方的威胁。

卡车上，警察和市民混为一堆，沉重的喘息、焦躁的探询、心神不宁的交头接耳和歇斯底里的咒骂，嗡嗡吟吟混杂成一团。骚动的气浪在众人的身前身后啸吟集聚，汇合成一股可怕的张力。仿佛只需一粒火星，这张力就会顷刻爆炸，熊熊燃烧。

警宪双方剑拔弩张，一触即发。

一个宪兵舞动着枪刺，照着卡车右前胎，“噗”的一声扎将进去。

卡车顿时倾斜不动了。

卡车上炸窝了，几个警察捶着驾驶室顶棚大声催骂着：“快开，停下来干什么？”

李光正站在车厢右侧前方，对刚才的一幕看得清楚，他没像其他的警察那样催骂司机，他知道骂也没用，与其同司机较劲，不如和宪兵论理。

李光正手扶车帮，“噌”的一下越出车厢，落在地上。

一个宪兵含胸吸肚、挺着枪刺向他袭来。只见寒光一闪，刀锋已近。

车上警察惊呼：“当心！”

李光正反应极快，一个侧身挪步，刺刀擦着他的左臂滑过，未伤半根毫毛。

李光正大骇，尖叫道：“你干什……”

话音未落，只听“砰”的一声枪响，李光正头骨爆裂、脑髓迸流，直挺挺地仰面栽倒。

再轻盈的生命，又如何躲得过索命的子弹。

一盏生命之灯，就这样熄灭了。

这位天津籍的年轻警察的记忆，永远停在了 1947 年 7 月 28 日凌晨的零时 11 分上。

金都血案，由此正式揭开。

枪声瞬间大作……

冲突后金都大戏院门前留下的血迹

几十分钟后，警宪双方密集的枪声方告终止。金都大戏院门前，横陈下一片尸体。

国民党上海市警察局 1947 年 7 月 31 日的调查书显示，该事件中有七名警察和四名过路行人被打死，四名警察和两名市民受伤。宪兵仅一人左臂受轻伤。

老闸、黄浦、静安寺等警察分局得到消息，群情激愤，议论纷纷，要求为死难者雪耻申冤，特别是与卢运亨在警察训练所同期受训的第七期学警更是怒不可遏，提出“公理定会战胜强权，血债要用血来还”的口号，形势非常紧张，大有一触即发之势。

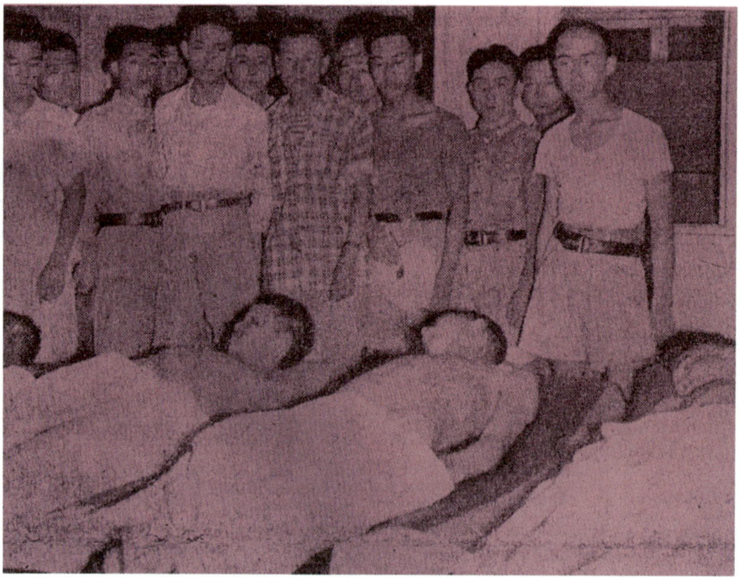

存放在殡仪馆礼堂内的七名中弹身亡的警察尸体

“地下警委”领导警察罢工

天色微明。

渐渐白亮起来的天光夹杂着湿漉漉的雾气，从敞开的窗户里透进房间，气温达到了一天的最低点，给人以惬意之感。溽暑的7月，只有这个时辰最为可人。

市声亦开始苏醒。叮叮当当的有轨电车已开始运行，嘀嘀叭叭的汽车声也不甘示弱地一浪高似一浪；涮马桶的嚯嚯声和菜贩子的沿街叫卖声，汇合成嘈杂的俚俗之曲，在淡淡的晓色里回旋荡漾。

“人都到齐了吗?”邵健扫了一眼房间问道。

“到齐了。”有人回答。

邵健是“地下警委”书记。昨夜，警察与宪兵的火并刚刚发生，他便敏锐地觉察到这是一次机会。长期的地下斗争生涯，早已练就了他审时度势、善于把握时机的能力。

“同志们，昨晚的事大家都知道，我就不详说了。召集大家来开这个紧急会议的目的，就是研究下一步工作。”

凌晨时分，警宪火并刚刚结束，中共上海市委负责人张承宗就得到了消息，接着邵健找到他，又向他汇报了血案详情。

听罢邵健的汇报，张承宗蹙眉思索了片刻：“小邵，你们要密切注意形势的发展，抓住一切可以利用的机会，灵活运用斗争策略，采取合法的斗争形式，和国民党反动当局展开斗争。”

“嗯。”邵健边听边点头。

“你刚才说的‘组织警察罢岗’，我看这个点子可行。”张承宗继续分析道，“在老百姓面前，警察是老虎，可是在宪兵面前呢，警察又成了小猫，成了弱者，宪兵才是恃强凌弱的老虎。”

“对，警察和宪兵之间的矛盾可深啦。”

“恃强凌弱是一切反动派的必然秉性嘛。我们就是要利用敌人之间的矛盾，去宣传、发动和组织‘弱者’，争取中间力量，团结一切可以团结的人，打击宪兵的嚣张气焰。这对我们有利。”

“我回去就组织。”

“要注意，不能暴露自己，毕竟警察也是反动派的专政工具。告诉大家，既要利用敌人之间的矛盾，又要善于隐蔽自己，凡事不可突出，以免被敌人发现。”

“是。”

“还有，要掌握斗争分寸，不要提群众一时接受不了的口号……”

邵健简明扼要地向警委的同志们传达了市委的指示，然后请大家就具体实施办法提出意见。

“我们大家分头向各分局支部传达布置。”

“让所有人都知道警察被宪兵残杀的消息。”

“激发警察对宪兵的不满……”

“口号可以提‘为当局卖命，生命无保障’‘为死难同人报仇雪恨’‘严惩杀人凶手，还我弟兄英魂’……”

很快，会议就议定了“地下警委”的行动方案。大家立即分头执行。

上午10点，市中心各警察分局罢岗的局面已基本形成。杨树浦、提篮桥等离市中心稍远的分局党支部在接到“地下警委”要声援黄浦、老闸、新成分局抗议宪兵暴行，进行罢岗的指示以后立即行动，得到了这些分局交通警察的响应，纷纷离开岗位，形成了全市警察罢岗的局面。上海这个繁华的大城市，一时间，交通堵塞，肇祸频频，整个交通指挥枢纽陷入瘫痪。

“总动员令”名存实亡

国民党上海市警察局局长俞叔平见状后坐立不安，下令各分局的内勤人员、保安警察、义务警察上街维持交通，以补罢岗警察之缺。但临时拼凑之举，其效果如何可想而知。

当全市警察罢岗形势形成以后，国民党上海市政府为防止连锁反应，引起工潮、学潮，于是电呈蒋介石告急，请求指点处理方针，同时采取“哄”“吓”的手段，企图把局势先缓和下来。

血案发生第二天，即29日上午，国民党上海市市长吴国桢在市警察局局长俞叔平的陪同下，亲往新成分局劝慰罢岗的警察，下午又去了常熟、嵩山、卢家湾、老闸、黄浦等分局，一路游说，舌敝唇焦，无非都是些陈词。一是要警察们勿忘职责，坚守岗位，静候调处；二是要警察多从民众角度考虑，坚持罢岗将失去民众同情，于血案的调处不利，云云。

淞沪警备司令宣铁吾也出动了，他召来与卢运亨同期受训的第七期学员训话，内容大同小异，无非“万勿意气用事，离开岗位”之类，无甚新意。

警察首先冲破罢工禁令，上海滩交通陷入困境。对此，上海各报均在社会新闻版上作为头条新闻报道。南京的《中央日报》也以大标题在头版惊呼：“金都戏院血案发生后，28日沪上，全市交通警，全体罢工，声援枪杀之员警，秩序均极混乱，迄今5时许，仍未复工。”全国其他城市的报纸，都将此作为重大新闻加以报道，影响迅速扩大，“戡平共匪叛乱总动员令”已名存实亡。

按照有理、有利、有节的原则，“地下警委”决定适时收兵，到30日下午历时三天的罢岗基本结束。罢岗斗争的胜利，大大鼓舞了大家的斗志，但斗争仍在继续，而是转换了一种形式。

“善后活动”中的斗争

就在开始罢岗的那天上午，新成分局的大院子里聚集了许多警察，有的要求当局主持公道、惩办凶手，有的提出把全市警察集中起来，以两万多警察与1000多宪兵拼个你死我活。新成分局的季锐等人跳上讲台提议成立“金都惨案善后委员会”（以下简称“善委会”），并提出各单位选派两名代表共商对策，出版刊物以争取社会同情，这个意见被大家一致接受。

国民党上海市市长吴国桢清楚，血案已成事实，处罚是否得当是平息事端的关键，不然只会火上浇油。故而当罢岗警察提出成立“善委会”和出版刊物的要求时，吴国桢采取的是睁一只眼、闭一只眼的态度，既不赞成，也不反对，不予答复。

不表态的本身就是一种表态。

不表态的表态又是一种官场技巧，吴国桢既不愿推波助澜，更不想授人以柄，不表态是为日后的斡旋留下余地，进退皆可从容。

“地下警委”经研究分析认为：如果在选派代表中，我们的力量能占主导地位，那么同样可以利用合法形式开展斗争。经过各分局党支部的努力，18名地下党员被推选为代表，加上一些党外积极分子，这批人成为“善委会”中坚力量，左右着“善委会”的一切主张和行动，国民党上海市警察局刑警科科长、特务章承祖虽也塞了几个人进去，却根本起不了作用。谈判中，共产党领导的进步力量始终起着主导作用。

7月30日，各分局代表以及自动参加谈判的代表200余人，在新成分局集中以后，分成两路，一路由20名代表去南京向国民党中央政府请愿，其余人编成小组，前往市政府、市参议会、淞沪警备司令部等处请愿。到市府请愿的代表，坚决要求吴国桢亲自接见。吴国桢为了稳住局面，能在南京政府派人来沪时不使事态恶化不得不接待代表，他以“同情”的姿态对代表们说：“本人一贯关心本市各警察同志待遇、生活，务使各位安心服务，此次惨案发生，本人极为重视，如同本人身受，现最高当局已派大员莅沪，彻查事情真相，决致水落石出，如达不到诸同志合理要求，本人辞去市长，誓与各同志在一条阵线，据理力争。”

对代表们提出的六条要求，吴国桢逐条答复称：

1. 惩凶问题，现由最高当局来沪要员，组织军事法庭，循法律途径解决；

2. 彻查主使犯、开枪行凶犯，按军法惩处；

3. 由市政府拨款给各受难同志，抚恤 3000 万元，伤者依受伤轻重，分别抚恤；

4. 划分警宪职责；

5. 追悼会待本案解决后再行扩大举行，本人决定参加；

6. 惨案责任查明后，对死伤市民再行抚恤。

在谈判中，对第七期学警代表提出要为死者建立纪念碑，把主凶就地正法的要求，吴国桢则婉转地规劝说："希望各位同志，深明大义，顾及市民安全，恢复勤务。"为了平息事态，恢复交通秩序，谈判中，吴国桢故作姿态，承诺了一些要求。

运用舆论工具，扩大政治影响

我党在与敌人斗争中一直十分重视运用舆论工具，扩大政治影响。"善委会"决定刊发《伸雪报》，地下党员蒋复强、范白苹便参加了《伸雪报》的收稿、选稿工作，经他们选定的稿件，才送给主编去定稿，表面上这些工作无关紧要，但对《伸雪报》的编辑出版则是第一个重要环节。所以尽管特务韩志刚以协助为名，行监督之实，参加该报编辑工作，但办报人员大多是血气方刚、有正义感的青年，在地下党员的影响下，报纸基本上反映了我党的主张，起到了扩大政治影响的作用。

《伸雪报》是一张 8 开铅印小报，一创刊便旗帜鲜明地亮出自己的主张，发出了"公理定会战胜强权!""团结便是力量!""抑止强暴，伸张正义""不达目的，誓不罢休"等鼓动性战斗口号和漫画，刊登了《告市民书》《告警察书》，公布了"金都血案"的真相。《伸雪报》一问世，就引起了国民党政府的惶恐不安，翌日，特务章承祖把编辑工作人员季锐、黄骞明等五人叫到新成分局局长办公室，拿出盖有上海市淞沪警备司令部印鉴的公文勒令《伸雪报》即日起停刊，否则按戡乱条例治罪。

硬顶是不策略的。

7 月 31 日，在“地下警委”的运筹下，一份取代《伸雪报》的《简报》出现了，以通报死难弟兄善后事宜为宗旨，避免与当局发生正面冲突。《简报》刚开始在内部发行，后来又逐步散发到社会，发行量日日见涨，从 500 份增至 5000 份。

针对特务章承祖在勒令《伸雪报》停刊时责问“你们办报是什么背景”，《简报》在第一期《重申本刊态度》一文中明确回答：“要讲到后盾，就是全国警察，别的就没有其他背景。”

国民党反动当局扬言用《总动员令》查办警察罢岗。《简报》说：“我们没有罢工，因为许多警察竟夜未眠，精神不济，自然要求休息。”

反动当局要警察摘去黑纱。《简报》载文说：“我们重视黑纱，因为这是纪念罹难同志，是沉痛的标志。”

反动当局说募捐运动是故意扩大影响。《简报》驳斥说：“为了抚恤死难同人，政府支付太少，不得不向社会捐款，是迫不得已。”

篇篇檄文合情合理，针锋相对，驳得国民党反动当局十分恼火，闹得蒋介石也坐卧不安。

8 月 6 日，蒋介石给上海淞沪警备司令宣铁吾下了“手谕”：

> 查金都戏院宪警发生冲突，死伤多人一案，业经饬由有关机关从严查办。在此积极侦查审判期间，无论任何方面，应该依法解决。可据报尚有少数警员意图扩大事态，仍有张贴标语、简报及发动请愿情事，殊属影响治安，淆乱听闻，特电希即妥为制止为要。

至此，《简报》已经发行了 8 期，收到了扩大政治影响的社会效果。为免遭受不必要的损失，“地下警委”决定停刊。

公祭和示威游行

7 月 29 日，国民党行政院内政部警察总署派专员王哲抵沪“调查”。王哲抵沪后即与吴国桢、俞叔平赴新成分局“劝慰”罢岗警察“坚守岗位”。为了安抚警察，王哲表示：“8 月 1 日我要亲自到中央殡仪馆公祭罹难同志，慰问死者家属。”我地下党组织立即抓住王哲的表态，发动警察参加公祭死难者，并趁此名正言顺地组织了一次示威游行。

8月2日上午9点，榆林路警察训练所教职员工和学员462人在地下党员王治安、邓鸿炎、徐在存、刘申等同志的发动下，分乘11辆大卡车、4辆小轿车，浩浩荡荡地从榆林路出发，驶往中央殡仪馆。途经宪兵23团团部驻地时，15辆汽车鱼贯而列，绕行三圈，并高呼“杀人偿命”“死者的血，生者的力，团结就是力量”！然后车队从外滩驶入一向禁止卡车通行的南京路，直往中央殡仪馆，那声势气概，无异于游行示威！

8月3日，公祭达到高潮。各警察分局的大批警察成群结队地涌向中央殡仪馆，从早到晚，络绎不绝，直至深夜。

而游行等一切聚众示威行为均为戡乱令所明令禁止。

“利用合法的形式展开对敌斗争。”在中共上海地下市委的领导下，“地下警委”的斗争技巧在这场公祭活动中展现得淋漓尽致。

8月9日，蒋介石又派出国防部次长秦德纯等12人衔钦差之命赴沪“调查”。秦德纯等来沪调查后，对“金都惨案”发生原因和责任问题取得了一致的看法后，返回南京。

8月10日《新闻报》披露：“蒋介石已指派国防部军法处处长刘慕曾中将为审判长审理此案。”在开庭审判前蒋介石下令，将上海宪兵23团全部调离上海，并将黄浦分局局长张人佑、老闸分局局长施思源、新成分局局长卓清宝以“处事失职”为由，予以革职。直到12月军事法庭才在南京对上等兵罗国新以“共同杀人罪”判处死刑，对肇事元凶李豫泰仅以“共同伤害人生罪”判处有期徒刑两年。

所谓“审判”就此草草收场，以此来安抚警察，欺骗舆论，就如同一具苟延残喘的衰朽之躯，仅仅靠一次手术是不可能延年益寿的。

“窝里斗”，国民党的先天绝症。“地下警委”在“金都事件”中，因势利导，发动了警察罢岗，冲破了国民党的反动禁令，取得了同国民党做斗争的又一次胜利，在斗争中考验了党的组织，锻炼了党员。

情报战，破晓前夕的谋略对决

姜龙飞

历史照片是上海公安博物馆藏中的大宗，结合相应的实物藏品，构成了对历史事件的真实还原。作为“知己知彼，百战百胜”军事原则的战术实践，“情报战”成为上海解放前夕“地下警委”对敌斗争的重要一环。本文追述的，便是他们与敌斗智斗勇、为取得最终胜利而展开的红色暗战。

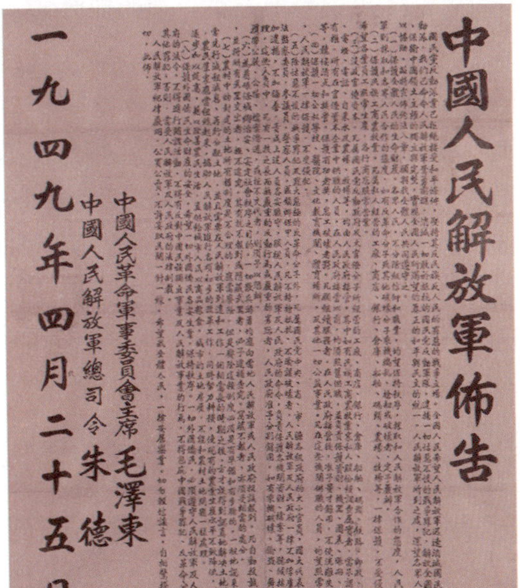

中國人民解放軍佈告

中國人民革命軍事委員會主席 毛澤東
中國人民解放軍總司令 朱德

一九四九年四月二十五日

《中国人民解放军布告》

这是一个看不见硝烟的战场，这是一条被烈士鲜血染红的征程，这是一场为理想义无反顾的前进，这是一次为信仰赴汤蹈火的冲锋……

在这特殊而“无声的世界”里，与敌对决，让暗战中的我党地下工作者无时无刻不感觉到空气的窒息，无时无刻不在紧绷每一根神经。一切都瞬息万变，一切都关乎生命，但一切也都是为了追求光明、美好与和平。在这条红色隐秘战线上，他们以坚强诠释着信仰的伟大，用生命召唤着破晓的黎明……

百万雄师完成渡江战役

1949 年 4 月 26 日傍晚，上海滩飘起一阵绵密的细雨。烟雨中，蒋介石携儿子蒋经国、孙子爱伦，乘国民党海军“太康”号军舰，悄然驶抵黄浦江下游的复兴岛。

三天前，我百万雄师刚刚完成渡江战役，并占领南京，偌大江南，已是蒋家王朝风雨飘摇的末世况味。行将覆灭的恐慌，噬咬着前朝政体的每一粒细胞。沪、宁、杭这片中国最富庶的地块，无处不浸淫于特殊的历史变奏中。蒋介石此行，是专程来给他发家之地的那些残余打气的。就在蒋介石乘坐的“太康”号军舰驶抵复兴岛的几个小时之后，全副武装的国民党上万军警同时出动，包围了上海的交通大学、复旦大学、同济大学等 14 所高校，对被列入黑名单的 352 人逐一搜捕。直接指挥这次行动的，是 3 月初刚刚出任国民党上海市警察局局长的毛森。此前，他是京（南京）沪杭警备总司令汤恩伯手下的二处处长。“临危受命”，毛森很清楚此刻自己该干什么。

5 月 7 日上午，毛森在他福州路的办公室里接到了蒋介石发来的电报。在如此狼狈混乱的局面下，“老头子”居然还清楚地记得前不久刚刚抓获的那个中共地下党电台报务员李白，并且恶狠狠地给出八个字：“坚不吐实，处以极刑！”捧读电文的一瞬间，毛森想起几天前这个“老头子”在复兴岛“白庐”别墅接见他时的切齿之声：“我们今天的失败，就是因为杀人太少。”当天，李白、秦鸿钧、张困斋等 12 位中共地下党员壮烈就义于浦东戚家庙。

5 月 9 日，毛森公布了《警察战时禁令》，其中规定：凡警察背叛党国或弃职潜逃者，格杀勿论，并屠其全家。警察局内部还成立了由“军统”特务控制的“保密组”“防谍组”“生活指导组”，令警察全体签名，实行连保连坐。

5 月 13 日，“地下警委”成员普陀分局钱凤歧、刘家栋，杨树浦分局钱文湘，进步青年蒋志毅遭到逮捕。经过整整一周毫无所获的滥施酷刑，毛森下达了行刑令，四人在闸北宋公园被枪杀。

直到 5 月 24 日，解放军已攻入市区，毛森仓皇逃离上海的前一刻，还在电话里问保安处处长黄炳炎：“下面还有几个?”

“还有九个。哪能办（吴方言：怎么办）?”

“开特伊（吴方言：毙掉他）!”

国民党反动派在闸北宋公园刑场残杀革命人士

少顷，国民党上海市警察局传出一阵枪声。被关押在底楼拘留所的沈鼎法、施南岳、朱影涣等九名革命志士横卧在血泊之中……

向全国发布《约法八章》

国民党的白色恐怖，对危巢将倾的大势毫无作用，就如鲁迅所说：“革命被头挂退的事是很少有的。”毛森警局内部仍然不断发生情报失窃、机密泄露、黑名单被毁、搜捕扑空的事，他已经嗅到了共产党就在身边的气味。他更不可能知道，早在1931年，中共地下党组织就已经打入了上海警察系统，效果显著。曾担任中共上海地下市委书记的张承宗生前回忆，到抗战结束时，上海警界各单位已成立了11个党支部，党员发展到130多人。解放战争时期，“地下警委”成立，由市委直接领导，张承宗负责联系，邵健任“地下警委”书记，刘峰、马益三、贾永顺、姜敏、苗雁群、刘诚等为委员。到1949年年初，这匹深伏在国民党专政机器内部的“特洛伊木马”，已经建立起一个党总支（下属两个分支）、17个党支部，分布在市局、各分局、保安中队及监狱等各单位，党员总数达到了472人，外围积极分子约2000人。上海解放时，全市警察系统除极少数人潜逃外，将近90%的警察留了下来，平静地等待接管、收编，这在整个解放战争期间全国的城市地下斗争中也是少见的。

1949年4月25日，刚刚指挥完成渡江战役的毛泽东、朱德，向全国发布了《中国人民解放军布告》（简称《约法八章》）。其中，第五条规定：

> 除怙恶不悛的战争罪犯及罪大恶极的反革命分子外，凡国民党中央、省、市、县各级政府的大小官员，国大代表，立法监察委员，参议员，警察人员，区、镇、乡保甲人员，凡不持枪抵抗，不阴谋破坏者，人民解放军及人民政府一律不加俘虏，不加逮捕，不加侮辱……

区别首恶与胁从，高高举起既往不咎的安抚大旗，这是对危巢之下的累卵最具分化力的攻心之策，必将产生雷霆一般的冲击力，轰垮国民党苦力撑持的最后一道心理防线。

“地下警委”认为，只有把党中央的声音发送出去，才能使它的威慑力得以发挥。但问题是，在所有的舆论之声均遭禁控之时，怎样才能把这枚“心理炸弹”送到它该去的地方呢？

经反复斟酌，“地下警委”决定把《约法八章》印成传单，直接邮寄到全市警局所有巡官以上的警官和特务手中，并随传单另附警告信一封，必须指名道姓，一人一信，每信均有针对个人的明确内容，是之谓“个性化”警告。尤其对敌人的头面人物，内容更须具体，使之具有直捣“黄龙”的最大“杀伤力”。

得到2000余名警官及特务的家庭住址是完成此次任务的必备前提。“地下警委”对此未雨绸缪，胸有成竹。

吴炎：红色暗战下密录270名敌特名单

吴炎，国民党上海市警察局行政处户口科科长。对于这样一位“户籍专家”，毛森怎么也没想到，他竟然是一名地下工作者。1935年，吴炎从江苏省警察训练所结业后，先后在江苏、湖南、四川和上海等地任实习警、警长、户籍科员、股长、科长等职，同时还在警察训练所任教官，长期从事户籍管理及教学工作。资深的专业背景，为他的情报工作提供了便利。他多次向中共华东局城工部输送重要情报，其中包括国民党警察系统的人员编制、指挥系统、武器装备情况以及警察局局长俞叔平、毛森的动态等。他还通过重点户口调查，获得了全市国民党军政人员的姓名、住址、电话、驻沪军队番号、兵力、机关位置、物资储藏点，以及标注了郊区防御工事、碉堡位置的地图等重要情报。

白色恐怖甚嚣尘上之时，吴炎遵照中共地下党组织的指示，设法弄来一批空白的国民身份证、通行证提供给中共地下工作人员使用，为大家披上了一层“合法”的保护罩。其间，吴炎成功地掩护了中共地下工作人员丁正、陆自成和同济大学九名学生躲过军警追捕，安全转移。

面对危局，毛森密谋在上海滩布设一张潜伏特务网，以此作为将来反攻时的内应。为使这些特工潜伏成功，毛森把任务交代给吴炎，要求他为每个潜伏特工办一张“国民身份证”，以便让他们混入普通市民。

吴炎立即向中共地下党组织作了汇报。组织要求吴炎在制作证件时密录一份名单交党组织，留待上海解放后查明潜伏特务的下落，清算他们的罪行。

第二天，吴炎写了一份报告呈毛森签批，然后从塘沽路民政局取来空白的“国民身份证”和发证所用印章。

两天后，毛森亲自将一份写有200名潜伏特务的花名册交给吴炎，着即办理。次日清早，吴炎便将制作完成的200份“国民身份证”和花名册原件一并交到毛森手中。与此同时，他密录的名单也很快转给了党组织。

几天后，毛森又让人拿来70人的名单、照片，说是上次遗漏的，需要补办。吴炎照单全收。

在地下党掌握的名单里，又多了70个姓名。

吴炎与户口科的中共地下党员还避开特务耳目，将全市450多万张人口卡片保护了下来，为上海解放后人民政府的城市管理提供了便利。

董行健：白色恐怖里抄写40多份机密情报

随着局势的变化，白色恐怖的气氛使人窒息。国民党上海市警察局政治处（原为调查科）是毛森直接控制的特务机构，下设的保防股是所谓“保密防谍”的绝密部门，中共地下党员董行健就潜伏在这个国民党绝密部门里。1949年3月，“地下警委”指示董行健，为配合解放军攻城，想方设法截取敌人的机密情报。

一天，保防股股长交代董行健，将全局各处室、各分局共计40多个单位的《保防小组名单》和《共党嫌疑人员名单》按统一规格抄写成册。所谓“保防小组”，即敌人暗布的鹰犬，而“共党嫌疑”，则是随时可能遭受镇压的对象。

董行健的抄写，受到特务的严密监控：白天上班时由股长从办公室抽屉中取出名单交给他，下午下班前股长再如数收回，锁入抽屉。股长另有自己的办公室，与董行建不处一室，房门钥匙由股长自控。

为了不错过这一重大机密，董行健只能在抄写名单时，趁别人不注意暗自另记在香烟盒反面或其他纸片上，或反复默背，下班后立即回到寝室记录下来。这些办法效率低，又不安全。为改变这种被动局面，他打起了保防股股长办公室门钥匙的主意。

一天，保防股股长临时有急事外出，将房门钥匙交给了他的亲信覃明代管。这是一个千载难逢的好机会，董行健决定冒险行动。董行健与覃明平日接触较多，关系熟络，他趁其午睡未醒之时，故意要他下楼去开办公室门，覃明睡意蒙眬懒得动弹，掏出钥匙扔给董行健，翻个身继续呼呼大睡。董行健立即转身下楼，趁无人注意，将一张白纸蒙在钥匙上，用铅笔迅速勾涂出钥匙轮廓图。

是夜，董行健换上胶鞋，戴上手套，摸黑打开股长办公室的门。由于早有准备，他很清楚名单锁在第二格抽屉内，上面那只抽屉并不加锁。借着窗外射来的微弱灯光，他将第一格抽屉抽出，从下一格中取出名单，不折不卷，平整地夹入上衣，随后将抽屉复原，锁好门，返回寝室。

董行健回到寝室后立即埋头灯下，开足马力，急抄两小时。到点之后绝不恋战，又立即将名单送还办公室。就这样，他接连干了三个通宵，都平安无事，不料第四夜出了点儿意外。因为拉开抽屉时用力过猛，发出的声响有点儿大，听到隔壁304室有人发出一记喝问："谁？"董行健赶紧收手，把抽屉推回原位，蹑手蹑脚退出，锁好门，考虑若沿着环绕电梯的楼梯走下三层楼，极易被追出的人发现。说时迟那时快，他蓦然发现保防股隔壁的侦防股（303室）的房门虚掩着，灵机一动，立即闪身进入，并有意把抽屉拉得乒乓作响，假装找围棋（他平时常在这里下棋）。果然，对门走出一人，是政治处处长姚恺如的亲信听差小杨。他睡眼惺忪地走过来问道："你到此地做啥？"董行健一面拿着棋子、棋盘走出办公室，一面冷言相讥："我做啥，你看不见？"小杨一时语塞。董行健吹着口哨，扬长而去。

如此这般，董行健最终将机密情报悉数送交中共地下党组织，圆满完成任务。

黄旭：惊涛骇浪中智取17张"鹰犬"档案

暗战，犹如在惊涛骇浪中航行，稍有不慎就可能万劫不复。国民党上海市警察局的刑讯室紧挨着政治处，当时几乎每天都能听到从里面传出刑讯逼供的惨叫声。刽子手越是临近覆亡越是疯狂，因逼供不得而惨遭他们毒手的中共地下党员和进步人士越来越多。

每天耳闻目睹，激起了任职政治部人事室的中共地下党员黄旭的强烈愤怒，他暗暗发誓，一定要把政治处17个股、科、处的特务骨干分子的底牌全部摸清楚，桩桩件件，有恶必录，等解放后再和这群"鹰犬"一笔一笔彻底清算。当时他要做的就是对已经到手的政治处特务人员名册进行细分，把其中十恶不赦的骨干分子挑出来，这就必须把载有这些人照片、住址等详细信息的人事卡片搞到手。

国民党上海市警察局人事记录卡

人事卡片和人事档案一起放在特制的卡档室里。卡档室与人事室材料股办公室隔门相连。卡档室的门只有管理卡档的人员抽放卡档时才开启。里面存放的卡片有24开报纸那么大，详细记载着警员的静态和动态情况。黄旭特地选定了一个星期六上午下班前的10分钟，向管卡档的人借了一份有关教育训练的公文，倚靠在卡档室门口翻阅。待12点下班吃午饭时，他对管卡档的人说："你吃饭去好了，我看完后，会把卷宗放回原处。"等对方一走，见卡档室里没人，他趁机进入，把17张卡片全部拣出，并将借阅的公文放回原处，随后关门退出。

脱身之后，黄旭直奔虹口三角地警察公寓而去，把卡片交到中共地下党同事李美旃手中，叮嘱其妥善保管，然后向直接领导蔡东园汇报。按照蔡东园的指示，由李美旃把卡片转交给在照相馆工作的同志进行拍摄，约定次日（星期日）将卡片送回，以便星期一上班后返还。

不料，当天下午，毛森突然下令：非常时期，取消星期日例假。而偏偏就在星期日下午，政治处派人到人事室要把他们全体人员的人事卡片调去自行保管。人事卡片管理人员拣出政治处全部人员卡片后，一查点，发现缺少姚恺如等特务头子和骨干人员的17张卡片，到处寻找无果，一时惊恐万状。全室人员暗中纷纷议论。

挨到下班，黄旭立刻向蔡东园作了汇报。考虑到黄旭在窃取卡片的过程中有借阅公文等情节，极易引起敌人怀疑，为安全起见，组织上要黄旭立即撤离，暂避苏州洞庭地区。但黄旭认为突然撤离风险很大，必然会引起敌人怀疑，进而招致地下党组织被破坏。经过慎重商议，组织上同意了黄旭的意见：暂时不撤，见机行事。

星期一一上班，黄旭立即把已经拍摄完成的 17 张卡片偷偷放了回去，但稍微挪动了一下位置，所幸经管人员没有察觉。

待经管人员发现卡片仍好端端地躺在柜子里时，十分诧异，但继而又想，是不是自己把卡片放错位置了，以至于昨天在原位怎么也寻不着？

事情虽然暂时应付了过去，但疑点仍在，政治处并未善罢甘休，黄旭做好了随时牺牲的准备。然而，由于上海战事发展迅猛，解放军的挺进势如破竹，国民党警局上下人心惶惶、斗志涣散，特别是关键岗位上的头头脑脑，一心只想寻找退路，哪里还有精力深究此事？人事室主任周廷洛唯恐毛森逃台时将他甩下，所有心思都花在了盯紧毛森上，对 17 张卡片失窃一事已毫无兴趣。

1949 年 5 月 25 日，沪西、沪中区首先解放，黄旭渡过了“惊涛骇浪”，终于化险为夷。

准确投放重磅“精神炸弹”

兵法云：“预则立，谋定而后动。”“地下警委”在关键一刻择机出动。

“地下警委”完整记录了解放区邯郸电台播报的《约法八章》，书记邵健、委员刘峰等亲自动手，搞来油墨、蜡纸、手推油印机和 2000 多只不同规格、颜色的信封，然后动手开工。

上海迪化路（今乌鲁木齐中路）93 号是当时“地下警委”绝密的核心“据点”，邵健的公开身份是底楼米店的老板，此处的二楼、三楼便是运行全市地下警务的指挥中心。

当时，要准确投放这批重磅“精神炸弹”是一项“时间紧，任务重，条件差，工作量大”的任务。既不可能兴师动众，又必须在绝密状态下快速完成，其艰苦程度不言而喻。整整三个昼夜，几名“地下警委”成员劳心劳力，一面舞文弄墨，写出针对性很强的文字，一面兼顾刻写钢板、推墨油印，完全手工操作，几乎所有人都累垮了。“地下警委”书记邵健身先士卒，直到发高烧晕倒在手推油印机旁。几十年后，张承宗在回忆这位“地下警委”书记时评价道：“邵健同志是个忠于党、忠于革命事业的好党员。他艰苦朴素，联系群众，勤恳工作，是个能够打开局面的好同志，永

“地下警委”在迪化路（今乌鲁木齐中路）93 号开米店作为掩护

远值得我们怀念。”

5 月 11 日以后，多达 2000 余份的《约法八章》和警告信，通过邮局陆续送达全局警官家中。一枚枚强力的“精神炸弹”在悄无声息中蓦然炸开。

国民党上海市警察局黄浦分局局长郦俊厚，刚从虹口分局调来，新官上任，很有些挽狂澜于既倒的嚣张气势，昼思夜想的都是烧出他的“三把大火”，以报效党国知遇之恩。警告信寄到他的新居，他捧读之后简直如五雷轰顶，卧榻之上和老婆偷偷盘算：“阿拉屋里搬场刚刚三天，共产党哪能介快就晓得我新地址啦?”

静安寺分局局长王华臣，平日里官腔十足，吆五喝六，接到警告信后如同挨了一闷棍，顿时瘪了下去，整日疑神疑鬼，吓得班都不敢上了，对局里的大事小情装聋作哑、不闻不问。

黄浦分局的吴琼是铁杆国民党员、三青团区队长，他为了表达反共到底的决心，之前刚从新开河拉来20桶汽油，声称半年之后解放军如果真能攻破上海滩，他要一把大火把黄浦分局烧成灰。接到警告信后，他骤然梦醒，那守城半年的癫狂劲儿顷刻间化为乌有，竟连夜弃职而去，溜之大吉。

弃职而逃的远不止吴琼一个。静安寺分局的值班室巡官冯星灿是个消息灵通人士，他对解放军的《约法八章》早有耳闻，却对此不屑一顾，还奚落了一番传话给他的人。可当《约法八章》和警告信真的送进他的家门时，他才如梦初醒，震惊不已。他左思右想，越想越悔，越想越怕，转身把手枪丢在值班室，再也不敢回去上班了。

毛森当然也接到了专门针对他的、个性化突出的警告信。表面上，他声色不露，镇定如常，并且厉声呵斥，训令限期破案，缉拿共党。对弃职不归者，他甚至发出了“格杀勿论，屠其全家”的切齿之声。然而骨子里，他已被发自心底的阵阵寒意浸透。接到警告信的当晚，毛森彻夜难眠。

上海宣告解放

1949年5月24日晚7时许，迫于“解放军已进抵兆丰公园（今中山公园）”的巨大压力，恋恋不舍煌煌都市及局座权柄的毛森，终于带着几个警卫人员和亲信，分乘两辆小轿车狼狈而逃。

随后，已接受中共地下党策反的高级警官陆大公以代局长身份向全市警察下令：“时局已变，各安职守，维护秩序，听候命令。”

27日，据后来被调往中南海，离休前担任中央警卫局副局长、8341部队政委的武健华老人回忆：“上午9时，中国人民解放军上海市军事管制委员会公安部副部长（部长陈赓未到任）梁国斌、李士英、扬帆和张文炳、邵健、钟望阳等领导同志，以及我们随行的几个秘书，分别乘车由交大直奔福州路国民党上海市警察局……”

同日，上海宣告解放。

攻克“装甲堡垒”

——策反国民党上海市警察局机动车大队

刘　翔

令人难以置信的是，警察装备中居然还有坦克车、装甲车！在上海公安博物馆内，珍藏着一枚小小的徽章，这枚徽章代表的正是国民党上海市警察局机动车大队。为迎接上海解放，“地下警委”在国民党警察机构内部开展地下斗争的同时，遵照上级党组织指示，积极主动策反装备精良有着“装甲堡垒”之称的国民党警察局机动车大队，为解放军胜利进军上海扫除了障碍。

机动车大队徽章

在上海公安博物馆内，笔者见到了该馆珍藏的这枚小小的徽章，其主体是一辆坦克，履带和主动轮清晰可见，一个带指挥塔的圆形炮塔耸立于车体之上。坦克上面层叠着红色的闪电和展翅的白鸽，白鸽翅膀上写着繁体字“機警”，下面是红色的“SPAF”英文缩写，这枚徽章代表的正是国民党上海市警察局机动车大队。

上海公安博物馆陈列的国民党上海市警察局机动车大队相关展品

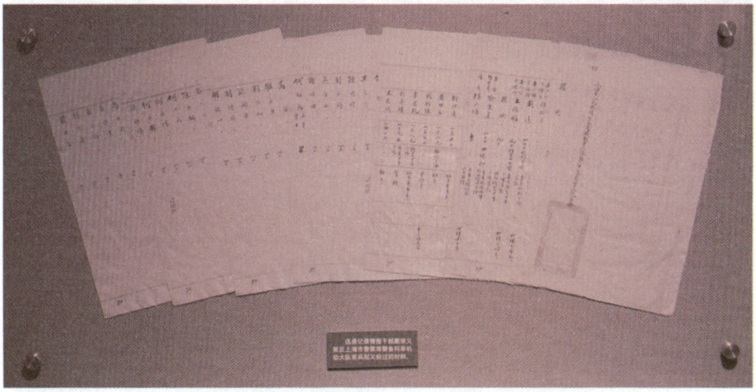

策反机动车大队起义的相关材料

1949年5月，人民解放军乘胜进军，挥师南下，逼近上海市郊，解放上海，指日可待。此时的国民党上海市警察局局长毛森早已惶惶不可终日，但他转念一想，自己手中还留有一张王牌，便似乎又有了一些底气。毛森手中的那张王牌，就是本文开头所述的国民党上海市警察局机动车大队。于是，他立即拎起办公桌上的电话，命令机动车大队即刻开往苏州河北岸，在河岸边筑起一道坚固的钢铁防线，全力阻挡人民解放军解放苏州河以北地区的步伐。

陆军装甲营变身武装警察

说起国民党警察局机动车大队，这可是上海警察历史上一支独特的队伍，甚至可以说是上海滩有史以来火力最为强大的警察武装。

国民党上海市警察局机动车大队

据相关史料记载，1945 年 9 月 12 日，国民政府派遣宣铁吾来上海接收汪伪上海特别市警察局，包括抗日战争前上海特别市保安处、公安局以及公共租界警务处、火政处、法租界警务总监部、救火会、巡捕医院、万国商团八个机构，随后合并成立了上海市警察局，并将带有武装性质的租界万国商团武装队改为车巡、骑巡、摩托车三支队伍。1947 年 3 月，国民党为了加紧镇压上海人民的反美蒋斗争，决定将国民党京沪杭警备司令部驻无锡的陆军装甲兵教导总队战车第一团装甲车营，调到上海并入摩托车队，改编为国民党上海市警察局机动车大队，直属市局。如此一来，这支由正规军改编而来，装备有坦克、装甲车、迫击炮、机关枪的装甲武装，就成了国民党上海市警察局中的最强“家当”，受到了历任局长的重视。

1949 年 5 月 29 日，人民解放军上海军管会奉命接管国民党上海市警察局机动车大队。此时，机动车大队有警员 300 多名，配有装甲车 40 多辆、迫击炮 10 门、机关枪 30 多挺、步枪 200 多支、电台 4 部。另有坦克队和炮队，装备有日制坦克、美制反坦克炮、迫击炮、重机枪等中、美、日混编的武器装备。

名副其实的“装甲堡垒”

笔者在上海公安博物馆珍藏的照片中看到国民党上海市警察局机动车大队装备的坦克主要有三种型号：第一种是日制九四式轻战车。日军坦克装甲车辆的称呼比较奇特，一般意义上的轮式装甲车叫作“装甲自动车”，而履带式的坦克车按照尺寸重量分为重战车、中战车、轻战车、重装甲车、轻装甲车，其中，轻战车、重装甲车、轻装甲车之间又没有明确的定义，所以经常混为一谈。这辆九四式轻战车又称九四式轻装甲车，其实是日本在“二战”期间使用的一种超轻型坦克。该坦克由日野自动车株式会社于 1933 年研制，1934 年研制成功，1935 年投产，到 1937 年停产时有 800 辆出厂，主要装备日本陆军和海军陆战队作为步兵火力支援、侦察之用。该车乘员 2 人，车长 3.36 米、车宽 1.62 米、车高 1.63 米，最高速度 40 公里/小时，最大行程 200 公里，采用一台 32 马力的三菱风冷汽油发动机，武器只有一挺 6.5 毫米的九一式轻机枪（俗称“歪把子机枪”），后期换成了一挺 7. 7 毫米的九七式机枪。由于该车战斗全重只有 3. 2 吨，外形尺寸又非常袖珍，往往被称为“豆坦克”。这种渗碳钢装甲只有 12 毫米厚，很多时候只要用一个炸药包或一个集束手榴弹就可以把它炸毁，甚至用重机枪发射的毛瑟机枪弹也可以射穿其装甲，杀死车内乘员。袖珍坦克参与了日本侵华战争。然而，由于当时中国军队严重缺乏反坦克作战武器和经验，使得这小小的“豆坦克”得以在战场上横行肆虐，耀武扬威。

另一张照片中出现的是日制九二式重装甲车，这是日本独立开发的第一种超轻型坦克，由石川岛自动车制作所设计和开发，1932 年研制成功并正式装备部队，至 1939 年停产时共生产了 167 辆，主要用于侦察、袭扰，又被称作九二式骑兵坦克。日本陆军在第一次世界大战结束后立刻从英国进口了维克斯 MK. IV 型坦克加以研究，并于 1920 年将位于千叶县的陆军步兵学校教导队改编成日本第一支坦克部队。在吸取英、法坦克设计制造先进经验的基础上，日本研制了九二式坦克，为掩人耳目将其称为重装甲车，而从其履带行动机构和旋转炮塔来看却是名副其实的坦克车。九二式重装甲车装备日军骑兵旅团和野战师团的骑兵联队，用于战场火力支援、快速突袭与对敌追击任务。该车乘员 3 人，战斗全重 3. 5 吨，车长 3. 94 米、车宽 1. 63 米、车高 1. 87 米，好在外形尺寸比九四式要大，所以“豆坦克”的名号没有落在该车身上。该车安装有一台 45 马力的风冷汽油发动机，最大速度 40 公里/小时。与九四式相比，九二式重装甲车的渗碳钢装甲更薄，只有 6 毫米，不要说重机枪，就是中国军队普遍装备的德制 98K、中正式步枪 7. 92 毫米子弹也能在 400 米外击穿该车装甲，所以该车很少用于直接引导步兵冲锋，主要用车上相对凶猛的机枪火力支援骑兵、步兵作战。该车火力比九二式要强，旋转炮塔上安装一挺九二式 13. 2 毫米的重机枪，车体前部还安装一挺九一式 6. 6 毫米的前置机枪。

第三张照片上的坦克是日制九七式中战车，该车是“二战”期间日军普遍装备的一种中型坦克，由日本三菱重工业公司于 1937 年研制成功，1938 年开始列装，共装备日军 1500 多辆。九七式中战车名曰中型坦克，其实只有 15. 3 吨，只相当于当时世界主流的轻型坦克。该车乘员 4 人，车长 5. 516 米、车宽 2. 33 米、车高 2. 23 米，主要武器为一门九七式 57 毫米短身管火炮，可发射榴弹和穿甲弹，携弹量 120 发（榴弹 80 发、穿甲弹 40 发），其穿甲弹可以在 1200 米的距离击穿 50 毫米厚的钢质装甲。辅助武器为两挺九七式 7.7 毫米的重机枪，携弹量 4035 发，其中一挺为前置机枪，另一挺装在炮塔后部偏右的位置。该车装备一台 170 马力的 12 缸风冷柴油机，最大速度 38 公里/小时。国民党上海市警察局机动车大队装备的这辆九七式是 1940 年后出现的九七（改），战斗全重增加到了 15.75 吨，采用三菱公司设计的新炮塔，换装一门一式 47 毫米长身管火炮，穿甲弹在 500 米的距离可穿透 75 毫米厚的装甲。

除了上述三种型号坦克外，警队的主力装备还有上海本地兵工厂制造的 10 轮沪造三六式装甲汽车和一种 6 轮小型装甲汽车，另外还有美制 M3 型 75 毫米反坦克炮等火炮，战斗力可谓强悍。

决定胜负的是人

历数国民党上海市警察局机动车大队的这些“家当”，我们可以体会到毛森在下达“机动车大队开赴苏州河北岸阻挡人民解放军”这条命令时的底气。可是，令毛森万万没想到的是，他自认为捏得牢牢的、管得死死的“王牌”装甲部队，到头来却一点儿用处都没有派上。相反，这支装甲警察部队在解放后还参加了入城仪式，成了保卫人民政权、维护上海治安的重要力量。这究竟是怎么一回事呢?

解放前夕，根据中共上海市委的指示，为确保人民解放军顺利挺进上海，“地下警委”务必从内部策反国民党警察机动车大队，绝不能让这些坦克、装甲车在上海的大街小巷横冲直撞。

“装甲堡垒”再坚硬，也要钻出一条缝。“地下警委”长期战斗在国民党上海市警察系统内部，深知其中派系林立，素有间隙，互相倾轧。

“地下警委”了解到，毛森接替俞叔平任局长后，为了把这张“王牌”牢牢地攥在自己手中，委派了自己的亲信、特务缪琅去接任大队长。原装甲兵营营长钟敏、副营长喻飞则明升暗降，调任总局保安警察处。这让失去兵权的钟敏、喻飞十分不满。好在，虽然钟敏、喻飞在机动车大队已没有一官半职，但机动车大队仍隶属保安警察处，在名义上他们两人仍有权调遣这支队伍，况且机动车大队的警察都是他们的老部下。

于是，中共地下党员肖大成、戴宗义遵照上级指示，利用各种关系，加紧对钟敏、喻飞进行策反，一旦时机成熟，在国民党上海市警察局首先策动机动车大队起义，为迎接解放军进入上海扫除障碍。

肖大成负责策反的对象是钟敏。他通过警察局消费合作社主任陆大公的关系，与钟敏取得了秘密联系。肖大成与钟敏经过数次接触后，交上了“朋友”，便策动他在解放军入城前率队起义。钟敏本就对毛森排斥异己心生不满，表示愿意尽力。

负责对喻飞策反的是戴宗义，他和喻飞都是湖南平江县人，早在抗战前就有来往。喻飞调任上海警察局后，戴宗义根据党组织指示，以同乡、好友的名义，和他频繁来往，经常向他分析形势，规劝他弃暗投明。1948年年底，戴宗义向喻飞正式提出一旦时机成熟，要他率部起义，迎接解放上海，喻飞当即表示一定听从，投向人民。

孤身潜入警察局

1949 年 5 月 24 日，人民解放军攻占了上海近郊。当日上午 10 时左右，肖大成、戴宗义分别接到吴克坚、何以端的指示：立即策动机动车大队起义，不让毛森调动装甲车驶往苏州河北岸的阴谋得逞。肖大成立即佩戴了一枚由陆大公事先提供的义务警察证章，只身混入戒备森严的市警察局。在北部 3 楼走廊，他遇见钟敏，两人正在握手交谈时，毛森的亲信、保安警察处处长黄炳炎突然走来，钟敏顷刻吓得面如土色，两眼发愣，呆站在原地，不知如何是好。

肖大成感到钟敏的态度似有动摇，便没有向他布置起义任务，不露声色地与其寒暄了几句后，即上楼找到陆大公。其间，腰插手枪的毛森，几次跑到陆大公的办公室，催促陆大公立即下令调遣装甲车开到总局待命。说话时，毛森以怀疑的目光，盯了肖大成一眼，形势十分严峻。肖大成待毛森走后，立即告诫陆大公，钟敏可能动摇告密，要他赶快找到喻飞，同去机动车大队部。

当机立断实施起义

肖大成到达机动车大队部不久，戴宗义也随后赶来。这时，机动车大队大队长缪琅已不知去向。喻飞立即通知中队长丛林、汤声溢等人开会。喻飞首先向大家介绍了戴宗义的中共党员身份，而后对大家说：“兄弟们，现在国民党军队已纷纷向吴淞口方向逃跑，而毛森一再下令调动机动车大队到苏州河北岸布防。我经过再三考虑，觉得这是一条死路，因此决定与戴同志合作，绝不把装甲车开往苏州河北岸。”

喻飞与几个中队长都是湖南同乡，关系不错，因此他的讲话很快就得到大家的支持，大家推举他为代理大队长，并表示一切行动听从他的指挥。随后，戴宗义以中共地下党员的身份向大家进一步阐述了党对起义人员的政策，欢迎大家选择光明之路。戴宗义的讲话进一步鼓舞了大家的士气。有个中队长当即提出，有三辆装甲车早先已被毛森调走，现已在福州路市警察局门口警戒。他建议，把这三辆装甲车调回大队部，共同加入起义行列。喻飞与戴宗义商量后，决定采纳他的意见，旋即以代理大队长的身份，命令分队长连成辉前去处置。

下午 2 点 30 分，起义工作准备就绪，机动车大队全体官兵集中在一起，正式宣布起义。喻飞下令各中队按预定方案，一部分装甲车悬挂白旗开往沪西虹桥路、西站、兆丰公园（现中山公园）等地，迎接人民解放军进入上海，其余装甲车则在市区担负警戒，维持治安。

正当肖大成、戴宗义在机动车大队部紧张部署起义时，毛森多次打电话催促将全部装甲车开往苏州河以北地区。他先前打来的电话，都被喻飞以“装甲车都在外面执勤，无法通知集中”为由搪塞过去。当毛森再次来电训斥并强令装甲车立即开往苏州河北岸，肖大成接过电话，大声告诉毛森：“我正式通知你，机动车大队正式起义了，不会再跟你走了！”毛森听完连声追问讲话的是谁，并破口大骂，扔下电话后带领一批亲信慌忙逃离警察局。

至此，国民党上海市警察局机动车大队完全在我党的控制下布防、警戒。直至次日上海解放，40 多辆装甲车和全部武器装备，都完好无损地交给了人民解放军。

战车营参加人民解放军上海入城式典礼

国民党上海市警察局机动车大队完成了其历史的蜕变，
成为新上海维护社会治安的一支重要力量

上海解放后，机动车大队改编为上海警察总队特科团战车营，这支宝贵的装甲力量完整地交给了人民。1949年7月7日，战车营光荣地参加了人民解放军上海入城式典礼，一队装甲车雄壮地驶进上海。至此，国民党上海市警察局机动车大队完成了其历史的蜕变，成为新上海维护社会治安的一支重要力量。

上海提篮桥监狱“护卫战”

尚景伯

位于沪东提篮桥的上海市监狱，是1903年英帝国主义为了推行殖民统治而构筑的远东最大的监狱，这里有终年一片漆黑的牢，也有隆冬寒风刺骨，盛夏酷暑逼人，被称为“风波亭”的监房。许多革命同志在这里受尽了非人的折磨和摧残。

上海提篮桥监狱地下党成员的合影

提篮桥监狱

提篮桥监狱内景

1949 年 5 月，解放战争的硝烟正弥漫着整个上海滩，国民党军队进行最后的顽抗。关押在上海市监狱的 50 名地下党员和进步人士随时都有可能惨遭杀害，处境十分危险。

共同的信念，艰难的斗争

“地下警委”在上海监狱里面建立了地下党支部，这是一个经过长期革命斗争考验的战斗堡垒。早在 1941 年，中共地下党员刘继霖在监狱的看守中发展了第一名党员赵英威，至此，被敌人严密控制的监狱里播下了革命种子，党的队伍在斗争中不断发展。1943 年，监狱建立了地下党支部，赵英威任书记，庞兴仁、宁奎元任支部委员。他们根据“地下警委”的布置，在狱中广泛团结下层看守人员，利用他们与敌典狱长及其亲信之间的矛盾，以改善生活待遇为由，采取“一哄而起，此起彼伏，持续不断”的斗争策略，使敌人日渐陷于指挥失灵、顾此失彼的困境，对监狱各部门的控制力也大大削弱。监狱地下党支部乘隙在分派看守和负责警戒的警卫课、专管人犯进出的总务课和掌管各监房钥匙的钥匙间等要害部门，秘密发展或安插了一批地下党员。至 1949 年春，监狱党支部已有 24 名党员，另有 50 多人参加了党的外围组织“新友同盟会”。整个监狱除人事室外（仅两人，均系典狱长的亲信），各课、股、室以及警卫班，都有地下党员和积极分子在那里活动，如在七号监四名看守中，何景祥、魏金城是地下党员，另两人也是可靠的积极分子。

在白色恐怖的岁月里，监狱地下党员在党支部的领导下，千方百计照顾和保护被囚禁的革命同志，他们宁可自己一日三餐薄粥充饥，也要省下钱来资助狱中的同志。狱中有同志生病，监狱的地下党员想方设法搞来药品，有时还巧妙地把医生领进监房。有些同志被捕后同家里失去了联系，监狱的地下党员就为他们传送家信，或带上接济品前去探望。何景祥同志还用自己平时积累下来的钱订阅了《大公报》和英文《时事论坛报》，每天藏在贴身的衣袋里带入监房，供狱中同志阅读，了解解放战争的形势。由于党的地下工作纪律，赵英威、何景祥等都隐藏了中共党员身份，在狱中同志面前他们以“同情者”的面目出现。

1948 年 3 月，中共上海市委工委委员王中一和受他领导的 100 多名地下党员、积极分子先后被敌人逮捕。1949 年年初，王中一等被国民党特刑庭判刑后便押到上海监狱。中共上海市委为保护狱中同志安全，决定由市委委员、工委书记张祺，通过“地下警委”委员苗雁群加强对监狱地下党支部的领导。至此，监狱的地下党支部才与狱中的王中一、华德芳（中共中央南方局联络员）、虞天石（中共慈镇县委书记）、王明远等狱中的共产党员正式取得联系。赵英威、何景祥等根据党的指示，调查了解被捕党员在狱中的表现，并在十分险恶的斗争环境下多次向王中一等传达市委的指示，积极开展狱中斗争。

反复部署，准备劫狱

在中共上海市委积极研究营救措施的同时，国民党反动当局也在加紧策划迫害狱中同志的阴谋。1949 年 3 月，提篮桥监狱典狱长孔祥霖眼看国民党败局已定，便向司法行政部呈文请示，提议将狱中的特种刑事犯（主要是因从事革命活动而逮捕入狱的“政治犯”），全部转押到台湾或其他“安全”的地方。4 月 24 日，国民党司法行政部派特务王慕曾来沪接任监狱典狱长。王慕曾早年参加“军统”，当过县长，后因内部倾轧，赋闲在家。王慕曾到任不久，司法行政部突然下达将狱中全部特种刑事犯秘密押解到浙江舟山或福建厦门的批文。王慕曾接到命令，立即伙同警卫课课长霍春生同去国民党财政部和淞沪警备司令部，申请秘密解押经费和船只，准备押解“政治犯”逃离上海。

监狱地下党支部分析断定这是反动派溃逃前对狱中同志下毒手的预兆，便立即向苗雁群作了汇报，并通过何景祥、魏金城等将敌人近日的活动情况通知了王中一、华德芳。在监狱地下党的掩护下，王中一、华德芳、王明远等趁狱中放风的机会，商量对策，认为目前最重要的是使狱中同志都能充分了解解放战争的胜利形势，增强信心，坚持狱中斗争，并且要加强身体锻炼，争取尽快恢复体质，随时准备越狱暴动，同时要继续办好狱中的秘密刊物——《牢讯》和《地下战报》，及时传达解放战争消息。王中一等还几次到“和”字监5楼平台探察越狱路线，筹划越狱方案。4月下旬，狱中同志经过多次探察，准备选择在一个风雨交加的夜晚，从“平”字监平台攀墙越狱。他们这一越狱计划通过监狱地下党请示上级党组织。

中共上海市委接到报告后，由张承宗、张祺召集“地下警委”负责人进行反复研究，认为狱中同志提出的越狱方案成功把握不大，而且一旦暴露有可能招致整个监狱地下党支部的破坏。经过初步商定，计划先与在市郊活动的游击队取得联系，同时布置监狱地下党支部一旦得悉敌人要集体屠杀狱中同志，就争取把囚车司机和押送人员调由地下党员和积极分子担任，待囚车离开监狱，便直驶游击队活动的地区。若敌人以个别提押枪杀监中同志，设想先通过警备司令部的地下党搞一辆军车，然后在监狱地下党的配合下，以转押“政治犯”为名，把狱中同志用汽车劫出监狱，再驶入市郊游击队活动区。劫狱的方法和行动时间，待各方面准备就绪再定。

机智果断，策反敌典狱长

5月中旬，人民解放军已逼近上海，国民党政府陷于一片混乱，大小官员正忙于逃命。5月17日，国民党淞沪警备司令部突然下达密令，要王慕曾以“转押”为名，迅速将“政治犯”押往吴淞蕴藻浜附近秘密枪杀。狱中同志的生命危在旦夕。在上海负责情报策反工作的吴克坚，此时亦接到中央社会部命令，要求全力以赴营救狱中同志。

吴克坚布置地下党员林亨元，从速摸清监狱长王慕曾的动向及可资利用的关系。经过紧张工作，发现王慕曾来沪接任典狱长之后为寻找靠山，同国民党前淞沪警备司令杨虎偶有来往，而杨虎与中央社会部亦有联系。吴克坚分析了这一情况后果断决定，立即选派地下党员，通过杨虎的关系，以民主党派的身份对王慕曾进行策反。

5 月 18 日前后，林亨元和中共情报人员祁式潜、翁正心等，在提篮桥附近的一家西餐馆里，同王慕曾进行多次洽谈。林亨元等反复阐述了共产党对国民党军政人员的政策，要他解除顾虑，顺应潮流，在上海解放前夕为人民做些好事，给自己留条光明出路。经过反复教育和敦促，王慕曾终于表示不执行国民党淞沪警备司令部的命令，尽力保护狱中同志的安全，但同时又提出，一旦上海解放，要保证他和另两个亲信的人身安全，林亨元当场接受了王慕曾提出的要求。

达成秘密协议后，王慕曾对狱中同志的生活条件进行了改善。当淞沪警备司令部派人前来提押“政治犯”时，他以“监狱属司法行政部管辖，提押犯人需请示后再定”为由推托；当警察局派人要来押解“政治犯”时，他又借口“手续不全”不让其提押。但是王慕曾从自身利益出发，对林亨元等“民主党派”在上海解放后是否能确保他的安全，仍存疑虑，因此，急于寻找真正的共产党员。他经过一番苦思，决定在关押的“政治犯”中与共产党干部直接对话，向他们表明自己的意向。

5 月 22 日，王慕曾把王中一、王明远、虞天石、余敬成四人找到自己的办公室，先拿出国民党淞沪警备司令部和司法行政部的移解公文，述说上面屡次催他将“政治犯”转移出狱秘密处死的经过。转而表示，他已决定采取多种拖延办法抵制上司的命令，把“政治犯”继续留在监中，目的是保护大家的安全。王慕曾唯恐王中一等人不信，还拿出一百元银圆对大家说，现在狱中只剩这些经费，还是交给你们接收吧！对王慕曾的这番表白，王中一等同志颇感意外，怀疑其中有诈，因此没有理会。

王中一等回到监房后立即进行了研究，感到王慕曾此举似有两种可能：一是敌人已察觉越狱计划，因此佯装善意，麻痹狱中同志，然后突然袭击，集体屠杀；二是王慕曾为了在上海解放后留给自己一条后路，暗中保护狱中同志。于是，决定在第二天主动找王慕曾进行接触，以尽快弄清他的真意。在这次谈话中，王慕曾透露，他已加入了一个民主党派，“是你们的同志了”，希望王中一、虞天石在解放后能同样确保他的生命安全。对他这一要求，王中一、虞天石同志当即允诺。

夺枪，抢占监狱制高点

由于地下斗争的特殊环境，中共上海市委与中央社会部没有组织上的直接联系，因此，无法及时了解到林亨元、祁式潜、翁正心已策反王慕曾的重要情况。5月23日，中共上海市委针对敌人很可能随时对狱中同志下手的危急情况又作了紧急部署，决定改变原来的劫狱计划，立即组织监狱地下党和外围积极分子，以“保护监狱安全”为名，从敌人手中夺取枪支，控制监狱各要害部门，保护狱中同志安全。

5月24日上午，苗雁群向监狱党支部传达了中共上海市委决定后，一场夺取枪支的战斗在上海监狱打响。上午8时左右，赵英威带领地下党员宁奎元、尹志超、何景祥、张宝善等在枪间门口集合，并发给每人一块红布条作标志。他们先向主管枪间的看守警王庆云宣传共产党的政策，接着要他打开枪间发枪。王庆云不敢做主，要请示警卫课长霍春生后再定。霍春生来后，开始不同意发枪，在场的地下党同志不断宣传政策、施加压力，并规劝：“外面战势这么紧，工厂、学校早已组织护厂护校，我们这么大的监狱不发枪保护，万一发生犯人暴动，解放军来后你担当得起吗?”霍春生静默片刻便被迫同意发枪。早已等候在枪间门口的地下党员和积极分子拿到枪支后，按照赵英威事先的布置迅速到各个岗位担负警戒。随后，赵英威、尹志超、宁奎元三人直闯王慕曾办公室，对他训话，并面交一份苗雁群同志带来的《约法八章》，同时宣布，从现在起监狱大门一律上锁关闭，人员不准进出，电话不得随意接听，王慕曾必须绝对服从，否则严惩不贷。

在这之前，王慕曾同监狱地下党支部之间没有任何联系，现在他眼看着外面战火未熄，监内枪支已被夺去，并且铁门关闭，电话中断，自己又只身被困狱中，不知如何应付才好，便向王中一告急，表示自己愿意马上交权给共产党，望王中一出面接管监狱。王中一考虑后，要他以负责态度坚守岗位，等待解放，绝不干阳奉阴违的事。这时，监狱支部的地下党员和积极分子已迅速占领了监狱各制高点、岗楼，并控制了监狱的电话总机、档案室等要害部门。他们在当时监狱四周还是敌特遍布，蒋匪军还在苏州河以北及沪东地区负隅顽抗的险恶环境中，坚持斗争三昼夜，终于在

5 月 27 日迎来了人民解放军，从而结束了国民党政府对上海监狱的反动统治，保护了监狱内的共产党员和爱国人士以及这个远东最大监狱的全部设施。

5 月 29 日，张祺同志根据华东局、市委的决定，以全国总工会代表的身份到上海监狱迎接受难同志出狱。监狱大门徐徐打开，50 多位受难同志打着用被单、草席等制成的横幅、旗帜，欢欣鼓舞地向欢迎的人群走来。监狱门外的工人、市民看到亲人出狱，喜泪盈眶，口号声、欢呼声响彻长阳路的上空。

“地下警委”委员苗雁群

邵健：隐秘而伟大的潜伏者

刘　翔

在旧上海警察系统地下斗争的历史上，邵健，是一个让后人永远铭记的名字。在中共上海市委领导下，以“地下警委”书记邵健为代表的共产党人用自己的忠诚与信仰，战斗在敌人的心脏里，出色地完成了上级党组织交给的各项任务，协助军管会顺利地接管了国民党上海市警察局，用生命与热血迎来上海解放的黎明曙光。

上海公安博物馆陈列的“地下警委”书记邵健的相关展品

邵健，1910年生于山东峄县。1930年，20岁的他迫于生计到上海谋生，后进入上海公共租界巡捕房当巡捕。1938年2月加入中国共产党，后成为“巡捕特支”的领导人之一，开始了长达11年的地下斗争生涯。1942年，他奉命撤离上海，赴安徽建立秘密交通联络站。1944年，他重返上海担任警察系统地下党的领导工作。1945年，“地下警委”成立，邵健任书记。上海解放后，邵健历任上海市公安局秘书处副处长、治安行政处处长、政治部副主任。

领导地下斗争　壮大党的力量

“隐蔽精干，长期埋伏，积蓄力量，以待时机”是中国共产党在“白区”开展工作的“十六字方针”。

邵健奉命回到上海后，利用公开和秘密的渠道收集情报信息，对当时的警察系统构成状况进行了深入解析。他发现，警察中的大部分人是破产农民、失业工人、小市民。他们在警察局里地位低下，生活困难。这些人在充当着统治者压迫人民的工具的同时，也深受统治者的压迫和欺侮，对现实的政治地位和经济生活并不满意。若在交朋友的基础上对他们施以正确引导，经过一段时间的宣传教育，使其逐步认清真理之所在，在感情上日益倾向于中国共产党，则可为今后发展党的外围组织、壮大党的力量，打下良好的群众基础。

1944年，反法西斯战争胜利在望。6月5日，中共中央发布了关于城市工作的指示，指出：“不占领大城市与交通要道，不能驱日寇出中国……争取城市及交通要道的千百万群众，瓦解与争取伪军伪警，准备武装起义，一俟时机成熟，就可使两者相互结合，里应外合地进攻日寇，占领大城市及交通要道。”根据中央这一指示精神，经上级批准，邵健在警察中建立、发展了党的外围组织“新警同盟会”（又称“新友同盟会”“四友同盟会”，含意为与新四军交朋友、搞同盟）。各个支部在原有群众工作的基础上，进一步在警察中开展广交朋友的活动，通过接触了解、教育考察，对其中主张抗日救国，支持和拥护我党我军的人进行吸收，参加外围组织。对在外围组织中经过考验，基本上符合党员条件的成员发展为党员，使党的组织有了较大的发展，到抗战胜利前夕，党员由抗战初期的40余人发展到130余人，党支部扩展到11个。

1945年，邵健担任“地下警委”书记后，利用国民党警察系统的内部矛盾，抓住底层警察的切身利益，在将近四年的时间里，先后组织发动了“反甄别反交保”“发还养老金”“摊贩斗争”“护职运动”“全市警察罢岗”“支援‘申九’罢工”“互保立功”“气节教育”“投递警告信”“解救狱中同志”“建立保管委员会”“接应上海解放”等各种秘密的、半秘密的、公开合法的斗争。在敌人内部制造了矛盾，分化瓦解了敌人的力量，使国民党底层警察看清了反动当局的真实面目，认识到只有团结起来进行斗争才有出路。

到1949年年初，在邵健的带领下，“地下警委”在国民党上海市警察系统中已建立地下党支部20个，近500名地下党员分别打入国民党上海警察局的调查科、人事科、户籍科和政治处等要害部门，党的外围组织成员扩大到2000余人。也就是说，每100个国民党警察中就有16个共产党员或替党工作的积极分子。

“地下警委”同志秘密收听解放区电台广播和记录《约法八章》时使用的收音机

创造微型书法　发明密码辞典

埋伏在敌人心脏，就如同行走于刀尖之上，命悬一线。作为“地下警委”领导核心的邵健，更是会处处遭遇陷阱，时时面临险境，血雨腥风的洗礼使他逐渐养成了机敏、缜密的独特品格；同时，也催生出用来对付敌人的种种“发明”“创造”。

香烟和书法作品原本是完全不搭界的，但“地下警委”为了在白色恐怖下开展党的工作，机智地在细细的香烟中，书写了一幅别具一格的“微型书法”作品。

隐蔽战线的残酷现实，要求地下党有严密的组织、严格的纪律、高度的保密观念。只有这样，才能有效地保存自己，战胜敌人。在如此特殊的环境中，如何将上级党组织的文件精神及时传递给“地下警委”成员？邵健经过一番冥思苦想，一幅担负着传递党的文件、信息的“微型书法”作品应运而生了。

这件看似比蝇头小楷还细小的“微型书法”，实为邵健在 1947 年年底起草的“地下警委”的一个党内文件。文件题名为《三个月工作计划》，全文 3900 字，除阐明当时形势和布置“地下警委”的工作计划外，还对党组织的安全和保密工作以及开展工作的方式方法等做了具体布置。邵健将这个文件书写在两张宽 5 厘米、长 50 厘米的白色油光纸上，把它卷起来，可以塞进被掏空的两支香烟里，然后在香烟两头塞上一点儿烟丝，装入香烟盒内，交各委员传阅，即使遇上敌人“抄靶子”之类的情况，也不至于被发觉。

而与之有着异曲同工之妙的，是隐藏着地下党员名录的移动“档案库”——《王云五小辞典》。在国民党白色恐怖之下，地下党实行单线领导，党员之间不发生横向联系，党组织不仅不可能建立党员的个人档案，就是连一本简单的党员花名册也不允许编写。邵健无论如何也难以记住“地下警委”所有党员的姓名和基本情况。但他认为，作为一级组织的书记，应该对党、对同志负责。于是，他苦思冥想，终于以他的聪明才智巧妙地运用英文字母、阿拉伯数字、中文字形编成密码、代号，将 1948 年至解放前夕国民党上海市警察局内的 472 名中共地下党员的警号、入党年月、分布单位等具体情况隐注在一本长 15 厘米、宽 9.1 厘米、厚 3.7 厘米的《王云五小辞典》内。

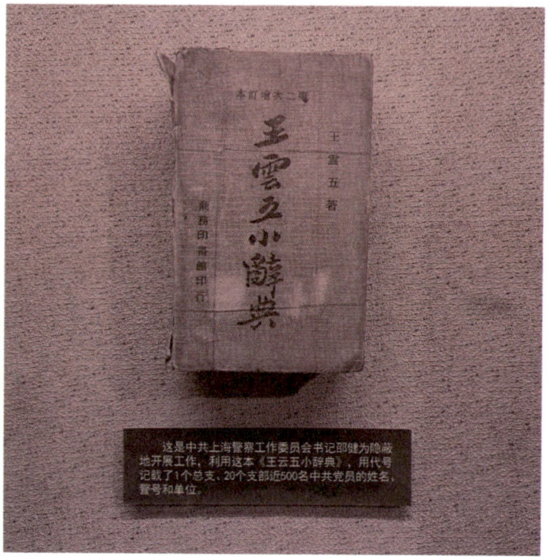

《王云五小辞典》

另用两本《通讯录》分别按警号顺序及分局分布密码和辞典页码作为索引，将外围组织人员名单用密码、代号记在《无线电通讯教程》和三本英语读本内。还有一本小摘记本按分局分布记上书籍页码和警号密码作为索引。

邵健创造的密码，可分为三类：一是用英文字母代替警号数字号码，即D是1、K是2、S是3……二是分局和有关单位用阿拉伯数字作代号，即1——普陀区、2——江宁区、3——静安区……三是以汉字方块字形的凸出笔编写年月顺序代号。上述警号密码、分局代号、年月代号记在《通讯录》（地下党员名册引二）内，查阅方法如下：如《王云五小辞典》第125页记有“天RSF、停、杨、人天甲口”的字样，即黄浦分局，警号1538，党籍已停，姓杨，民国三十六年（1947年）十月入党。如按分局分布记载的《通迅录》的第1页，有“19、DODS”字样，第1页即普陀分局，19是《王云五小辞典》的页码，警号1913，参照《王云五小辞典》第19页上所注的字，可查出该人名李（子）余，27岁，江苏无锡人，学生成分，初中文化，民国三十六年（1947年）十一月入党。又如在《外围名册索引（按分局排列）》小摘记簿内左上角记的1（普陀区），有“16、DOBF”字样，对照《无线电通讯教程》书本第16页，可查出刘姓，30岁，河北大城人，文化程度师范，警号1948。

这样一本普通的辞典，既不会引人注意，又由于这套编写操作程序只有他一人知道，即使万一落到敌人手中，只要自己坚决不说，敌人休想破译得了。这本内藏着 472 名党员“档案”的小辞典，邵健把它看得比生命还重要，多次嘱咐爱人王秀珍：“这本辞典你要帮我保存好，就是自己生命丢了，这本小辞典也不能丢。”

上海解放后，邵健立即把它“译”成党员名册及基本情况表，及时把所有党员的组织关系转到上海市人民政府公安局党委，保存了 472 名党员以及外围组织人员的政治生命，使一些优秀的地下党员被迅速选拔、任命为市局有关处和分局的领导干部。

邵健“发明”的《王云五小辞典》现已是上海公安博物馆藏的国家一级文物。

经常生活无着　一心廉洁奉公

在有些讲述中共地下党组织开展敌后斗争的影视剧里，饰演地下党员的演员们个个衣着光鲜，吃穿不愁。然而，在现实中，绝大多数的地下党员经历的是：一边要完成组织上交付的任务，在残酷的环境下与敌人斗智斗勇；一边还要为了自己和家人的生活开销，四处奔波，忙于生计。很多同志没有固定的工作，住，没像样的地方；吃，有上顿没下顿，生活极为艰苦。

1944 年年初，邵健奉命从安徽明光回到上海的时候，身边只带了一点点粉丝，很快这些粉丝就吃完了，接下的生活就没了着落。不仅是他，“地下警委”的其他领导人也好不到哪里去，刘诚靠做小生意卖纽扣维持生活，窦敬良靠捡煤渣为生，几个人抱团取暖，勉强度日。到了 1945 年抗日胜利前夕，邵健、刘峰、刘诚、窦敬良等人住在武定路武定坊的一间“灶披间”里，他们一天吃两顿稀的，柴火是烧一顿买一顿，所有家当仅剩下一个面盆，早上当洗脸盆，中午当菜盆，晚上当洗脚盆。房间里没有床，几个人只好睡在地下。邻居们都在背后议论“这是哪里来的几个瘪三”。

在这种情况下，上级党组织想方设法筹措到杨树浦路靠近福禄街的两间店面给邵健，要邵健和“地下警委”的同志们设法开店建立秘密据点，同时解决生活困难。房子是有了，但还缺少开店的本钱，邵健和同志们商量“我们坐等组织给钱不是好办法，要自己设法筹集资金”。于是，大家一方面动员党员积极提供资金，比如，有的同志把自己的脚踏车卖掉充作资金；另一方面利用国民党接收日寇仓库上的漏洞，巧妙地从敌人那里搞来一笔资金，开了爿锦华炒货店。

锦华炒货店开张以后生意兴隆，利润可观，但经营店铺的邵健和“地下警委”成员们却依然生活简朴，除了雇用的三四个伙计每月发给工资外，几个“股东老板”都施行供给制，到了晚上，还是几块木板一搁当作床铺。

不仅如此，对于锦华炒货店的营收，邵健坚持公私分明，绝不多拿店里的一分钱。邵健的爱人想给孩子买双鞋面布，缺钱！邵健的回答是“坚决不行”，他硬是让爱人到垃圾箱里去捡拾碎布，凑合着给小孩子做鞋面布。然而，当有些失业的同志在生活上遇到困难的时候，邵健和“地下警委”的同志们会毫不犹豫地从店里支取经费帮忙解决。前前后后，十几个同志到解放区去的路费和其他费用，也都是由锦华炒货店供给的。这爿店直到上海解放才结束了它的业务，邵健和“地下警委”将清理变卖的积余全都上交了组织，两袖清风，一尘不染。

回望“地下警委”书记邵健同志的一生，就是这样大写的五个字——隐秘而伟大。从抗战初期到上海解放，作为一名潜伏者，邵健冒着生命危险，在国民党上海市警察局的营垒里团结基层群众，壮大革命力量，积极组织和领导着地下党员们，打入敌人的要害部门，掌握敌人的内部机密，为迎接上海解放，机智巧妙地同敌人展开斗争，演绎了一曲又一曲可歌可泣的壮丽颂歌，充分展现了其在复杂时局中处变不惊的勇气和审时度势的才智。他和“地下警委”的那代共产党人用自己的忠诚与热血，迎来上海解放的黎明曙光。今天，我们仰望星空，那一颗璀璨的“地下警委”之星，依然星光灿烂。

记中共上海地下警委“四烈士”

刘　翔

1949 年 5 月，人民解放军开始以排山倒海之势进军上海，以“十里洋场”闻名的上海大街小巷不时传出“飞行堡垒”发出的恐怖呼啸声。就在即将迎来上海解放的前夕，“地下警委”钱凤岐、钱文湘、刘家栋、蒋志毅牺牲在黎明前最黑暗的时光中，为中国人民解放事业英勇地献出了生命。

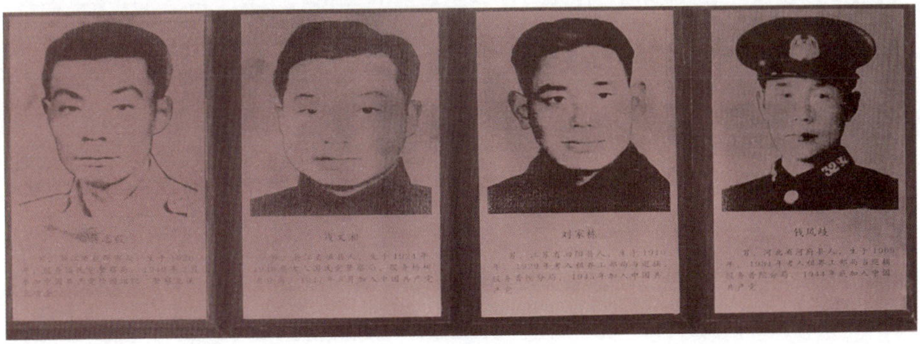

上海公安博物馆陈列的“地下警委”“四烈士”遗像和生平简介

“残阳西下”，毛森恼怒

“在我们身边肯定有‘共党奸细’，一定要限期破案！限期破案！”此刻，1949 年 4 月的一天黄昏，晦暗的夕照下，福州路 185 号国民党上海市警察局大院北部五楼的一间办公室内，局长、特务头子毛森如一头困兽，正脸色铁青地在室内不停地走动着。

猛地，毛森急转身从办公桌上拎起电话，对着话筒暴跳如雷地反复吼叫着。透过钢窗，他望着院内一个个惴惴不安、惊慌失措的人影，嘴角不由剧烈地抽动着。他怎么也不愿相信，就在这样的非常时期，竟然会在自己的眼皮底下发生“警告信事件”。扔下话筒，毛森终于微闭双眼，无力地瘫软在座椅上，但立马又神经质地从座椅上弹跳起来，脑海里怎么也抹不去那警告信上的一字一句：“你要按照中国人民解放军发布的《约法八章》各按职守，保护好机关物资档案，立功自赎，听候接管处理，如继续破坏捣乱，为非作歹，定不宽贷……”

“太可怕了！”毛森用颤抖的右手撸了下脑门上的冷汗，作为一个警察局长、特务头子的他实在弄不明白：“共产党啊，共产党，你究竟有何‘魔法’，能同时将 2000 多封警告信神秘地投送到我手下 2000 多名骨干人员家中，使得这些原本在我面前宣誓‘效忠党国’的警官，个个吓得丧魂落魄、惊恐万状，惶惶不可终日。”

此时，他不由得在心中痛骂起黄浦分局那个叫吴琼的：这小子前段时间还搬了 20 只汽油桶到分局，信誓旦旦地要在解放军入城时将黄浦分局烧得精光。可一接到警告信，竟吓得连夜弃职逃跑。分局局长鹂俊厚刚从虹口调来，警告信便跟着寄到了他的新居，他拿着警告信惶恐不安地嘀咕：“我搬家才三天，共产党怎么会知道地址的？”

“实在是不像话，太失体统了！”静安寺分局局长王华臣这家伙更是不像话，收到警告信后，终日心神不定，对局里的事，一概不闻不问，连班也不敢上了。“真他妈的是个大屄包！”还有该局值日室巡官冯星灿，看完信惊得说不出一句话，偷偷将信藏好后，把自己的枪丢在办公室，转身就溜得不见人影。

想到这一切，毛森不禁“拍案而起”，气急败坏地大声吩咐随从立即备车，他要亲自出马到各分局训话，并坐镇侦查“警告信事件”。因为虽然连续三次发出训令，限期破案，但至今仍无一点儿线索。

毛森的专车飞快地在虹口、新成、静安寺、杨树浦、普陀、江宁等分局来回奔驰。每到一地，毛森就下令迅即把全体警员集中起来，板着一张铁青的猴脸，软硬兼施地威逼恫吓：“……你们中谁是共产党，我都一清二楚，只要向我说一声，保证你晋级嘉奖，愿意回乡的，包发路费，检举别人的还可晋升三级。我毛森这人说话绝对是算数的，如果不说，就不要怪我不客气……”

说完便气势汹汹地走进队列，瞪大着眼睛，逐个察看每个人的神色。可是，毛森最终还是失望了，无论他走到哪里，结果还是一无所获。望着窗外那一抹渐渐西下的残阳，他痛苦地闭上双眼，瘫坐在椅子上。

四名警察，“黑衣红心”

警告信是怎么回事？毛森为何如此暴跳如雷？

事情的原委还得从抗日战争胜利后说起。国民党政府接管了上海后，那些国民党接收大员犹如洪水猛兽般到处抢夺敌伪财产，大搞“五子登科”（金子、票子、房子、车子、女子），致使工厂复工无期，工人大量失业。与此同时，国民党政府又颁布法令，不准罢课，不准游行示威。1946年上半年，国民党上海市警察局为了强化警察机构，实行更加不得人心的警管区政策，大量录用从重庆和杭州警官学校正科毕业的学员充当骨干。同时招募新警，进行政治军事训练和党化教育后派做警员，用以代替他们认为“靠不住”的老警察，把一大批老警察集中到老闸、黄浦两个分局，准备陆续淘汰，引起了众多老警察的愤懑。

在此情况下，“地下警委”决定利用这一契机，分头发动将被淘汰的老警察上街游行示威，向国民党警察局提出复职要求。钱凤歧、钱文湘、刘家栋等地下党员和参加党领导的外围组织“互保立功会”的蒋志毅冒着生命危险，积极投入了这场斗争。

钱凤歧，1909年生于河北省河间县，早年在家乡中学毕业后考入国民党宪兵学校，毕业后参加国民党军队。因不满国民党的反共政策，离开了国民党军队。1931年为了谋生，来到上海考入公共租界工部局警务处当华捕，1944 年参加中共外围组织“新警同仁会”，同年年底加入中共地下党组织。

钱凤歧烈士遗像

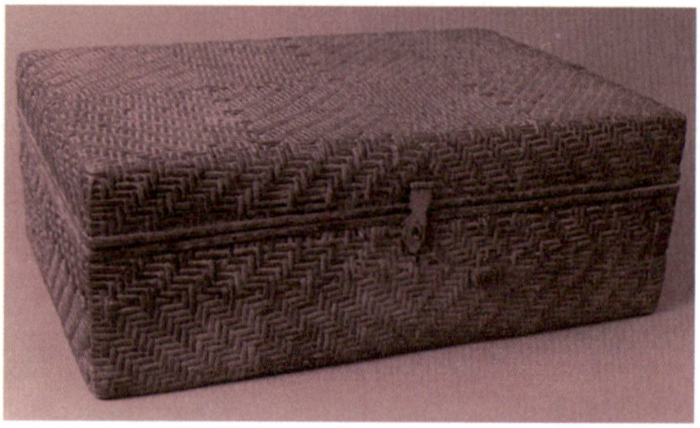

钱凤歧烈士生前使用的藤箱

钱文湘，原名王大建，1924 年 4 月出生于浙江省嵊县长乐镇。幼年丧父，家境贫寒，主要靠母亲做点儿小生意为生。后在亲友的资助下，考入浙江省立慈溪师范学校，不久便因经济困难而被迫中途辍学。此时，他的哥哥王大芬已参加革命，任新四军浙江游击队三五支队的排长。他曾去浙东根据地寻找过哥哥，但因部队已开拔而投奔未成。1945 年 9 月，经人介绍去嵊县自卫队当文书，因不满国民党的反动统治愤而离职。1946 年 8 月，为逃避抽壮丁，便用母亲的姓，改名为钱文湘，考进国民党上海市警察局，先在警察训练所第五期学习，1947 年年初在蓬莱分局陈家桥派出所实习，同年调到杨树浦分局当外勤警员。此时的钱文湘向往光明，追求进步，积极参加“地下警委”组织的“护职运动”，与国民党当局进行了不懈的斗争，并在以后的历次斗争中都起到了核心作用。经党组织的严格考验，1947 年秋天由地下党员费清轩介绍正式加入了中国共产党，潜伏在国民党上海市警察系统中从事秘密工作。

钱文湘烈士遗像

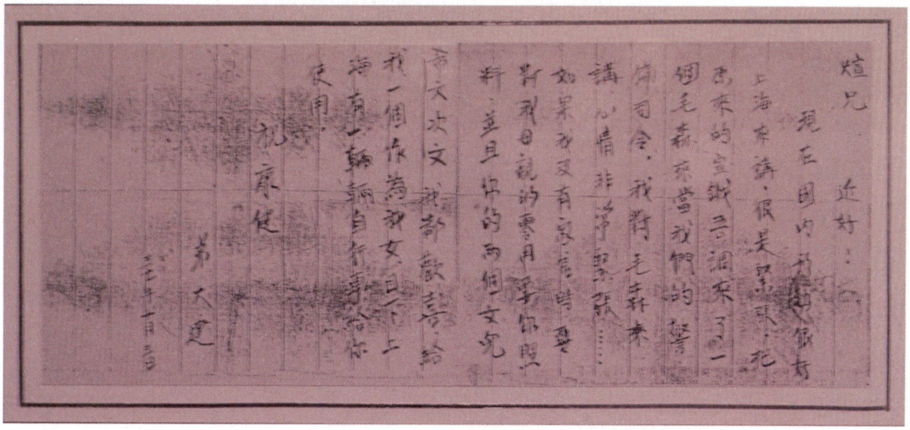

煊兄

近好：

現在国内打[illegible]很好

上海來講，很是[illegible]張，在

最近的宣鐵吾調來了一

個毛森來當我們的警

備司令，我對毛森來

講，心情非常緊張……

如果我更有家信時，要

對我母親的零用[illegible]你與

料，並且你的兩個女兒

常文次文，我都歡喜，給

我一個作為我女，目下上

海有一輛輛自行車給你

使用。

祝康健

弟大建

三七年十一月三日

钱文湘写给哥哥的信

钱凤岐、钱文湘都是个性豪爽、性格刚毅、极富正义感的年轻人。目睹了蒋介石蓄意扩大内战，镇压民主运动，大力实行警察特务化、建立警管区制、淘汰老警察的做法，他们根据党的指示，本着对失业者的深厚同情，秘密地为“护职运动”造舆论、做宣传，积极鼓动老警察抵制国民党警察局这一政策部署。

钱凤岐自 1947 年 9 月起调到普陀分局，便担任了该局的中共地下党支部书记。他平素爱好唱戏，到普陀分局后，常以拉胡琴、唱京剧为名把警察们叫到自己的宿舍里来。兴尽人散之前，他就借机宣传解放军三大战役的辉煌成就，述说国民党在前方的惨败，暗示大家说："长江天堑不可靠，大上海也保不住"，有时还在警察中秘密传阅进步刊物，提高他们的认识和觉悟。天津解放后，反动派在报纸上造谣：解放军在天津用机关枪扫射已经放下武器的国民党警察。他拿着报纸，当着许多警察的面，指着毛森等警察局头子们住的大楼不屑地说："这种惨无人道的事只有他们干得出来。"

他还时常在值勤时找一些警察进行个别谈心，把大家当时最关注的小道消息告诉对方，动员其加入"互保立功会"。当国民党上海当局妄图利用警察武装来抵抗解放军、镇压人民革命斗争时，他根据"地下警委"的指示，从警察切身利益出发，进行"不抵抗、不撤退、不参与"的"三不"宣传，指出顽抗强大的人民解放军，必败无疑，跟国民党逃跑没有出路；参加镇压革命斗争，解放以后将受到惩罚。经过个别的、广泛深入的宣传教育，使一些人打消了顾虑，丢掉了幻想，使许多原来准备跟随国民党逃跑的人留了下来，等待解放军接管上海。

与此同时，钱凤歧、钱文湘按照"地下警委"的指示，利用自己警察身份的有利条件，收集、整理警察系统中上层警官和特务分子的经历、住址、政治态度、历史罪恶、当地敌人驻军、特务机关、武器、物资仓房情报资料，提供给党组织。秘密制作书写了许多写有"实行警管，敲碎饭碗""不受当局骗，就地改警员""坚持不改行，当局没法想"的标语贴在各自任职的分局里。

钱凤歧、钱文湘经常趁外出值勤时接触社会各界人士的机会，秘密传播革命思想，揭露国民党政府的腐败，并且分头去做新警员的工作，动员他们5月2日到外滩参加集会请愿，向他们灌输"此处不养爷，自有养爷处""此处不能蹲，去找毛泽东"等思想，想方设法分化瓦解他们的斗志，有不少人在他们的教育和影响下，纷纷参加了我党领导的革命外围组织"互保立功会"，壮大了我党在国民党上海市警察系统的力量。

刘家栋，1910年生于江苏泗阳县，19岁到上海谋生，开始拉板车、洗电车、当苦力，不久考入公共租界工部局警务处当华捕。他文化程度不高，但为人正直、热情，喜爱学习，经常阅读进步书籍，在党的影响下，

20 世纪 30 年代初期就积极参加支援东北抗日联军的募捐。鲁迅先生逝世时，他参加护灵送丧，并以“巡捕”的身份维护沿途的秩序。1941 年 1 月，刘家栋由邵健介绍参加了中国共产党。

刘家栋烈士遗像

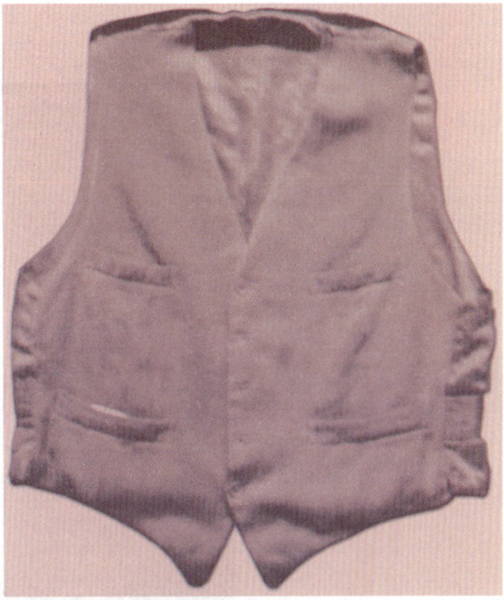

刘家栋牺牲前穿的西装马甲

入党后，刘家栋更加积极地为党工作。1943 年，当他得知新四军干部杨干到上海购买油印机、打字机、油墨及报刊等宣传用品，被伪保长发觉的消息后，毅然将杨干转移到自己家中，隐藏于阁楼上。以后杨干来沪多次住在刘家，刘不仅以警察身份加以掩护，提供食宿方便，将杨所购买的物资存放在自己家里，而且设法帮杨将购买的物资运往苏北解放区，使杨顺利地完成任务。

国民党上海市警察局为了加强法西斯统治，在全市实行警管区制后，刘家栋根据党的指示参加警员训练班，考核后改为警员，回到了普陀分局。1949 年，国民党濒临灭亡前夕，更加疯狂地镇压进步力量，严令查禁和没收进步书刊，普陀分局局长沈德亨经常派特务和他一起去报摊搜查《群众》《新华日报》《民主》《文萃》《周报》《时代》等进步报刊，他不顾个人安危，事先设法向在静安寺摆书报摊的地下党员张志坚传递消息，由张及时转告其他报摊。在搜查时，他采取敷衍应付的办法，暗中保护售卖进步书刊的书摊。

蒋志毅，1918 年出生于浙江吴兴县，是杨树浦分局警员，与钱凤岐、钱文湘、刘家栋一样，非常同情劳苦大众，有着强烈的正义感。蒋志毅幼年丧母，家境贫寒，中学毕业后进茶厂做苦工。抗日战争胜利后，亦因谋职考入国民党上海市警察局警员训练所，后被分配在杨树浦分局当警员。

蒋志毅烈士遗像

虽然穿上了国民党警察制服，但蒋志毅对国民党统治下欺压百姓的倒行逆施深恶痛绝。1949 年中纺十二厂工人上街游行，要求增加工资，遭到警察局派出的便衣警察的袭击和逮捕。他非常不满，愤恨地说："饭盒子"（指工人）聚会都不准，这还成什么世道？就在此时，他结识了在警察局从事地下工作的钱凤岐、钱文湘、刘家栋，通过和这些潜伏在国民党警察局内部的共产党员不断交往，蒋志毅开阔了视野，认清了国民党反动派的真面目，接受了革命真理的教育，于 1949 年年初参加了"地下警委"领导的外围组织"互保立功会"，积极投入接管上海的地下革命活动。

长夜已尽，黎明将至

1949年5月12日下午3点40分，这是个令钱文湘妻子陈秋益终生难忘的日子。

“秋益，今天情况不对，我大腿上的肌肉怎么会跳呵？”

“肌肉跳说明你有精神，不要紧的，只有眼皮跳才是祸要来了。”

在上海东部隆昌路附近的一间小平房里，一对年轻的小夫妻斜依在窗前喃喃地私语着。身着国民党警察制服的钱文湘，拥着他的妻子陈秋益。良久，钱文湘低头凝视着妻子，神色严峻地说道：“秋益，要紧的，昨天总局的局长毛森来训话，我们在分局的操场上站了好几个小时，我实在是吃力煞了。”说到这里，钱文湘略微停顿了下后继续说道：“现在上面要求我们晚上必须睡在分局和派出所里，谁也不得擅离岗位，否则一律从严责罚。”

“你千万要当心啊！”陈秋益紧紧拉着丈夫的手不停地抚摸着，自从和钱文湘结婚后，她的心就一直忐忑不安地伴随着他。她总觉得眼前这个穿国民党警察制服的丈夫不太像个欺行霸道的“三六九”，哪个国民党警察会公开责骂国民党，并鼓励自己积极参加厂里的罢工活动？“难道他是个地下党？”陈秋益曾多次在心中暗暗问道，但她最终没有当面问过丈夫。

眼下，在这迎接上海解放的关键时刻，作为妻子的陈秋益越发为自己的丈夫而担忧，因为她已多次听说共产党员遭到国民党迫害的消息，曾多次劝钱文湘和她一起回浙江老家避避风头，等上海解放了再回来。可是，钱文湘却态度坚决地表示不回去。

傍晚时分，钱文湘探头朝窗外望了望回头说道：“秋益，我要到眉州路派出所去了，你独自在家有没有关系？”

此时此刻，为不使丈夫分心，陈秋益尽量显得若无其事的样子说道：“文湘，你安心去上班吧，不用管我。”

“晚上你一个人睡觉害怕，我让阿妹来陪你好吗？”

“看你说的，我又不是个小孩。你放心吧。”陈秋益娇嗔地朝钱文湘扮了个鬼脸。

“明天早上一下班，我一定准时回家，我的好老婆。”钱文湘利索地将制服穿好，又悄悄在陈秋益耳边叮咛了几句后，依依不舍地离开了家。望着丈夫渐渐远去的背影，陈秋益久久、久久地凝视着。

陈秋益当然不知道，自己的丈夫此时正和钱凤歧、刘家栋、蒋志毅等党员和党外积极分子投送警告信，敦促反动警员和特务分子认清形势，立功赎罪，争取宽大处理。

《约法八章》和警告信发出后，敌人的反动气焰不得不有所收敛。不少警员在解放前夕顾虑重重，彷徨徘徊、心神不定，收到《约法八章》和警告信后立即作出了正确的抉择。这一攻心战术，对争取大多数警员，分化瓦解极少数顽固分子，起到了十分明显的作用。正因为如此，毛森大发雷霆，亲自到几个分局去训话，要求限期破案，把隐藏在内部的共产党挖出来。

敌人越临近灭亡，就越奸险凶恶。毛森使出看家本领，布置他的心腹悍将在内部严密侦查。他软硬兼施，要共产党员出来“自首”，折腾了一个星期，却毫无眉目。又过了几天，特务发现了一些线索，逐渐把疑点集中到钱凤歧、刘家栋、钱文湘和蒋志毅四人身上。1949 年 5 月 13 日下午，警察总局刑警处二科科长甘觉突然来到普陀分局。当天晚上 10 时许，分局局长沈德亨将正在拘留所值夜班的钱凤歧逮捕。与此同时，杨树浦分局的钱文湘和蒋志毅也落入敌人魔爪。不久后的深夜，刘家栋在睡梦中被一阵剧烈的敲门声惊醒，打开房门，一群国民党特务蜂拥而入，将其抓走。

毛森抓到这四名“赤色分子”，如获至宝，立即命令警察局的特务们严加审讯，并亲自到审讯室，一心想从这四个人身上打开缺口，把潜伏在警察局内的“地下警委”一网打尽。

特务们使出浑身解数，对四名“赤色分子”又是利诱，又是威胁，但是钱凤歧、刘家栋、钱文湘和蒋志毅个个守口如瓶，毛森的希望化成了泡影。

恼羞成怒的毛森只得搬出了法西斯特务的一整套“看家本领”：从棍打鞭抽到电烙、灌辣椒水，甚至残忍地用针插进钱凤歧、钱文湘、刘家栋、蒋志毅的指缝中。面对特务的严刑拷打，四位勇士毫不畏惧，大义凛然地正告国民党特务：“要问我的同党吗？告诉你们，全上海的老百姓都是我们的同党！解放军很快就要进军上海了，你们的末日马上就要到了！”国民党特务一无所获。眼看解放军的先头部队已兵临城下，5 月 20 日，黔驴技穷的毛森亲自下达“处决令”，将四位勇士蒙住双眼、塞住嘴巴，五花大绑地押上警车，秘密枪杀于闸北宋公园（现今的闸北公园）。此时，离上海解放仅有七天。

四个“黑衣红心”的警察倒下了，倒在黎明前的黑暗之中。

四个勇猛的年轻人牺牲了，牺牲在曙光即将升起时。

上海公安博物馆陈列的悼念钱凤歧、刘家栋烈士蒙难36周年仪式相关展品

钱凤歧、钱文湘、刘家栋、蒋志毅用自己的鲜血与生命照亮了上海的黎明。解放后，在闸北宋公园等地挖掘出的数以千计的革命者遗体中只找到了钱凤歧、钱文湘、刘家栋三位烈士的遗体。1950年3月，上海市人民政府批准钱凤歧、钱文湘、刘家栋、蒋志毅同志为革命烈士。当朝霞满天的时候，你们永远和大地同辉，人们永远不会忘记你们——中共上海地下警委“四烈士”。

丹阳集训：上海公安的摇篮

尚景伯

1949 年 5 月上旬，丹阳，这个江苏镇江附近一个不引人注目的小城，迎来了 684 名公安干部和 800 多名华东警官学校学生。这些公安干部和警校学生被编成治安、警察、反特、保卫、秘书、行政六个队，集中进行党的城市政策、入城纪律、接管城市经验学习，为上海解放后接管国民党警察机构和组建人民公安机关做周密的组织准备。

华东警官学校第一期区队长以上干部合影

抗战胜利后，为建立人民政权，党中央提出不仅需要培养大批党政干部，而且需要建立人民自己的公安队伍。1946 年 5 月，中共中央华东局根据革命形势的需要，在山东临沂创办了华东地区最早的一所培养训练公安警务人才的学校——山东省警官学校，培训了 200 多名军队和地方的公安保卫干部。同年年底，由于敌机袭击骚扰，学校被迫停办。人民解放军粉碎了国民党对山东解放区的重点进攻后，许多城镇重新回到人民手中，需要大批干部开展公安保卫工作。华东局社会部副部长梁国斌、李士英报经华东局同意，调派社会部干部科科长林道生负责筹办青州保卫干部训练班，选调学员 40 余人进行公安保卫工作专业训练。1948 年 9 月，济南战役取得全面胜利，梁国斌、李士英审时度势，又报请华东局批准，以青州保训班学员为骨干，开办山东省警官学校第二期培训班，向社会招生，大批培养警务人才。不久，学校定名为“华东警官学校”，校长、副校长分别由梁国斌、李士英兼任，林道生任教育长，徐盼秋任副教育长，下设教务科、人事科、供给科、教研室。梁国斌、李士英十分重视学校建设，亲自选定校舍，并从山东省公安总局和济南市公安局调拨大批家具用品供学校使用。12 月 9 日，由华东局向山东解放区各区党委、市委及社会部、公安局发出关于开办警官学校的决定和招生通知，要求各地党政机关配合做好招生工作，把分配给各地的招生名额，当作扩军任务来完成，规定每招收一名学员可抵充一个扩军名额。随后，学校派出八个招生组带着招生简章和考卷，分赴徐州、新海连、济南、淄博、张店、周村、兖州、烟台等地招生。当时，群众对国民党警察的丑恶形象记忆犹新，而对人民警察缺乏了解，一些知识青年愿意参军，不愿报考警官学校，故报名人数达不到招生指标，招生一开始就遇到困难。李士英得知这些情况后，明确提出要进一步做好宣传动员工作。对有一般历史问题的年轻人，只要其他条件符合，又愿意为人民服务的，可以先进来，在学习中教育。这就为招收新生打开了广阔渠道。在各地党和政府的协助下，招收新生 1097 名，到 12 月底全部到校报到。经过紧张的准备，1949 年 1 月 5 日，华东警官学校举行了开学典礼。

华东警官学校校徽

上海公安博物馆陈列的华东警官学校相关展品

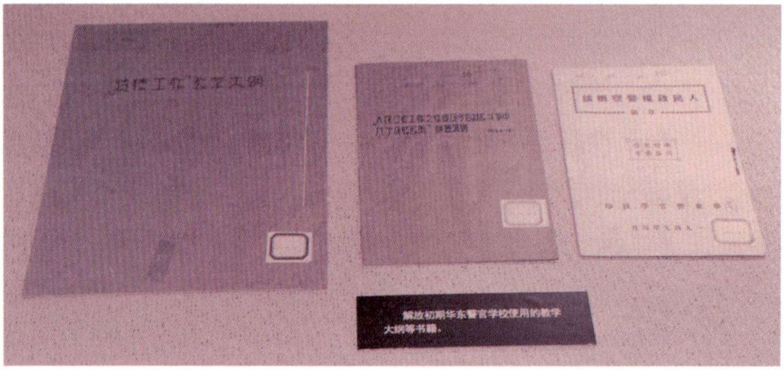

解放初期华东警官学校的教学大纲

华东警官学校开学后，学员分为警官、警士两个部。警官部为第一大队，警士部为第二大队。大队下设中队、区队和班，实行军事化管理，学员享受部队排级干部待遇。校部设有教务、行政、人事三个科。学校的教育方针是以政治教育为主，业务教育为辅，设政治、业务、军训三项课目。政治教育包含形势任务、方针政策、革命人生观和为人民服务等内容，由教研室编写了《政治学习教材》发给学员阅读。学校还采取忆苦思甜、控诉旧社会和观看、座谈《白毛女》《血泪仇》等话剧，激发学员的阶级觉悟。在此基础上，动员学员向组织忠诚老实地讲清自己的政治历史问题，学校组织力量进行政治审查。业务教育，主要通过事先向各地征集有关警察教育的书刊和各项业务工作的总结材料，结合马列主义原理，由教研室编写《人民警察政权概述》教材，请山东省公安总局和济南市公安局有关业务部门的领导讲授治安、交通、户口、消防管理及刑侦、敌情、保安等基础知识，又请“地下警委”成员刘继霖等介绍国民党上海市警察局的机构设置、职责、日常工作和地下斗争情况。军事课主要是进行队列训练。通过几个月的教育训练，学员初步掌握了公安警务工作的基础知识，思想觉悟和军事素质有明显的提高。

山东省警官学校的毕业证书

华东警官学校原计划警官部学习一年，警士部学习六个月。到 4 月，解放军横渡长江，江南广大地区解放已指日可待，华东局为接管上海等大城市进行紧张的准备。华东警官学校奉命提前于 5 月初结业。经过广泛动员，自动报名，领导批准，800 多名师生在李士英、徐盼秋的带领下离开山东南下江苏丹阳，参加接管人员集训。

工作重点的战略转移

1948 年 12 月 26 日，华东局社会部及时提出了公安工作的重点要由农村逐渐转向城市的方针和加强对江南各系特务组织调查研究、大量培养公安保卫干部的任务。1949 年 1 月，经中共中央批准，华东局调整加强了社会部的组织机构，决定仍由舒同兼任社会部部长，梁国斌、李士英、胡立教、扬帆为副部长，将华东局情报部与社会部合并，改为社会部一室，山东省公安总局为社会部二室，公安、保卫、情报工作集中由社会部统一领导。同年 2 月，社会部副部长扬帆率领 60 余名情报干部南下到淮阴，对上海和江南其他敌占城市进行情报策反工作。华东局社会部作出决定，将“华东各地情报、公安、联络、城工、工商、贸易等部门的京（南京）、沪、杭沿线大小城市之工作关系以及领导关系的干部、档案向华东局社会部或江南工委扬帆办理移交”，使分散指挥的情报工作进一步归口到华东局社会部。同年 3 月，社会部从山东解放区各级公安机关抽调了 384 名股长以上干部送到党校学习或在社会部集中待命，为南下接管准备了一批骨干力量。同月，社会部召开了第三野战军军以上部队保卫部长会议，确定部队保卫机关在进军解放城市后要积极参加地方接管和城市公安保卫工作。华东局和人民解放军第三野战军还将华东军区警卫旅划归社会部和组建后的上海市人民政府公安局领导，担任上海解放以后华东局和市委机关的警卫任务，为南下接管工作进行了组织准备。

丹阳集训接管干部

丹阳是江苏镇江附近一个并不引人注目的小城，介于镇江和常州之间。5 月初，华东局社会部正副部长舒同、梁国斌、李士英、胡立教、扬帆分别从山东、苏北随华东局和第三野战军机关到此会合。中央社会部调王范带领 20 余名干部从北平到达丹阳。到 5 月上旬，社会部抽调的 684 名公安干部和 800 多名华东警校学生先后在丹阳集合。社会部即按治安、警察、反特、保卫、秘书、行政编成六个队，遵照华东局“在入城前，必须普遍地、反复地、深入地进行党的城市政策的教育及入城纪律的教育与接管城市的经验教育”的指示，集中进行方针政策学习和思想纪律教育，深入学习华东局经中央批准的“关于接管江南城市的指示”，深刻领会“按照系统、整套接收、调查研究、逐渐改造”的接管方针，“自上而下、按照系统、原封不动、整套接收”的实施办法和一切部队干部及接收人员必须坚决遵守的十二条“入城纪律”。同时，学习济南、沈阳、北平、天津等大中城市的接管工作经验。5 月 10 日，“三野”司令员陈毅对接管上海的各级负责干部作了入城纪律和政策的报告，在形势、城市政策和党的优良传统、部队纪律等方面作了精辟的阐述，严肃批评了个别同志违反纪律的现象，要求所有部队和接管人员像渡江演习那样，把入城纪律和政策当一件大事来抓，强调指出：“入城纪律是入城政策的前奏，是对上海人民的‘见面礼’，‘见面礼’搞得不好，要费大工夫，甚至挽回不了。”他还风趣地说：“我们野战军在城市不能‘野’。”华东局社会部又根据十二条“入城纪律”，结合公安工作性质特点，制定了《员警十项守则》，要求入城干部互相勉励，互相监督，对知法犯法者，将从严论罪。针对南下师生大部分是北方人，没有城市生活习惯的特点，还组织学习城市管理方面的知识，介绍上海警察机构、敌情动态、南方城市风俗习惯等，从而为广大接管干部入城后坚决执行党的政策、严格遵守入城纪律奠定了牢固的思想基础。

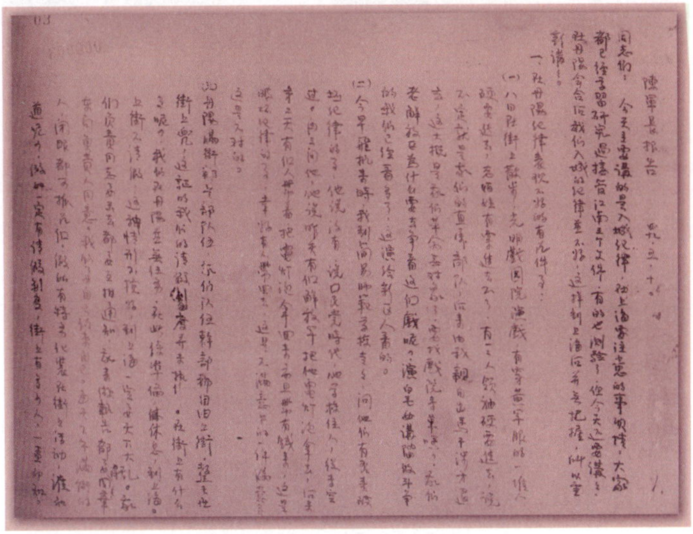
陳軍長報告

陈毅丹阳讲话记录稿

初步拟定接管方案

5 月 20 日，经中央批准，在丹阳成立了以陈毅为主任、粟裕为副主任的上海市军事管制委员会。军管会决定军管会公安部入城后负责接管国民党上海警察、特务、党团组织的任务，任命“二野”四兵团司令员陈赓为

李士英

部长，梁国斌、李士英、扬帆为副部长。华东局还决定入城后李士英负责治安，扬帆负责肃反，王范负责保卫，梁国斌以主持社会部工作为主，在接管时协调分工。同时还宣布了对各级警察机关的接管专员名单，市公安局科以上以及各分局的领导人名单。借鉴以往的工作经验，在研究了接管对象——国民党上海市警察局的机构设置、警种、装备分布，以及国民党军、政、警、宪、特情况的基础上，当时提出了三套接管方案：一是如潍县、济南，解放后警察局员警全部逃散，则重起炉灶，建立人民公安机关；二是如北平，和平解放后，警察局机构和员警基本未散，则采取先派军事代表进驻市警察局和各分局，稍做准备后宣布接管；三是由于上海地下党的有效工作，解放后可能跑掉一些上层警官，下层人员大部分留下，则根据《约法八章》规定，在接管干部领导下，发挥

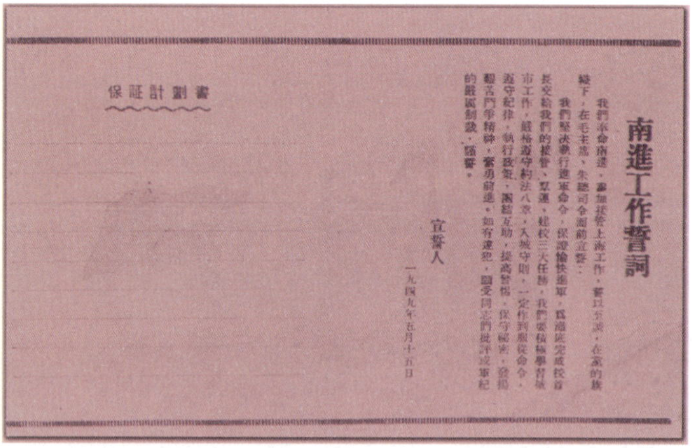

南進工作誓詞

我們奉命南進，參加接管上海工作，誓以至誠，在黨的旗幟下，在毛主席、朱總司令面前宣誓：

我們堅決執行進軍命令，保證愉快進軍，爭取完成校首長交給我們的接管、軍運、幹校三大任務，我們要積極學習城市工作，嚴格遵守約法八章，入城守則，一定作到服從命令，遵守紀律，執行政策，團結互助，提高警惕，保守秘密，發揚艱苦鬥爭精神，奮勇前進。如有違犯，願受同志們批評或軍紀的嚴厲制裁，謹誓。

宣誓人

一九四九年五月十五日

保証計劃書

准备入城的接管干部在南下途中的誓词

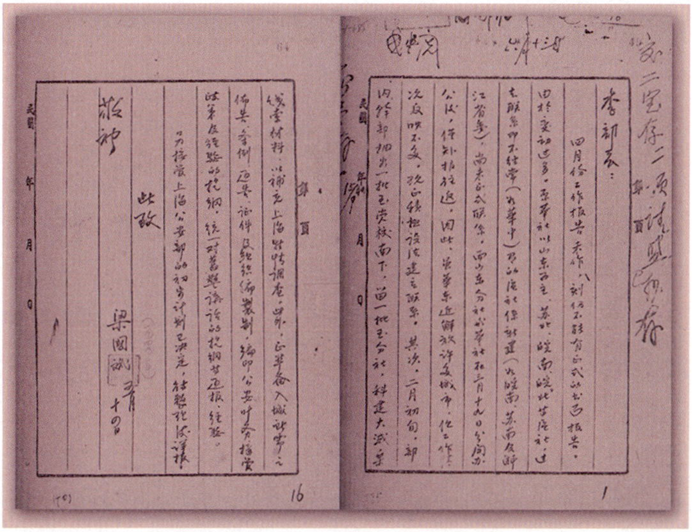

梁国斌同志写给李克农的报告

旧警员的作用，维护社会治安。根据当时解放战争迅猛发展的大好形势和警察局中有强大的地下党组织的有利条件，上海出现第三种情况的可能性较大，因此，将工作重点放在第三套方案上。至此，对上海警察、特务、反动党团机关的接管，从方针、政策、思想等方面做了充分的准备。

《上海调查资料》：解密旧上海的“万宝全书”

尚景伯

在上海公安博物馆二楼摆放着十几册页面泛黄，落款“江南问题研究会编”的纸质资料。与其他藏品相比，这些册子并不怎么起眼，参观者走到这里，往往是目光一掠，便去往下一个展柜。然而就是这些不起眼的小册子，为顺利接管上海立下了汗马功劳。《上海调查资料》全套30卷百万字，是我情报人员冒着极大的危险，在极其恶劣的环境下，夜以继日排摸、调研、整理、汇编而成的。上海解放后，各系统接管专员和接管组拿着这些材料按图索骥去往各处，用短短一周的时间就初步完成了上海的接管任务，迅速建立起正常的社会治安秩序。当年，这些小册子被他们称为解密旧上海的“万宝全书”。

《上海调查资料》

1948 年，中国共产党带领人民解放全中国的进程势不可当，东北、华北地区的一些大城市已相继回到人民的怀抱。管理城市，尤其是大城市问题，成为摆在共产党人面前的一个新问题。尤其像上海这样在国际、国内具有重要地位和影响的大城市，对来自解放区的大多数共产党干部来说，显得十分陌生。进城是中国革命要过的一道难关，共产党干部要从头学起，而学习管理城市首先需要一份详尽的资料。

这年冬天，淮海战役捷报频传，解放战争的形势已经发生了根本性变化。华东局社会部把两淮地区和江南沪宁一带的敌情调查工作列入了议事日程。翌年 1 月中旬，淮海战役肃告结束，中共中央即指示华东局社会部配合解放、接管江南城市，做好江南城市的调查、材料工作，并附发了《京（指南京）沪调查提纲》。

南下分派编写任务

1949 年 2 月，华东局社会部决定由副部长扬帆调集情报、材料干部 60 余人先行南下。14 日，扬帆一行离开山东青州的华东局社会部驻地，经济南、徐州等地于下旬抵达苏北淮阴。扬帆参加了中共华中工委所属的江南工委的领导工作。在部署和开展对江南的情报工作的同时，责成华东局社会部一室三科（调研科）科长钟望阳具体负责沪、宁等江南大城市的调查和材料编写工作。三科的全部干部，分别组成上海、南京和特字（专门负责编写沪、宁一带国民党特务机关的材料）三个组，由李蒲军任上海组组长，丁予任南京组组长，韩祥林任特字组组长。

编写材料工作一开始就遇到了很多困难。首先是三科虽然掌握了一些有关江南的材料，但毕竟是有限的，许多情况已经时过境迁，变化很大，难以作为接管江南时的参考。其次是人力有限，华东局社会部原有从事材料工作的干部不过二三十人，再分成三个摊子，就更捉襟见肘了。

在扬帆一行抵达淮阴时，中共上海市委已在驻华中工委成立了一个调研科，集中了一些在上海已经暴露而撤到苏北的地下党员，着手收集和整理有关上海的材料。扬帆到苏北以后，迅速与上海市委驻华中工委的领导取得联系，商定把工委调研科同志所掌握的材料，集中到华东局社会部三科的上海组。双方通力合作，共同完成这项重要的政治任务。这样，不仅在人力上得到了加强（上海组的人员达到 40 人），而且由于原来上海组的干部大都是从上海参军入伍的，再加上上海地下党员对上海的情况比较熟悉，这就成为上海组的一项优势。同时，各自占有的材料也能统一使用，便于对照查考，避免了重复劳动，收到事半功倍的效果。

原始材料是整理编写接管材料的基础。华东局社会部将济南战役中和济南解放后缴获的国民党档案，平、津、沪等地的图书、报刊等公开出版物，通过秘密情报渠道所获得的材料，刚解放的南通国民党县政府、文化馆、南通学院、图书馆等处收集到的有关资料，都集中到淮阴。特别是上海地下党提供了许多情报资料，包括公开出版的上海电话簿、各种年鉴以及获悉的有关消息，因时间近，内容新，更符合实际情况。例如，原来只掌握俞叔平是国民党上海市警察局局长，后来由于地下党提供了关于 1949 年 3 月毛森接任警察局局长的消息，成立不久的上海组就及时在警察局局长俞叔平的名下加上“最近闻已调毛森继任”一语。为便于开展工作，上海组的全体同志，又分成政治、经济等几个组，在每个组内，又分了几个专门问题，责成几个同志负责。如有些同志负责国民党政府系统的，有些负责军警系统的，有些专门搞工业、交通的，有些搞金融方面的等。

赶印百万字“巨著”

当时，苏北的大片土地已经解放，人民解放军的前锋抵达长江北岸，到底哪天挥师渡江，谁也难以预测。但是大家心里明白，解放江南，已经为期不远了。可见，编写材料工作时间要求十分紧迫，必须抢在解放军渡江之前拿出材料以供入城接管之用。否则，就会功亏一篑而失去意义。

扬帆对此十分重视，不仅要求尽快完成，还强调力求全面、完整、准确。钟望阳也提出了在编写上要做到“不加主观评论，还它本来面目”的要求。具体做法是先把所有材料初步划类，分别交给有关同志阅编，发现涉及其他方面的资料，互相交流补充。材料编写完成后交组长初审，再经钟望阳复审，最后由扬帆逐篇审定。

由于国民党飞机不时扰袭淮阴，扬帆、钟望阳和材料组的全体同志都远离城区，在郊外的许庄、徐家庄、小曹庄一带的农民家里住宿和工作。除了吃饭睡觉，他们将所有精力都投入到整理材料中，每天工作至少 14 小时，直到午夜时分才“收工”。工作条件也相当艰苦，书写用的是“有光纸”和自己泡制的“土墨水”。尽管如此，想到大上海即将回到人民的怀抱，大家都情绪高涨，决心为接管上海作出应有的贡献。经过一个多月的努力，终于赶在渡江战役之前，把共计30册百万字的上海资料编写完成。出版印刷工作也随之急速展开，组织上派出干部携带原稿，分赴济南、徐州、淮阴等地，在半个月左右的时间内，将包括南京、杭州等地的全部材料赶印成册。这套由华东局社会部组织编写的材料，封面署名“江南问题研究会编”。材料印成后，先在青州发行一部分，其余带到丹阳，分发给接管上海各个系统的接管专员、部队军以上的领导干部。

翔实载录上海“百科”

这30本上海调查资料，收集了国民党中央各部、委驻沪机构和上海市驻军、政府机关、经济、文化、宗教团体和外国驻沪机构的地址、电话、组织机构的发展变化，以及官员的姓名，包括蒋介石、李宗仁、宋子文、孔祥熙、张群等国民党要员的公馆地址和电话。如《上海蒋匪军事机关》一册中，就具体记载了淞沪警备司令部、吴淞要塞司令部、京沪杭警备总司令部、陆海空驻沪军队、国民党军事委员会、军政部、国防部等驻沪办事机构，辎汽、高炮、装甲、工兵、战车、通讯兵，在沪驻军，驻沪宪兵(包括军警宪联合机构，如各检查组、站、纠察大队等)、驻沪后勤机构、兵役机构、军事学校和训练班，上海各军队医疗机构以及各军事系统的工厂仓库的地址、电话、军官的姓名（有的还注明其住宅地址、电话)、编制人数、装备等，并附有江湾、龙华两个军用机场的平面图，其跑道、油库、器械库乃至军官和空军家属宿舍的位置，都绘制得一清二楚。在《伪中央各院部会驻沪机关》《伪上海市政府各局》《伪上海市政府及各区保甲概况》三册中，国民党中央政府驻沪各单位，上海市政府民政、社会、财政、公用、工务、教育、卫生、地政8个局及其下属处、科两级以及32个区公所，所辖各保的机关地址、电话，市长、局长、处长、科长、区长、保长，以至科员、办事员的姓名、籍贯、学历、经历以及政治背景，都一应俱全。在国民党上海市警察局的一本专册中，从总局、分局到派出所，以及警察系统的各保警中队、骑巡队、机动车大队等武装力量和警察局所属的医院、学校、仓库、警察博物馆等单位都有完整的记载；从局长、处长到分局长、股长都列有名单，包括地址、电话，一些主要的中高级警官，还附有其简历及政治背景。

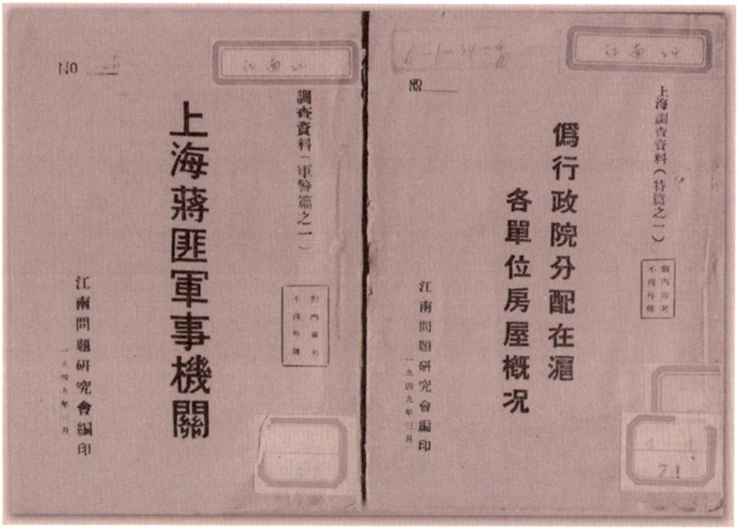

分册：《上海蒋匪军事机关》和《伪行政院分配在沪各单位房屋概况》

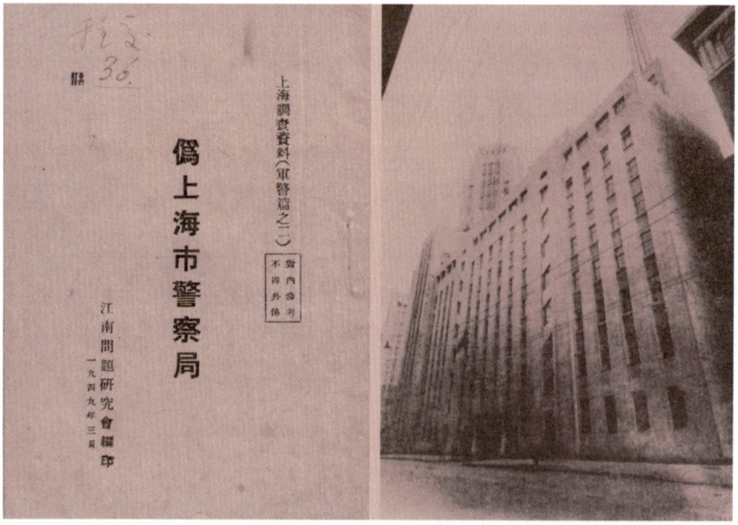

分册：《伪上海市警察局》

上海是我国重要的工商业和金融中心城市，因此在经济方面，也收集了大量材料。国民党的四行（中央银行、中国银行、交通银行、中国农业银行）、两局（中央信托局、邮政储金汇业局）、一库（中央合作金库）各编一本专册。在金融业方面，还有三册分别介绍上海的省市银行、小四行、南三行、北三行及农商银行；证券交易所及票据交换所等；上海的黄金市场和各钱兑业、金号、银楼等。在证券交易所的专册中，不仅有该所的历史沿革、数以百计的经纪人姓名、地址、电话，而且有在抗战胜利后的股票行市等。

除了工厂企业外，还有一册是抗战胜利后国民党政府在接收中历次分配给在沪的国民党和上海各单位的办公和居住用房（包括接收后多次标卖的敌伪房产）全部资料。各官僚资本工业单位以及邮电、海陆空交通和市内交通单位、招商局轮船股份有限公司、上海电力公司都出了专册，作详尽的介绍。

其他，如上海各宗教团体、工商业团体，各种社团、医院等，有的虽不属于接管对象，但都各出专册。外事方面有联合国驻沪机构、上海各国领事馆、驻沪美军以及外侨的材料，内容也都颇为细致。

接管工作的信息“指南”

这些材料印发后，受到接管干部的普遍欢迎和好评。尽管由于国民党在败退前实施“应变”措施，有些情况与材料有出入，但基本上还是符合实际的。特别是许多材料是由上海地下党发动和组织全体党员有计划进行社会调查取得的，还有的是从事情报工作的干部所提供的。他们冒着极大的危险，将收集到有关国民党的重要情报资料秘密输送到解放区，从而确保编写工作按时完成。有了这些材料，各系统接管专员和接管组就可以按图索骥去接管。

陈毅在丹阳看到这些材料后，相当满意，高度评价道：这些材料“为上海接管工作立了一个大功”。许多参加接管工作的领导都表示：“这批材料来之不易，而且编印及时，提供了上海各方面的历史和现状，对接管工作起到了很好的作用。”参加接管国民党上海市警察局的同志，很多长期在苏、鲁、皖工作，上海对他们来说是个“陌生的大城市”，看到材料后，他们高兴地说："我们从农村来，对上海一无所知，有了国民党上海市警察局的材料，对接管单位的主要人员、组织机构、内部情况心中就有底了，信心也增强了。"实践证明，能够在短短一周内，初步完成上海接管任务，并迅速建立起正常的社会治安秩序，《上海调查资料》发挥的作用功不可没。

接管国民党上海市警察局始末

姜龙飞

上海人永远不会忘记1949年初夏，5月27日，旧上海这一页惨淡的历史终于被一双有力的大手翻了过去。6月2日，上海市人民政府公安局宣告成立。一块全新的人民政府公安局牌子挂到了福州路185号那扇高大的拱形门口。

1949年6月2日，上海市人民政府公安局于福州路185号挂牌成立

1949年5月20日，驻扎江苏丹阳的中国人民解放军总前委致电中共中央军委，报告接管上海的准备工作已大体就绪。当天，毛泽东亲自执笔，代中央军委起草复电：据邓（小平）饶（漱石）陈（毅）电，接收上海的准备工作业已大体就绪，似此，只要军事条件许可，你们即可总攻上海。总攻的时间似以择在辰有（5月25日）至辰世（5月30日）之间为宜。

5月21日中午，陈毅、粟裕、谭震林、张震下达了《第三野战军淞沪战役攻击命令》。此前，从4月下旬到5月初，南京、杭州相继解放；5月12日，“三野”所属的9兵团第20军、27军、30军、31军和10兵团第26军、28军、29军、33军及特种兵纵队炮兵等，已分别从南北两个方向，开始了对上海的外围攻坚……

任命代理警察局长

5月24日，中国人民解放军进逼市区。国民党上海市警察局局长毛森慌了手脚，仓皇布置逃跑。为此他需要一个“适当的人选”来做“替罪羊”。这天上午10点左右，毛森派自己的主任秘书应志春打电话，找来市警察局消费合作社主任陆大公，宣称“因为台湾援军未到，上海的战局非常吃紧，现奉令做必要时的撤退准备，因此，请你来协助担任市警察局副局长，帮助维持上海治安……”

陆大公早在1948年就与中共地下党组织建立了联系，此时，他的直接联系人是中共地下党员肖大成。面对突然降临的“荣升”，他不知道该如何应对，于是急着找肖大成汇报，请示对策。

“下午3点，应志春又打电话给我说：局长（指毛森）决定即时转移，命令你以副局长代理局长职务，要你马上来接受任务。”

经紧急磋商，中共中央社会部在沪情报部门负责人吴克坚通过肖大成向陆大公传达了党组织的决定：不入虎穴，焉得虎子。消除一切顾虑，大胆上任。为便于随时指示机宜，吴克坚同时命肖大成以义务警察身份，陪同陆大公到福州路警察局接任代局长职务。

“毛森虽把局长职务交代给了我，但到下午4点，还赖在局长室不走，并不时对我发号施令……到下午7点左右，毛森还赖着不走，不利于我们工作，我和肖大成秘商，用了一个调虎离山计。要人向毛谎报人民解放军已进抵兆丰公园（今中山公园）附近。毛急得如热锅上的蚂蚁一样，再也不能故作镇静……结果毛森只得随带几个警卫人员和警备科科长钟敏，还有总局驻卫警总队总队长司道平，分乘两辆小轿车狼狈逃去。”陆大公解放后这样回忆道。

就在逃跑前的短暂一刻，毛森还下令“军统”特务、警备处处长黄炳炎，将关押在福州路警察局拘留所内的共产党员沈鼎法和国民党起义人员聂闻远等九人，全部枪杀在局本部后院。

这是5月24日晚间7点钟发生的事。

警察局最早挂出白旗

一俟凶魔的身影从眼前消失，陆大公立即抓起话筒，按地下党事前的部署，以代局长的身份，首先向机动车大队、保警总队等武装警察部队和市局直属单位以及各分局正副局长，下达了“时局已变，各安职守，维护秩序，听候命令”的指示。继而下令提前宵禁：全市从7点开始戒严，严密防止奸徒乘机破坏，危害治安。

紧接着是一道人事调整令，对总局处室、各分局局长以及其他附属机构负责人，统统就地免职，重新委派。要求新委派的各警察单位负责人立即在各驻地悬挂白旗，徒手出勤，枪支弹药集中保管，如遇解放军先头部队到达时，要口呼“投诚”，不准抵抗。

其间，陆大公向代理市长赵祖康作了汇报，赵在电话中指示：“务必切实维持治安，防止国民党败军特务以及一切不法之徒乘机捣乱，危及上海人民的生命财产……”随即，陆大公派警卫去市府保卫赵市长安全。

仅仅几个小时之后，各分局相继反馈。首先是常熟路分局于25日零点5分报告，他们已遵命向解放军悬挂白旗投诚，解放军顺利进驻该局。接着，苏州河南岸各分局陆续来电报告，已分别为解放军所接管……

25日上午10点，陆大公身穿便服等候在福州路江西路口，毕恭毕敬地迎来了进驻市警察局的解放军先头部队。

国民党上海市警察局
在福州路185号门口悬挂白旗投降，
接受人民政权的接收和改编

国民党警察投降后
刷除反动标语

国民党警察投降后，
张贴欢迎人民解放军的标语

老闸警察分局在地下党领导下，
组织保管委员会迎接接管

两条战线同志会师

5 月 25 日黎明时分，陈毅司令员率领的首批接管干部，由丹阳乘火车驶抵上海西南角的南翔站，为防空袭，所有干部立即分散隐蔽，休息待命。奉命接管国民党上海市警察局的干部队伍也在梁国斌、李士英、扬帆等带领下同车抵达。

当天傍晚，中共上海地下党派出 30 辆市内公共汽车及几辆吉普车，浩浩荡荡开进南翔，将所有南下干部接上，于暮色苍茫中向市内疾驶。沿途依稀可辨战争的遗痕，坍塌的碉堡、焦黑的建筑物，在浓重的夜色中一掠而过，到达市区时已是万家灯火。当晚，奉华东局和陈毅司令员之命，李士英亲自找到"地下警委"书记邵健家，代表军管会先行与"地下警委"接上关系。见面时双方都很激动，紧紧握手。当邵健知道李士英还未吃晚饭，忙叫爱人烧煮面条，边吃边谈。邵健汇报了地下党工作情况，提出南下干部和地下党员会师事宜。

梁国斌率部抵达军管会公安部的临时驻地上海交通大学后，立即召开全体接管干部会议，宣布各单位接管人员名单，并阐释接管国民党警察局时对旧警员的处理方针。当晚，风尘仆仆的接管干部无论职位高低，都没有占用师生员工的宿舍，而是集中住在上海交通大学体育馆健身房内，梁国斌、李士英、扬帆等，都席地而卧，度过了入城的第一个夜晚。陈毅则和张鼎丞、曾山、魏文伯、刘晓、王尧山等，进驻凡皇渡路圣约翰大学（现万航渡路华东政法大学），建立临时指挥机构。他对上海地下党的工作十分满意，一再表示感谢。

5 月 26 日，"地下警委"书记邵健带领所属总支、支部骨干到达上海交通大学，与接管干部胜利会师。会上，邵健介绍了警察局内警员动向和"地下警委"迎接解放、配合接管工作情况。李士英表示："'地下警委'同志为了党的事业，在敌人心脏里，不顾个人安危，出生入死，坚持斗争，工作很有成效，为接管创造了很好的条件。"他又说："地方同志对情况、业务熟悉，有丰富经验。南下干部要谦虚谨慎，好好向地方干部学习。"会后，"地下警委"各支部书记分别向各接管组介绍了被接收机构的情况，商定接收的步骤和方法。军管会公安部副部长李士英要求秘书处处长张文炳随邵健先去警察局了解情况，以安排第二天正式接管。作为秘书处当时唯一的秘书武健华，也随同处长同往，与陆大公商定了第二天正式接管的具体事宜。

5 月 27 日，上海全境宣告解放。据后来被调往中南海、离休前担任中央警卫局副局长、8341 部队政委的武健华老人回忆：

> 上午 9 时，中国人民解放军上海市军事管制委员会公安部副部长梁国斌、李士英、扬帆（部长陈庚未到任）和张文炳、邵健、钟望阳等领导同志，以及我们随行的几个秘书，分别乘车由交大直奔福州路国民党上海市警察局……
>
> 领导同志在宽敞的局长办公室坐定后，由邵健引进警察局代理局长陆大公……他将国民党上海市警察局的印章上交李士英副部长。李士英说：陆大公先生率领警察局警员向人民解放军悬挂白旗，交出警察局印章和枪械，保存了文书档案，这种行动我们军管会公安部表示欢迎，并决定请陆大公先生留任上海市人民政府公安局顾问，配合我们继续做好各项接管工作。

国民党黄浦警察分局门口悬挂迎接解放军的标语

5 月 28 日上午，上海市人民政府宣告成立，陆大公受到陈毅市长的亲切接见，陈毅市长嘱其制定《上海市陆上交通规则》。

根据市军管会统一部署，梁国斌、李士英、扬帆和各分局的接管专员，分别率领接管干部进驻市警察局和各分局，召开警员大会，宣读市军管会接管命令，重申《约法八章》，阐明党的政策，责令旧警人员各安职守，服从军管会和人民政府的命令，保护枪支弹药、警用器材和档案，认真进行清点，随时准备移交。

与此同时，上海军管会公安部派出接管专员，分头接管国民党在沪的各系统特务机关、国民党上海市党部和各区党部，以及为国民党内调局特务机关控制的社会局等单位。这些机构均已人去楼空，重要物资荡然无存，唯将十幢空楼和一些特务机关经营的工商企业留给了新生的人民政权。

中国人民解放军上海市军事管制委员会命令

军管会颁发的第一号接管令

军管会特别工作证和胸标

成立上海市人民政府公安局

1949 年 6 月 2 日，上海市人民政府公安局宣告成立，李士英任局长，扬帆任副局长。

翌日，市公安局召开警员大会，庆祝警政大权完整回归！一个崭新的时代在硝烟尚未散尽的大上海赫然开启。

整个接收工作，有条不紊，秩序井然。

解放日報

本報社會服務部啓事

本報廣告科啓事

上海市人民政府公安局宣告成立 李士英楊帆任正副局長

南京軍管會召集工商界代表 聽取發展生產意見 劉伯承主任親臨講話

工人積極檢修 鎮江重放光明

滬市府邀集產業界座談 研討恢復發展生產

社論 祝本市軍管會及市政府

《解放日报》公告上海市人民政府公安局成立

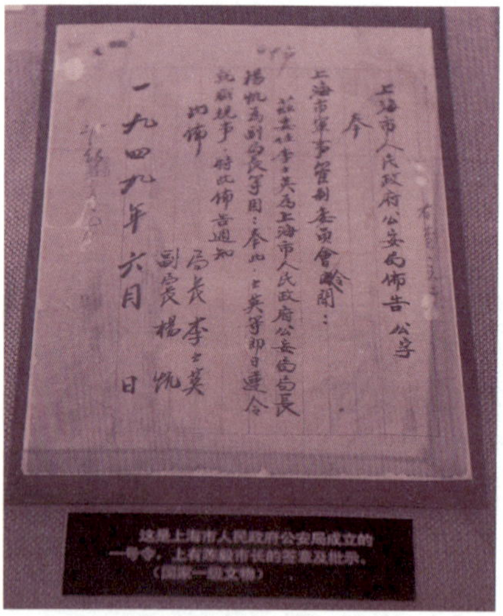

上海市人民政府公安局成立的一号令

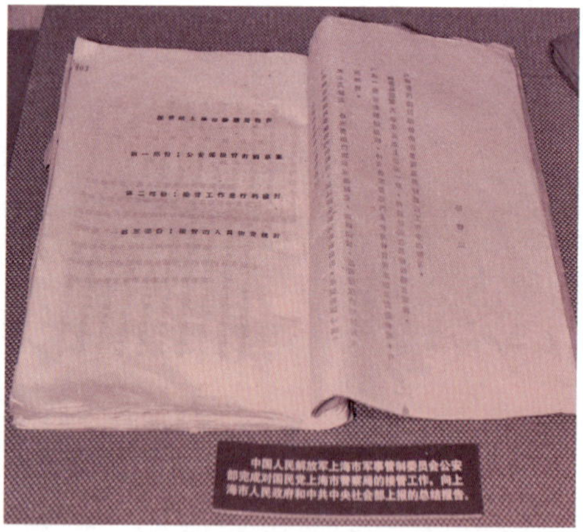

军管会公安部完成接管后向市政府和中共中央社会部上报的总结报告

国民党上海市警察局原有建制即告废除，新成立的上海市人民政府公安局下设秘书、人事、行政、社会、刑警、消防、供给七个处和一所警务学校，31个区的警察分局改为公安分局。

上海市人民政府公安局成立后，公安人员在福州路185号内清理旧警察构筑的工事

6月10日，市公安局发布人事任免令，宣布解除留用股长以上人员的职务，正式任命张文炳为秘书处处长、钟望阳为人事处处长、刘少傥为行政处处长、马乃松为刑警处处长、张克生为消防处处长、吴濂为供给处处长、扬帆兼任社会处处长、李士英兼任警务学校校长；同时，还任命了9名副处长、64名正副分局长以及118名正副科长、431名正副股长。

遵照中共中央华东局决定，各处、分局和科、股正职由南下干部担任，副职由原地下党员担任。

国民党上海市警察局各部门负责人，接管后在我接管干部的监督下，对人、财、物进行清理。经过半个月的盘点造册，旧警察局各部门负责人和我接管专员办理了交接手续，点验后共同签名盖章。

据统计，共接收国民党上海市警察局以及各分局警员计14308人（占解放前警员的88.8%），火炮18门、重机枪46挺、轻机枪221挺、长短枪8253支、自动喷火器31件、炮弹120枚、手榴弹4876枚、枪弹8278702

发、装甲车29辆、战车4辆、大小机动车277辆、各种水上警用船艇23艘以及大批物资器材。

毛森逃跑前虽曾下令烧毁档案材料，但在“地下警委”的运作下，争取和团结了一批警员共同参与保护行动，千方百计，历经艰险，最终除人事室、政治处等少数部门外，旧警察局的档案基本上都完整地保存了下来。经清理，共计111224卷。

月驰江涌，星飞云奔，仅仅20多个昼夜，号称“固若金汤”的大上海已旌旗易帜，江山鼎革。“帝王兴废长已矣，人民世纪金不换。”（陈毅《游晋祠》）在全世界的瞩目之下，黄浦滩头，十里洋场，正经历着历史翻篇的庄严时刻，人民笑逐颜开，载歌载舞，庆贺解放的欢声笑语溢满城市的高楼简棚、角角落落。一位不知姓名的儒者，欣喜之余，研墨挥毫，将他勃发的诗兴落在了几张旧报纸上，贴上南京东路外滩街头：

解放吟

二十五日，人民解放军整军入市，大上海遂于窒息中复苏，书二绝以记之。

鹧鸪啼处炮声稀，十日危城竖白旗。
六百万人齐引领，有谁轮指悟玄机。

民困嬴秦苛政多，一朝解放息干戈。
小楼惊起江南梦，听唱锄头大路歌。

追踪杀害李白烈士的主谋

章慧敏

1951年3月13日，《解放日报》头版刊登了一条新闻："为先烈复仇，为人民除害。匪首叶丹秋、苏麟阁枪决。叶匪曾杀害李白、秦鸿钧、张困斋三烈士……"电影《永不消逝的电波》让国人牢牢记住了一位名叫李白的秘密电台战士。身在虎穴，他不畏艰险，与特务的侦测车展开了电波游击战，源源不断地将情报输送给党中央和华东局。然而，自1948年12月30日后，李白与组织的联系中断了……谁破坏了秘密电台？谁是杀害烈士的凶手？

李白、裘慧英夫妇

李克农密电陈毅：寻找李静安同志下落

1949年5月30日，上海解放后的第三天，陈毅市长突然接到李克农部长的电报，请他尽快查询一位叫李静安（李白的化名）的同志。李部长说这位同志对于他极为重要，如果在世，一定要安排可靠的同志火速护送来北平；如果牺牲了，也望尽可能找到遗体……

此时此刻，不仅是首长、战友在牵挂李白的命运，李白以及秦鸿钧、张困斋的家属们更是期望着与亲人团聚。他们四处查询，一个个希望被燃起，又被熄灭；又重新燃起，又被熄灭。不论李白等人的近况如何，活要见人，死要见尸，这是亲人们共同的愿望。

6月17日，上海市人民政府公安局首任局长李士英、副局长扬帆接到市军管会“008”号电文：“兹为1937年冬，由延安党中央派往上海地下党工作的李静安同志，于去年12月29日被国民党捕入北四川路稽查处第二大队。上海解放后，李同志去向不明，特劳查并请函复。”

市公安局的调查火速展开。就在这时，蓬莱分局一名曾做过看守的留用人员向调查组报告说，他记得5月7日的傍晚时分见过被押上了刑车的囚犯中确有身穿长衫的人，后来听说这些囚犯在浦东的杨思被枪杀了……

不管消息是真是假，调查组在获知这个信息后立刻与李白的妻子裘慧英前往杨思。一路上，裘慧英难掩复杂的心情，她向随行的同志们讲起了与李白从相识、相知到相爱的过程——

那是1937年10月的一天，李克农亲自点名让李白跟随他从延安来到上海。此行的目的是建立一个秘密电台，负责党中央与上海地下党之间的联系。转眼两年过去了，就在1939年10月的一天，地下党领导人马纯古找到了裘慧英，通知她说：“有项特殊任务要交给你，你到苏州河畔和一位延安来的同志接头，今后你们两人共组一个家庭，扮作假夫妻，协助他应付环境。”

当年只有21岁的裘慧英从来没谈过恋爱，一听这话，顿时脸红到了脖子根。虽然裘慧英心里清楚组建家庭是为了更好地掩护地下活动，但对于一心要加入新四军的她来说，这个任务却让她满心的不情愿。她对领导说，这个人是穿长衫的，只有资本家才会穿长衫，我一个工人怎么能和穿长衫的住在一起呢?

马纯古笑了，他的回答让裘慧英顿时觉得自己幼稚：在上海这个地方你让李白身穿八路军军服？从此，裘慧英和化名李静安的李白生活在一起，从工人变身为李太太。两人渐渐产生了感情，1940 年，经组织批准，正式结为了夫妻。

1942 年年初，他们从威海卫路（今威海路）338 号搬到了法租界福履理路（今建国西路）福禄村 10 号。这是一幢颇为考究的小楼，他们租下了顶层带小阁楼的房间。

抗战时的上海，日本侵略军加紧了对各种电台的侦测与搜捕。中秋前夕，裘慧英去店里买了两个月饼，准备与丈夫一起过个团圆节，哪料这天夜里，日军根据信号闯进了李白家，将夫妻两人一同抓走了。所幸，在日军闯入前，李白已将做了改装的无线电收音机以及收报用的两团天线迅速拔掉，使之成了一台普通的收音机……

在日本宪兵司令部，李白虽然遭受到酷刑，但他始终只承认家里有个商业电台，只负责夜里向重庆方面发送每天的商业信息。日本人从李白嘴里得不到需要的内容，便将李白移交到汪伪“76 号”处理。得知李白被转移的消息后，组织上展开了大营救。潘汉年亲自出马，终于在 1943 年的 5 月将李白营救出狱。

1944 年年初，潘汉年约李白在静安寺附近的一家咖啡馆见面。战友相见，两人难掩心中的激动。潘汉年转达了李克农的指示：先养伤，再工作……

抗战胜利了，李白夫妇随办事处回到了上海，把家安在了黄渡路 107 弄 6 号，平时就在巨籁达路（今巨鹿路）上的国际问题研究所上班。这是李白、裘慧英一生中度过的最安稳的日子，儿子李恒胜也在这时出生。直到 1948 年 10 月，在辽沈战役关键时刻，静默多时的李白又开始重新发报，辽沈战役中的塔山阻击战、淮海战役时黄维兵团的组建与动向、长江天堑的防务、江阴要塞的兵力部署、吴淞口要塞的兵力部署……红色电波彻夜不断，每一份电报中的每一个字都价值万金。

然而，国民党利用美国提供的最先进的电台测讯车，日夜监听测查，终于找到了发报的准确位置。12 月 29 日深夜，军警闯入了李白在黄渡路的家……

裘慧英记得她最后一次见到李白是在 1949 年的 5 月 7 日中午。早在 4 月 22 日她突然收到李白寄来的信，托她带点儿酱菜等杂物。信中还说：“我在这里一切自知保重，尽可放心。家庭困苦，望你善自料理，好好抚养孩子。”收到信后没几天，她又接到李白托人带来的口信，说看守所边上有幢房子的后阳台正对着关押他们的牢房，倘若看守恰好不在身旁，还能说上几句话。李白让裘慧英抱着孩子来看上一眼。

裘慧英永远也不会忘记那天的情景，她抱着儿子早早地守在阳台上，当她看到李白站立在布满铁栅栏的小窗前向她和儿子挥手时，泪水止不住地往下掉，她不停地擦拭，唯恐眼泪模糊了视线，看不清李白的脸。裘慧英听到李白对她说：“天快亮了，我所希望的终于看到了。我能回来当然最好，万一不能回来，你们和全国人民一样就能过上幸福的日子了。”裘慧英挥着儿子的小手，一个劲儿地“嗯嗯嗯”，千言万语堵在胸口，不知从何说起……

“吱——”的一声刹车，拉回了裘慧英的思绪。她和调查组已抵达浦东杨思，一行人边走边问，不觉来到了严桥镇附近的张楼村，这一带是国民党处决囚犯的地方。当他们问到一位走在路边的老人时，老人当即回想起农历三月半后的一天夜里听到了一阵汽车马达声。老人打开窗户看到一群士兵从车里押下十几个被五花大绑的人，直朝戚家庙而去。没到一袋烟的工夫，便听到密集的枪声……

还是那句话：活要见人，死要见尸。在杨思区党政机关的协助下，6 月 20 日，当地村民和调查组在戚家庙的一条沟壑中挖出了十二具遗体，身上的衣裳已被大片的血迹浸透，结成了硬块。其中就有李白、秦鸿钧、张困斋三位英烈的遗骸。牺牲的那一天，正好是李白 39 岁的生日，离上海解放只差 20 天。

8 月 28 日，上海市人民政府、市总工会以及各界代表 1000 多人在交通大学的文治堂为烈士们举行了庄严的追悼大会，并在虹桥公墓举行了安葬仪式。《解放日报》还为此发表了《李白、秦鸿钧、张困斋三烈士追悼特辑》。

谁破坏了秘密电台？谁是杀害烈士的凶手？掘地三尺也要找到你

经细致调查，专案组最终确定了主攻的方向：他们发现国民党国防部二厅所属的上海电讯监察科（简称电监科）是挂靠在淞沪警备司令部的一个以“军统”分子为核心的直属单位，这个特务机构的工作重点就是监察和破坏我地下秘密电台。倘若要查清此案，就得从原电监科人员入手，从已破获的各潜伏特务电台案件中寻找线索。

很快，专案组收集到了电监科人员名录，其中住在上海的就有十几人，而且大多数住在虹口区的北四川路附近。功夫不负有心人，1950 年 3 月 30 日下午，上海货物税局沪北所的工作人员向虹口公安分局反映了一个情况，说是有一中年男子携带了一批军用通信器材前来纳税。他们从没接触过军用通信器材，于是请求公安局查明来历。

果然，经过审讯，这个叫李树林的人坦白自己对电监科的内情十分熟悉。一连串电监科的人名逐个浮出了水面，由此，打开目标的缺口只是时间问题了。也就在这时，更有价值的线索出现在了专案组的面前，那是档案管理部门转来的两份国民党淞沪警备司令部稽查处呈保密局的代电原件——

> 12 月 29 日破获黄渡路亚西亚里匪谍台一案，经追讯俞守中、李清风（刘人寿的化名）下落，兹据复各情如次：一，本市线索 A，择其重要地址派员守候，至今未发现该俞之行踪……俞妻沈庆云已有八月余之身孕，即将临盆，以各种方式密查经过之医院达四十余处，亦未发现俞妻其人；二，除饬严缉归案并严讯获犯李静安（李白的化名）追查关系外，谨报察核。

> 三月十七日，会同电监科前往打浦桥新新里 315 号秦鸿钧家，破获电台一座，获人犯秦鸿钧一名，侦悉每星期三、日有张珍（张困斋化名）前往其家交换情报，故于是日（19 日）在新新里捕获张珍一名，住乍浦路 123 号，其所经营之米店在林森中路 916 号丰记……并搜获罪证多件，正派员加强研究扩大线索破案中……

这两份电文的证据犹如两颗照明弹，顿时驱散了一直笼罩案情的朦胧迷雾。专案组在对电监科成员审讯后有了共识，特务徐鸣秋曾整理过李白的审问笔录，抓捕他是当务之急。

7 月 23 日，徐鸣秋被从南京押回上海，在审讯中他供述了一个极为关键的人物：叶丹秋。据徐鸣秋的交代，叶丹秋是上海电监科的中校督察，也是破坏李白和秦鸿钧两座秘密电台的主凶。

虽然案情有了重大突破，但在茫茫人海中要寻踪叶丹秋并非易事，他究竟藏匿在哪里呢？无人知晓。

正应了那句“法网恢恢，疏而不漏”。几天后，市公安局收到一封实名检举信。信是一名姓程的华东局干部写来的，他们局正在筹建昆山广播站，有个叫陈宇琛的昆山人无意中透露了自己在上海电监科时曾参与了破坏李白的秘密电台。这位程姓干部规劝他赶快自首，争取宽大处理，但陈宇琛置之不理，无意自首。

1950 年 9 月 3 日，虹口公安分局的公安民警赶往昆山逮捕了陈宇琛。审讯时，他对两起破坏中共地下党秘密电台的事供认不讳，同时他还交代了叶丹秋在不久前特地去昆山找过他。叶丹秋是苏州吴县人，目前住在姘头在苏州游马坡巷的家里。姘头是个唱评弹的，艺名“赛牡丹”，而叶丹秋目前的职业是从事广告的生意人。

至此，破坏李白、秦鸿钧秘密电台的主犯叶丹秋落网了。

李白及我党地下电台暴露之真相

叶丹秋到案后，对抓捕李白等地下党人以及破坏秘密电台的罪行供认不讳，由此还原了当年的情景——

自 1930 年起，叶丹秋便在国民党部队中担任报务员，因为表现出色，被“军统”吸纳。他人生的最得意之时是在 1947 年之后，他从北平电监科特务升任为国防部二厅上海电监科科长。

那么，国防部二厅上海电监科是个什么样的组织呢？叶丹秋在交代材料中写道：“过去各地电讯监察科是直属国防部第二厅，人事、经费由第二厅支配，技术业务方面受第二厅技术控制室控制，与匪保密局不发生关系。同时派驻何地，即受当地最高军事治安机关之指挥……在 1948 年春季第二厅成立了一个中央电讯监察科，各科的人事经费和工作指示均由中央科控制，上海电监科在工作上有时候同警备司令部稽查处发生联系。”

叶丹秋曾被“军统”局长毛人凤誉为“金耳朵”，可见他在电讯监察技术上确有过人之处。1948年，这只“金耳朵”从北平调到上海，此行的目的很明确，破坏中共设在上海的地下电台。叶丹秋在交代材料中也写得很清楚：“电监科专门破坏中共秘密电台的目的，是使中共地下工作与军事行动不能密切配合。”

显然，叶丹秋在“军统”中还是个有点儿分量的人物，他在来上海前刚刚立了“大功”，破坏了北平的中共地下电台，由此给北平、西安、沈阳等整个北方地区的中共地下党组织带来损失。有关这段北平地下电台被破坏的事件，叶丹秋在交代材料中写道：“……在1948年的七八月间，北平电监科侦测组组长刘醒吾（又名赵容德）等人发现了可疑的信号，经过测试流动结果，得到了大概方位（地点我不记得了），因为附近房屋很多，不能确定一点，就派人暗地里上房去侦查。在窗外，看见好像有人在戴耳机的样子，于是就确定地点，会同了伪稽查队和刑警队在发报的时候翻墙进去，加以破坏。当时李政宣夫妇和译电的夫妇（姓名已忘）都被捕，文件、密码、电机都没来得及销毁，后来听说连带了好多人。在西安、沈阳地方也被破坏……后来李政宣他们都送往南京去了，上海李静安电台被破坏之后，李政宣由魏大铭伴送一起到上海来过一次，和李静安谈过话。因魏大铭不让别人听，谈话内容不知道……”

1948年11月，叶丹秋被国民党谍报机关派往上海，叛徒李政宣提供的“上海地下电台工作时间、手法特征、掩护办法”等机密信息对其“帮助”很大。国民党谍报机关除了派叶丹秋来上海，还从天津调来了王庆生等谍报员加强侦测力量，下定决心要将中共设在上海的秘密电台一网打尽。

上峰的信任自然是不能辜负的。在淞沪警备司令部稽查处的协助下，国防部二厅上海电监科拟定了侦破秘密电台的方案和实施计划。每天深夜，叶丹秋和携带DAG测向机及低功率直流收报机的特务们便开车游弋在上海的大小马路上，流动测向目标。

12月的一天，一个地下电台信号出现了，叶丹秋立即向国防部二厅报告，二厅调派谍报人员马国勋前来协助。经过七天的连续侦测、监听、监录，叶丹秋测算确定秘密电台在江湾路淞沪警备司令部后面的某个区域。

12 月 29 日的夜色无比浓重，即使穿着厚棉衣也挡不住刺骨的寒气，街上只有两三个缩紧脖子匆匆赶路的行人。万籁俱寂，只听到街面上有汽车关停引擎后滑动的“沙沙”声。此时的叶丹秋相当兴奋，因为那个游动的信号越来越清晰。他和戴着耳机的特务们用眼神做了个暗示，特务们心领神会，目标就在附近！

一批武装特务立即围上来，叶丹秋用手指向黄渡路上的一条弄堂。在他的带领下，他们挨家挨户地搜索。突然，叶丹秋停住了脚步，用手指向一幢房子，特务们立刻踢开大门，冲了进去。很快，弄堂里一片喧哗，李白被一群特务推推搡搡地押了出来。

严惩主犯，告慰英灵

捕获李白，破坏了中共秘密电台，叶丹秋又立了“大功”，国防部二厅给予他特别的嘉奖。与此同时，为了彻底破坏中共地下党在上海的电台，特务决定对关押中的李白进行策反。魏大铭亲自带了叛徒李政宣从南京来到上海，在淞沪警备司令部，他们使尽了功名利禄的诱惑，希望李白“幡然醒悟”。显然，李白根本不为所动，“谈话”结束后，特务们对李白什么酷刑都使用了，但李白始终没有泄露党的秘密。

20 世纪 80 年代，曾经的特务头子毛森在他的《毛森将军回忆录》里记录过李白被捕后准备策反他的一个情节。毛森写道：“国民党原‘军统’负责电讯的特务姜毅英是戴笠的同乡，因在抗战中屡屡侦破日军的重要密报而升为少将。在国民党特务中女少将仅此一人。作为电讯专家，她对李静安十分佩服，李静安为了隐蔽发报，发报用的电台用电负荷从 75 瓦降低到 35 瓦，最后降至仅 7 瓦……而千里之外的陕北、石家庄居然还能清晰地收到电报。她觉得不可思议！连称李白简直是个奇才！她偷偷地来看过一次对李白的审讯，回头对自己的老乡、保密局的负责人毛人凤讲：这是个奇才，老头子又没说一定要他死，你还是积点儿阴德……于是不久，李白就从警备司令部的狱牢转移到了南市蓬莱路警察局看守所。在这里关押的犯人，条件比原先好了不少，并很少有人被枪毙的……”

然而，政权即将崩溃的国民党在最后的日子里疯狂地屠杀共产党人。1949 年 5 月 7 日夜里，李白、秦鸿钧、张困斋等 12 位革命者被押上囚车，在浦东杨思戚家庙被枪杀，李白英勇就义时年仅 39 岁。

李白等烈士牺牲后，上海公安在经过了一年多的缜密侦查后，隐藏各地的一个个涉案分子相继在上海、南京、北京等地被依法逮捕，受到了审判。1951 年 1 月 31 日，上海市人民法院开庭宣判：判决叶丹秋死刑。其他相关罪犯也分别被依法惩处……

烈士的英灵得以告慰。

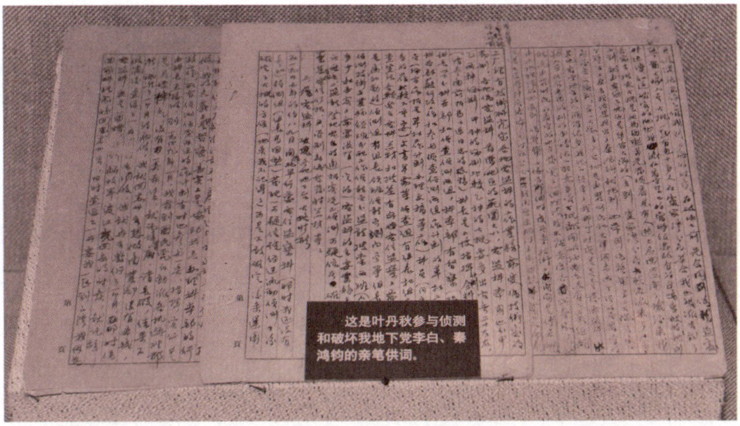

叶丹秋的亲笔供词

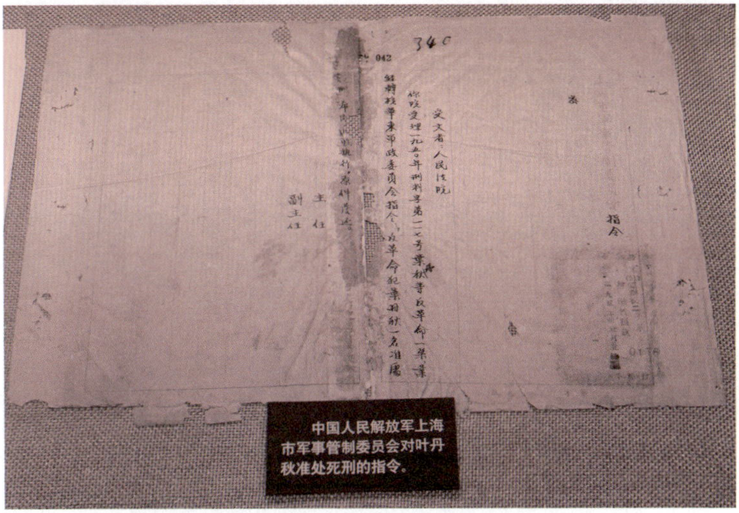

军管会对叶丹秋准处死刑的指令

代号“1243”计划破灭记

章慧敏

在上海公安博物馆的馆藏资料中，有一本厚厚的交代材料引人注目。它的纸张已经泛黄，墨迹已经淡化，字里行间，“坦白”二字是出现频率颇高的词汇。交代的落款是“封企曾自白书写于1950年10月9日”，他还特地在括号里标明“共计11680个字”。那么，封企曾是谁，他的交代材料中究竟坦白了些什么呢？

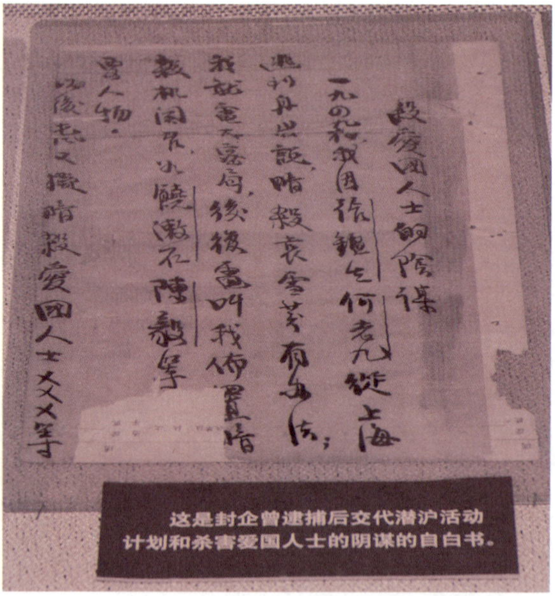

封企曾的自白书

执行“1243”行动

1950 年 5 月 12 日深夜，上海市人民政府公安局接到来自公安部的密电：台湾保密局将于近日派遣一个名叫封企曾的“王牌杀手”赴沪执行代号“1243”行动。接到密电后，市局的领导们连夜召开紧急会议。讨论刚进行到一半，第二封密电又传来了新的情报：杀手封企曾已于日前抵达上海。

两份密电的内容都是公安部部长罗瑞卿从李克农处获悉的。情况危急，时间刻不容缓，主持市公安局日常工作的扬帆副局长当即决定：一、将情报向陈毅市长报告，同时要求警卫处加强对陈毅等首长人身安全的保卫工作；二、立刻组建“‘1243’行动专案侦查组”，全力侦缉特务封企曾。

案情分析会上，扬帆再三强调，封企曾不同于一般的潜伏特务，他是武装匪徒，具有鲜明的暴力特征，如果不及时捕获，随时可能对各界人士造成严重危害。

扬帆副局长对封企曾的分析是有根据的。封企曾是“军统”组织中有名的杀手，除了枪法和武艺高强，他还特别擅长化装术。封企曾对上海很熟悉，早在上海沦陷时期，他受戴笠的指派潜伏在上海滩达五年之久，暗杀过八名汪伪官员，这可能是毛人凤派他来执行“1243”行动的原因之一。

当天下午，专案组就在缴获的敌伪档案和被捕的国民党特务的交代笔录中梳理出了与他有关的更翔实的资料——1949 年 4 月，封企曾参加了由国民党上海市警察局局长毛森主持的“应变”会议。在这次会议上，毛森委任他为“东南人民反共救国军苏浙边区指挥部”副指挥。

一直以来，国民党各系特务组织在沪建立的公开或秘密机构多达数十个。上海解放前夕，他们看到大势已去，在逃往台湾之前掉转方向，作了应变布置，选择那些从未公开过身份的骨干潜伏了下来。他们中有商人、教师、记者，均以社会合法身份作掩护，定期和台湾秘密联络，以便长期潜伏，东山再起。

封企曾见“主子们”纷纷逃往台湾，自然嗅到了危险的气息。留在市区难逃被抓的命运，于是，他带着残部 60 余人逃窜到上海附近的岛屿——小洋山，趁新中国江防、海防力量薄弱，叫嚣要采取“广种薄收”“零星天下、力求立足”的“疥疮政策”，跟新政府打游击战。上海大成轮船公司“城陵”号客轮被他们劫持到小洋山，500多名旅客的财物被洗劫一空，船上三名解放军战士被杀害。他们还预谋劫持“中通”号客轮和解放军的巡逻艇。从土匪到海盗，封企曾等人无恶不作，一时间气焰十分嚣张，当地群众对他们深恶痛绝，纷纷称之为“杀人魔王”。

同年9月，逃往台湾的蒋介石眼看着反攻大陆无望，便授权国民党各系的特务机关组建行动队：“仿昔日暗杀伪人员办法，制裁匪首和附逆分子。”立刻，台湾特务机关多方物色和训练行动人员，派遣骨干力量和著名杀手潜伏大陆，进行暗杀活动。

也就在这当口儿，毛人凤电召封企曾去台湾，将他的下榻处安排在阳明山风景区的草山别墅，这个接待规格令封企曾受宠若惊。毛人凤又在自己的官邸接见了他，任命他为“苏浙人民反共自卫纵队”少将司令兼“保密局苏浙特别站”站长，又配给他电台7部、长短枪500支，每月活动经费2700块银圆。国民党江苏省主席丁治盘还任命他为“江苏省人民反共自卫救国军直属纵队”纵队长兼松江县县长……显然，封企曾这次赴台领受了一项重要任务——潜回上海执行“1243”行动。

这个极端危险的人物，此时此刻，会藏匿在哪儿呢？没人说得清楚。在线索全无的情况下，要想找到封企曾的下落犹如大海里捞针。“在大海里捞针总比不捞的好”，专案组决定“查户口”！市局通知各分局在全市范围内对管辖区的旅馆、浴室、戏院、电影院、茶馆和书场等公共场所进行大检查。

这一清查，竟然还有意外收获。在突击检查中，警方一共抓获了本地和外埠潜逃来沪有命案的反革命分子、“一贯道”头子等刑事犯罪分子200多人，发现的犯罪线索更是高达876条。但令人遗憾的是，众多线索中没有一条是和封企曾有直接关联的。

难道封企曾压根儿不在上海？难道检查中还有什么疏漏？

秘密据点

其实，上海市人民政府公安局在组织全市大搜查时，封企曾的确就在上海。他正躲在浦东一个叫凌家宅的小村庄里闭门不出。

封企曾看似蛰伏在室内一动不动，而他的脑子却一刻也不能平静。他把在台湾接受毛人凤亲自布置任务时的前前后后，像过电影似的一遍又一遍回想。临行前的送别宴会上，毛人凤给了他两个在沪潜伏特务的名字和地址，说他们是封企曾在上海的安全落脚点。当时，毛人凤还悄悄地告诉他，国民党保密局在来台湾前已经在上海布置了为数不少的特务，相当隐秘，他们的名字和住址都由毛人凤亲自掌握，在执行特别重大的任务时才会启用。封企曾本次的使命是属于重点中的重点，毛人凤决定提供给他名单中的两个人。他要封企曾放心，这两人会随时随地无条件地协助他完成任务。

封企曾接过写有两人姓名和住址的纸条飞快地看了一眼，就把那张三指宽的纸片还给了毛人凤。这使毛人凤既惊又叹，一个劲儿地夸封企曾好记性。自然，封企曾并没把自己的真实想法告诉毛人凤，作为一名老特务，做事谨慎是他的守则。封企曾不相信任何人，只相信自己的直觉。他是从上海赴台的，对上海公安人员的行动能力，无疑比毛人凤理解得更深刻。眼见得一个个潜伏特务被公安人员从“地洞”里挖出来，他担心毛人凤的那两张“王牌”是不是已经被公安人员监控了，抑或早已经坦白自首了也未可知。倘若稀里糊涂地去找他们，岂不是自投罗网？

所以，封企曾压根儿就没想动用那两个人的关系。他转而去浦东凌家宅落脚了。凌家宅全村只有18户人家，是个小得不能再小的村庄。这里四周都是纵横交错的河道，往西可去上海苏州河沿线，往东可到海边，往北通往江苏省，往南又能去浙江，所谓四通八达，是个进退都十分便利的地方。更重要的是，村子里的蒋阿成是他一位“把兄弟”的老爹。当年，“把兄弟”和封企曾一起在“军统”任职，后来死在汪伪“76号”手里。封企曾念及旧情，代“把兄弟”照顾起他的父母，于是和蒋老爹建立了深厚的感情。对封企曾而言，凌家宅再熟悉不过了，来来回回了好多次。这次进村，他当然不敢对蒋老爹说出实情，只说自己做生意时碰到了点儿资金纠葛，需要暂避一时。这个理由并没引起蒋老爹的怀疑，因此，封企曾只是在进村时露了露脸，之后便在蒋阿成家屋后那间堆放杂物的茅草房里住下了。草屋掩藏在竹林里，少有人注意，而他又关照蒋阿成，若是有人问起他，就说离开了……

封企曾就这样每天在杂物间里喝喝老酒，看看《三国演义》，就像不存在似的。也巧了，市里开展户口清查时，乡干部曾来询问过凌家宅的小组长最近有没有陌生人在村里出入，小组长就住在蒋阿成家隔壁，他是见过封企曾的，但他寻思封企曾是蒋阿成家的亲戚，以前也来过，算不上陌生人，况且人也已经离开了，便连称“没有”。

封企曾就这么侥幸地逃过了第一轮清查。

这一情况专案组并不掌握。于是就反复分析，为什么全市大搜查仍没有查找到封企曾的任何线索？会不会是哪里出现了疏漏？专案组决定再一次从材料中查找，坚决不放过任何蛛丝马迹。

封企曾的材料无非有两种：一是“死材料”，也就是敌伪时期留下的档案；二是“活材料”，就是那些和封企曾多多少少联系过以及知晓他点点滴滴情况的人，也就是所谓的知情人。

材料一页一页地翻，知情人一个一个地谈，86名民警不分昼夜，下苦功夫，搜罗、排摸、研究，就这样连续工作了整整一周。突然，在讯问一名在押“军统”特务时，他提到了一条让民警精神一振的线索：有一个叫汪焯的人在抗战时期就认识封企曾，而汪焯现在提篮桥监狱服刑。

果然，被判了七年的汪焯向专案组提供了一些封企曾当年在上海滩交往的熟人，其中的一个就是浦东凌家宅蒋阿成的儿子。1943年2月，小蒋被“76号”特工杀害后，汪焯曾陪同封企曾去凌家宅吊唁过。

民警在乡政府负责保卫工作的张副乡长的带领下去了凌家宅找到农会小组长。说起这位小组长，三十来岁，模样憨厚，他说前几天乡里已经来调查过了，凌家宅最近的确没有陌生人来过，一切都很正常。

如果说专案组事先并不掌握封企曾和蒋阿成之间的关系，他们很可能听了这句话便离开了。可这一次他们是专程来的，所以必须多问几句。当被问及蒋阿成家近来有客人来过吗，小组长肯定地回答，有倒是有的，不过，这位客人也不算外人，村里人都认识他，而且他已经离开好几天了。

侦查员李蒙和滕扣根请小组长描述一下那位客人的模样。不说不知，一说让两位民警惊得差点儿跳了起来，此人不是封企曾，又会是谁呢？于是，一行四人马上去了蒋阿成家。再说，蒋阿成听了他们找封企曾的理由也是一头雾水。封企曾不是说来躲账的吗？怎么竟成了一名罪大恶极的特务？

侦查员李蒙和滕扣根首先搜查了竹林里的那间草屋，这里面乱七八糟地堆放着一些旧农具、杂物和柴草。封企曾住在蒋家时就睡在柴草堆上，身旁用几块木板搭了张小桌子，上面放着一盏煤油灯、一个瓷杯，最醒目的是一套《三国演义》。

天色渐渐暗了下来，李蒙和滕扣根提着借来的一盏汽油灯，继续在草屋中搜查。此时，封企曾用过的东西都已搬出了室外，里面已是空空如也。但李、滕二人并无离去的意思，他们商量了一下，便请农会小组长去打了一桶清水过来。一会儿的工夫，一脸迷惘的小组长挑来了一担水，按照要求用粪勺把水均匀地洒在地上，如此来回泼了四担水……竹林地势高，泥土干燥，很容易吸水。忽然，老滕的眼睛一亮，指着原先堆放木头的位置下达命令："挖!"

这个位置与其他地方有着明显的不同，那就是渗水慢。唯一合理的解释，就是这边的地底下有什么东西挡住了水的渗透。李蒙和滕扣根亲自动手，用铁锹小心翼翼地挖开泥土，挖到尺把深的地方，"咚"的一声，铁锹碰到了硬物，他们蹲下身，小心地用手扒开泥土，只见下面埋着一只木盒，打开一看，在场的人都倒吸一口冷气，里边藏的是用多层油纸包着的两支手枪、一盒子弹及两枚微型定时炸弹!

张网捕猎

蒋阿成是个老实巴交的农民，大字不识一个，这辈子，他很少出过凌家宅，也没见过什么世面。如今家里出了这档子事，差点儿把胆吓破。面对民警的询问，他把凡是和封企曾有关的陈芝麻烂谷子的事，一五一十地都供了出来。啰啰唆唆地讲的都是些小事，但其中有一件事引起了专案组的警觉：封企曾在离开凌家宅前两天的时候，向蒋阿成打听过青浦轮渡口是不是还在老地方。

当晚，专案组举行了案情分析会并决定：首先，不管封企曾的问话是有意还是无意，都必须绷紧神经，查找出封企曾和青浦相关联的人或者事；其次，封企曾把行刺的手枪藏匿在茅草屋里，估计不定什么时候他会上门去取，那么，派专人在凌家宅开展24小时的守候是必须的；最后，封企曾离开凌家宅已有好几天了，这就说明他在上海还有其他落脚点，他现在究竟住在哪个老关系的家里呢?

决议立即执行，专案组发现有一个名叫沈必渊的人住在青浦县城厢镇。封企曾与沈必渊相识于1937年春，当时的“复兴社特务处”（“军统”局前身）曾在江苏省青浦县举办过一期特务训练班，复兴社的一些老牌特务都曾去讲过课，其中也包括封企曾。封企曾主讲擒拿格斗术，这不是几天里能掌握的技术，所以他在青浦前后待了两个月的时间，是所有教官中待的时间最长的一个，沈必渊就是那一届特训班的学员。

青浦之行的五人小组成立了，其中就包括在凌家宅立了功的李蒙和滕扣根两位侦查员。当时的青浦还属于江苏省，五人小组于6月4日到达后当即去了当地公安局。据当地公安局的民警介绍，36岁的沈必渊目前开了一家小酒馆，他曾向公安机关交代“参加过复兴社特训班”。不过，他从特训班结业后并未参加过复兴社的活动，抗战时期还协助中共地下党掩护过伤员。

于是，民警找来了沈必渊。沈表示封企曾的确来找过他，那是在5月30日上午八点半左右。封说自己要在青浦办点儿生意上的事，要求住在沈家。沈必渊和封企曾已有8年不曾见过面了，他根本不知道昔日的教官在干什么事，碍于旧情，他也没多问，就接待了封企曾，让他住在后院，一共住了三晚。两人闲聊时封企曾也没有向他打听过任何事情，一直到6月2日上午封企曾才离开青浦。

封企曾比专案组早走了两天。沈必渊还告诉专案组，封企曾说是来办事，但他基本上连门都没出过，在青浦应该说并没有进行过任何活动。

综合这些情况，专案组判断封企曾可能是生怕在浦东蒋阿成家住的时间过长，引起怀疑，所以换个地方住下，也能为日后的落脚点打个基础。

与沈必渊交谈毕竟只是一面之词，专案组决定去沈家实地检查一下。这一看竟有了重大收获：沈必渊的住所前后共有四进之多，后两进还是楼房，住房条件宽裕。在检查封企曾住过的房间时，民警发现桌上有一沓用过的信笺纸，上面还压着一支钢笔。

钢笔是封企曾向沈必渊借用的；信笺纸则是封企曾叫他的孩子去街上买的。滕扣根拿起信纸对着亮光照了一下，发现上面留下了笔迹的印痕。专案组仔细地收藏好笔和信纸，拿回市局辨认，这下印痕的内容显形了：信写给一名叫“老凯”的人，约他6月4日上午9点在上海杨树浦的杭州路、眉州路口碰头。从行文的口气来看，封企曾和“老凯”似乎并不相识。信尾的落款日期是 6 月 1 日。

这条线索太有价值了！可同时也让专案组成员非常焦急，封企曾的活动范围已经扩展到了市区，这意味着他越来越接近行动目标了。

可是，“老凯”是个什么样的人呢？遍查与封企曾相关的材料，无论是“活材料”和“死材料”中都没有出现“老凯”这个名字。这是一个全新的人物，这是一条全新的线索。专案组坚信，只要解开这个谜底，封企曾的落网之日就在眼前了。所以，这条线索一定要抓住，追查到底，就可能顺藤摸瓜拿下了。

经过反复讨论，大家想出了一条寻踪的办法：从封企曾信中碰头的地点去寻找。杭州路眉州路口是当年杨树浦老城区相当冷僻的马路，封企曾为什么把跟“老凯”碰头的地点约在那里呢？有一个可能性比较大：“老凯”的家或工作单位就在附近。

6 月 10 日上午，专案组在眉州路上的一家工厂召集部分工人开会，有位老工人肯定地说，“老凯”是厂里一个叫崔镜明的绰号。

这个答案无疑让专案组兴奋得心都要跳出来了。他们很快摸清了崔镜明的身份：此人曾是巡捕房的巡捕，由于职业的关系，与三教九流接触比较多，其中不乏“军统”和“中统”的特务。从巡捕房出来后，他就在工厂做统计员之类的工作，由于生性喜欢管闲事，难免得罪厂方的头头脑脑，常常换工作。从 1941 年到 1947 年，他居然换了 12 家工厂，频率实在是高……

当晚，崔镜明被带往榆林分局。据崔镜明交代，他与封企曾相识于 1941 年 2 月。崔镜明离开巡捕房后，两人交往就少了，直至完全断绝了往来。崔镜明怎么也没想到，这么多年后会突然接到封企曾约他见面的信，他是 1947 年才来到这个厂的，早就没有联系的封企曾是怎么知道他在这家厂工作的呢？出于好奇，崔镜明很想见到他，当面问问缘由，顺便再叙叙旧。

6 月 4 日，崔镜明如约跟封企曾见了面。两人见面的时间只有短短几分钟，不是叙旧，而是封企曾托崔镜明帮忙办件事，让他在市中心借一间临街的住房，嘱托时还加了一些具体要求：一是要租二楼或者三楼的楼房，房租高些无所谓；二是要求房东必须属于政治上可靠的人物，如果社会关系中有人在共产党内部当干部的则最好；三是租期半年。

崔镜明答应想办法，双方还约定一周后的 6 月 11 日上午 10 点在杨树浦路、江浦路口碰头听回音。

这个信息让专案组惊出了一身冷汗：约定6月11日见面，现在已是6月10日的夜里，离天亮不过几个小时了。市公安局紧急部署，决定第二天在杨树浦路、江浦路口守候伏击，活捉封企曾。

“王牌杀手”伏法

6月11日清晨5点前，身穿便衣的公安人员来到埋伏点，悄然进入周边的住户、商店和工厂。上午9点50分，在警方的严密监视中，崔镜明也来到了伏击点，一夜没合眼，此刻，他的心“怦怦”乱跳，就差蹦出嗓子眼儿了。几分钟后，大家看到从外滩方向骑过来一辆三轮车，车上坐着的是个戴黑色礼帽的男子。崔镜明一眼就认出了那是封企曾，他高高地举手招呼道：“来啦！”

封企曾束手就擒

这也是预先确定的暗号！几乎就在同时，十几名公安便衣从四面八方扑向封企曾，还没等他做出反应，便已连人带车被掀翻在地，上了手铐。颓丧的封企曾说的第一句话便是：“我没料到你们这么快就掌握了我的线索。”封企曾交代，他原本打算通过崔镜明租借的临街房间窥测中共领导人的活动规律，等心中有底后，再制订暗杀方案，不想还没站稳脚跟就落入了法网……

缴获的电台和密码本

缴获的武器

1951 年 4 月 29 日，中共上海市委在逸园（文化广场）召开了上海各界代表万人大会，会上对九名血债累累、民愤极大的反革命分子进行了控诉和公审。这次公审大会，上海有 280 万人收听了实况转播。

4 月 30 日，被毛人凤寄予厚望的“王牌杀手”封企曾被上海市军管会处决于上海龙华刑场。

以封企曾为首的一批匪特相继落网

是日，《文汇报》在显著的版面上刊登了题为《封匪企曾罪行实录》的文章。

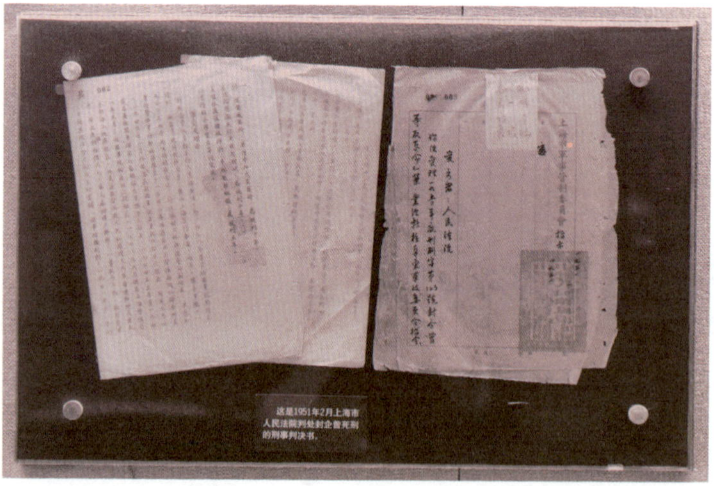

上海市人民政府法院关于封企曾案的刑事判决书

智擒资深特务刘全德

章慧敏

在上海公安博物馆的展柜中陈列着一把刘全德作案用枪。刘全德，“军统”号称“百发百中，无刺不成”知名杀手。1949 年 11 月底，在国民党保密局的派遣下，刘全德秘密潜入上海伺机刺杀陈毅市长。面对这样一个危险人物，新成立的上海市人民政府公安局是如何主动出击，抽丝剥茧，在短短一周内就将其生擒的呢？事情的经过还得从头说起。

刘全德的自白书

刘全德作案用枪

上海公安博物馆陈列的刘全德案的相关展品

绝密电报：特务潜沪刺杀陈毅市长

1949 年 10 月下旬的一天，上海吴淞码头的四周和平常日子有些不一样，在候船和接客的人群中，多了一些目光炯炯，警惕地盯着一艘即将靠岸轮船的人。不错，这些人不是普通的乘客，而是上海市人民政府公安局派出的便衣警察，他们已经在吴淞码头设伏了几日。

早在两天前，市公安局收到了一份绝密电报："据可靠情报，台湾国民党国防部保密局特务机关直属行动组上校组长刘全德带领行动员安平贵、欧阳钦等八人，携带电台和特务经费，到上海执行刺杀陈毅市长的任务。"

情报有了，但特务们具体乘的是哪一条船、什么时间到达上海，没人说得清。市公安局立刻成立了破案指挥部，绝密电报就是行动的方向，上级领导下达命令，不放过任何蛛丝马迹，尽早破获这起有预谋的暗杀行动。

此时的上海刚解放不久，周边的舟山群岛、嵊泗列岛仍被国民党残部控制。但是，这些岛屿的渔民以及生意人为销售自家捕捞的海产品，买卖日用品，经常要驾船到上海去，吴淞口是他们靠岸的地方。于是，躲藏在各个岛屿的特务们便钻了这个空子，混迹于人群之中，由吴淞口潜入上海。

轮船由远及近，一声靠岸的汽笛声如同集结号，便衣警察们不动声色地靠近码头。这时，乘客们小心翼翼地行走在窄窄的甲板上，正当一名中年男子踏上地面时，只觉得双手被紧紧地夹住了，还没等他回过神来，只听到耳畔有个声音在说："我们是警察，跟我们去一趟吧！"男子一听这话，暗说一声：完了！便低下了头。

被抓的男子叫安平贵，在审讯中他对暗杀陈毅市长的行动供认不讳，同时他还交代了逃往台湾的国民党为反攻大陆做准备，多方物色和训练特务，派遣行动人员及职业杀手来到大陆，图谋暗杀军政首长、民主人士、文化名人和起义将领等人员。他们这个行动小组以暗杀陈毅市长为目标。

然而，安平贵尽管承认了自己的特务身份和潜入上海的使命，但他确实不知道行动小组里其他人的行踪。据他说，他和刘全德、欧阳钦三人分头潜入上海，然后等待会合的通知。

显然，安平贵被抓并没有为破获案件带来实质性转机。行动小组的组长刘全德以及另一名成员欧阳钦呢？茫茫大上海，他们是已经潜入上海了，还是正准备待机而来？这一连串的问号让专案组成员的心头蒙上了一层阴影。一次次的讨论后，指挥部制订了行动方案：张网捕鱼。为了寻踪上校组长刘全德和他的成员，警方把上海的各码头作为第一道防线，大批警力守候伏击，只要他们出现，便第一时间截获。

当过红军连长的叛徒刘全德

就在上海警方制订行动方案之时，刘全德也开始行动了。作为一名资深特务，他已嗅出了危险的气息。此前，刘全德安排安平贵先期抵达上海，就是将他作为一枚探路的石子，可是，自从安平贵出发后，这块石子现状如何，人又在哪里，就像断了线的风筝，刘全德彻底和他失去了联系。

安平贵走后的那几天，刘全德急得就像是热锅上的蚂蚁，约定报平安的暗号始终没收到，他本能地觉得安平贵被抓了。冷静下来的他思前想后，觉得再不能重蹈安平贵的覆辙了，于是，他放弃了从吴淞口码头上岸的念头，而是改道前往金山卫，然后辗转进入上海市区。

说起刘全德，那可是有点儿来头。在他被捕后的自白书中是这么介绍自己的："刘全德，江西省吉水县人，36 岁，务农出身，仅受私塾两年，民国十七年冬参加共产青年团。因在乡间同土劣斗争过烈，迫于恶势力之下于民国十八年三月离开家加入共产游击队，是年八月攻下吉安后编入红军第四军十一师。敌人大肆围剿时代，跟随林彪军长、罗荣桓政委参加了前三次反围剿，后攻福建樟州石码时调军团司令部……五次围剿时随罗瑞卿参加第一军团政治保卫局工作，江西瑞金会后，奉罗局长命调中央局受特种训练四十余日……”

没错，刘全德在20世纪20年代末参加了中国共产主义青年团，也曾在红四军担任过班长、排长和连长等职，还在红一军团政治保卫局当过警卫员。因人机灵，1933年曾被我党派往上海协助地下党开展锄奸工作，1935年，他在武昌被捕后，便投靠了“军统”，多次受到特别训练。刘全德头发卷曲，满脸络腮胡子，相貌俊朗，以胆子大、枪法准、心狠手辣著称，先后执行过数十次对重要人物的暗杀、爆炸等行动，屡屡获奖，颇受重用，是一个狡猾老到的杀手。他在“军统”头子陈恭澍、毛森手下先后担任过行动组长和大队长。在上海执行的暗杀任务多达几十次，从未失过手，在“军统”中号称“百发百中，无刺不成”。

1949年6月，上海解放初期，刘全德曾被人民解放军驻沪警备部队保卫部门逮捕，由于当时掌握的情况不多，信息不灵，刘全德在关押期间向政府隐瞒了自己是个凶残的职业杀手，并竭力表现出悔罪认罪、立功赎罪的假象，在关押了一个星期后被释放了。这次被捕关押的经历让刘全德惊慌失措，他一被释放就立即与国民党国防部保密局的“交通”华庆发联络，两人一起逃往了舟山，然后转道台湾。

刘全德没想到，逃到台湾后的他居然受到了上峰的青睐。国民党国防部保密局的特务头子毛人凤、潘其武、毛森等轮番召见他，并委以他“国防部保密局直属行动组上校组长”的头衔。刘全德受宠若惊，发誓报效知遇之恩。果然，不久后刘全德接到了新的任务：潜回上海，限六个月内暗杀陈毅市长等党政高级干部。保密局先发给了他2780枚银圆作为活动经费，承诺事成后重奖千两黄金。

重赏之下，刘全德先是制订了一系列的暗杀计划，紧接着就开始招兵买马组建行动组，保密局给予他极大的权限，同意小组成员由刘全德自选。安平贵和欧阳钦等八名成员都是刘全德选择的杀手，他们还跟着刘全德接受了短期的爆破训练。

刘全德离开台湾的前夜，毛人凤为他和行动小组举行了欢送宴。仗着酒兴，刘全德提出要来点儿余兴节目，表演射击目标。只见两个小特务一人捧着一只鸽子，另一人拎着一只皮鞋，齐刷刷地扔向两个不同的方向。刘全德瞬间抽出随身携带的双枪，“啪啪”，两声枪响后，鸽子、皮鞋同时落地！毛人凤带头为“神枪手”鼓掌，刘全德也是满面红光，好不得意。

10 月初，刘全德等人从台北飞到定海，再乘船来到大洋山，做潜伏的准备，他们商定月底左右集中在上海行动。不过，狡猾的刘全德是一朝被蛇咬，十年怕井绳，他尝试过上海公安的严密布控，生怕三人一起行动落得一网打尽的下场，于是便让安平贵先从吴淞口登陆，又指使欧阳钦去购置一批白砂糖，他把自己装扮成是去上海做生意的糖商。准备工作做定，土匪头子黄八妹替刘全德派了船，让他在金山卫附近登陆，然后乘车到闵行地区，于 11 月 2 日潜入上海。

这一次到达上海后，刘全德如惊弓之鸟，总觉得时时处处被人盯梢。但他是受命而来的，任务不完成如何回去见主子？

进网的“鱼儿”滑掉了

指挥部在各大码头撒下的网已有好几天了，但是始终不见刘全德人影。也难怪，在上海偌大的人海之中，藏匿个把人容易，发现目标却非易事。时间不等人，不捕获杀手，每一分钟都潜藏着危险。可怎么抓住这只狡猾的狐狸呢？负责上海安保和公安工作的副市长潘汉年以及市公安局局长扬帆提议：通过排摸刘全德过去在上海的人际关系确定重点范围，为抓获刘全德创造条件。于是，指挥部决定调整抓捕方案：一方面，继续“张网捕鱼”，但把搜查范围扩大，从码头向市区延伸；另一方面，制订了“见鱼撒网”的策略。

姜冠球、刘林鹤、史晓峰、张春帆四名曾经和刘全德在上海过往密切的关系很快浮出了水面。专案组在四人的住家附近布置力量守候，准备来个瓮中捉鳖。与此同时，警方还做通了曾和刘全德共过事的投诚人员高激云、陆仲达的思想工作，他们不仅认识刘全德，还认识住在长乐路文元坊的姜冠球，而姜冠球和刘全德又是密友。

高激云和陆仲达两人向专案组承诺，一有刘全德的行踪立即报告。

事实证明，这个行动方案相当有效，11 月 8 日晚上，陆仲达根据专案

刘全德潜伏上海的住所

组的指令，敲开了姜冠球的家门。突然间，陆仲达一愣，天下哪有这么巧的事，刘全德就在姜家。看到陆仲达的造访，刘全德也是一惊，他本能地朝窗外望去，见外面既无可疑人员，又无可疑车辆，这才稍加宽心。

刘全德对陆仲达说：“我刚从舟山过来，准备找熟人陪我去公安局自首。”这显然是在试探他，陆仲达明显感觉到了刘全德对他的不信任。陆仲达接口道：“我失业了，过来想请老朋友帮忙介绍个职业谋生。”

久经沙场的刘全德没有轻信对方，他感到这里不是久留之地，与陆仲达寒暄了几句便起身告辞，并示意陆仲达一起走。途中，陆仲达心里琢磨着，如果一直跟着刘全德，可能会令他起疑；倘若采取行动，又感觉不是他的对手，为了不打草惊蛇，只得借口去看另外的朋友，与他分道扬镳。由于姜冠球家进出人员较多，侦查员也未能及时与陆仲达取得联系、辨明目标，入网的“大鱼”滑掉了。

道高一尺，魔高一丈

虽说这一次偶遇没能在第一时间抓获刘全德，但指挥部认定了“见鱼撒网”的准确性。于是，他们决定一方面继续监视文元坊，另一方面布置高激云到史晓峰家探究竟，因为刘全德极可能会去史家。

刘全德会与史晓峰联络是指挥部的又一个推测。抗日战争期间，高激云和史晓峰同是汪伪特工总部政治保卫学校的学生，当时刘全德任学校的教官，换言之，他是两人的老师。当年刘全德暗杀余玠后，就躲藏在史晓峰家，直到风声平息。由此，两人的关系日趋密切。

如今的史晓峰在山西南路上开了家大叶内衣公司发行所，一楼门面做生意，二楼是全家人的住所。11 月 9 日傍晚时分，高激云奉指挥部的指令去史晓峰家，刚到大门口，史晓峰就看见他了，于是赶紧上前和他招呼：“无事不登三宝殿，哪阵风把老同学给吹来了？”

高激云把早就想好的托词说给史晓峰听：“我失业了，想请老同学帮忙介绍介绍，也做点儿内衣生意。”两人正说着话呢，忽然间，一个熟悉的身影出现在他们面前。高激云看得分明，这不是他们的教官刘全德吗？他果然来找史晓峰了。高激云在心里暗自佩服指挥部的料事如神。

楼下人多眼杂，史晓峰生意也不做了，把高激云和刘全德迎上二楼。他们抽烟喝茶说话，时光仿佛又回到了过去。高激云觉得自己的突然造访一定会引起刘全德的怀疑，为了打消他们的猜忌，坐定后他便从贴身口袋里拿出自己被税务部门遣散的证明，还口口声声要史晓峰帮忙找个工作养家糊口。

天色已晚，史晓峰留两人在家吃便饭。席间，三人频频斟酒、喝酒，一派祥和的样子。可此时的高激云却心事重重：刘全德就在眼前，怎么才能把这个消息传达给指挥部呢？他若是做过头了，就会引起猜疑；不做吧，刘全德又会逃之夭夭，抓捕他可不是件容易的事。

猛然间，高激云有主意了。他趁刘全德和史云峰谈笑间，把正抽着的半截香烟送进嘴里，嚼了几口强咽下去。不过几分钟，吞下的烟丝刺激着肠胃，高激云止不住地呕吐起来。两人见他的狼狈模样，讲话也语无伦次，以为他是喝醉了。高激云将计就计，起身告辞，骑着自行车歪歪扭扭地离开了史家。

高激云被室外的冷风吹过，肠胃愈加难受，但脑子却格外清醒。他想立刻报告指挥部抓捕刘全德，可史家和市公安局之间还是有段距离的，他担心这一来一去耽误时间，又让刘全德溜了，怎么办？怎么办？

正在左右为难之际，高激云突见远处走来一队正在巡逻的解放军和警察，他心中一喜，飞跑过去说明情况，要求协助抓捕特务。他请军警们隐藏在附近，自己返身又去敲响史家的大门。

高激云走后又回来了，这让刘全德吃惊不小。门外的高激云赶紧解释说自己喝醉了，自行车无法骑了，想把车寄放在史家。见刘全德相信了这个理由，下楼来开门，高激云做了个暗号。等到大门“吱呀”一声打开，军警们联合行动，扑上去将刘全德死死地压在身下。

从 11 月 2 日潜入上海，刘全德在上海仅仅待了一周就落网了，暗杀陈毅的阴谋也宣告破灭。指挥部连夜审讯刘全德，这一次，他知道自己再也无法蒙混过关了。

刘全德交代说他的任务除了刺杀陈毅市长，还需要联系潜伏在上海的特务，一起为国民党反攻大陆做准备。文元坊是刘全德准备在上海建立的据点。显然，上海虽然解放了，但这场敌我双方较量的战争还远没有结束。在审讯刘全德时还有一个小插曲。公安人员问刘全德枪在哪里？刘全德大言不惭道："枪？我刘全德做这种事还要带枪？当我需要时，你们解放军和警察的枪就是我的枪！"然而，刘德全并没有说实话，他的枪现在就陈列在上海公安博物馆的展厅之中。

11 月 12 日、15 日，公安人员在先后抓获安平贵、欧阳钦等八名直属行动组成员后，又分别将保密局派来策应刘全德一伙的"保密局技术总队直属行动小组"少尉行动员邱信和"东南人民反共救国军上海行动总队"队长江知平等九名特务缉拿归案，这是一个漂亮的歼灭战，为此，市公安局还受到了公安部的嘉奖并通报全国。

1950 年 7 月，刘全德被押解到北京公安部审处。同年 10 月，北京市军事管制委员会军法处判处刘全德死刑。

刘全德被拘捕入狱

刘全德写下自白书

刘全德不是第一个，也不是最后一个图谋刺杀陈毅市长的职业杀手。据上海市人民政府公安局的统计：自 1949 年 5 月到 1953 年 12 月底，上海公安机关破获行动暗害案 14 件，其中负有暗杀任务的 11 件、爆破的 3 件，以市长陈毅为目标的就高达 8 件……

然而，狐狸再狡猾也敌不过好猎手，所有的行动目标都以失败而告终。

捕获“二六”轰炸的幕后黑手

姜龙飞

被我公安机关缴获的无线电发报机、福佑路敌台潜伏点的现场照片、敌特拍发的情报底稿等，一系列确凿的证据，将指引敌机对上海实施狂轰滥炸的潜伏特务罗炳乾钉在了历史的耻辱柱上。如今，这些证物已转化为上海公安博物馆的重要馆藏。

罗炳乾向特务机关提供轰炸目标的电台、电报

“二六”轰炸损失惨重

1950 年 2 月 6 日中午，凄厉的防空警报在上海城区骤然鸣响，空袭来临。据记载，从中午 12 时 25 分到下午 1 时 53 分，国民党空军共派出四批次 17 架轰炸机，在上海市区投弹 48 枚，重点对电力、供水、机电等涉及民生的生产企业进行轰炸。其中以当时上海最大的发电厂——杨树浦美商上海电力公司（今杨树浦发电厂）受创最重，厂区共遭 12 枚炸弹命中，

“二六”轰炸的惨状

其中9枚命中发电厂的厂房设备，输煤设备全部被炸毁；另有13台锅炉和6台汽轮机受到不同程度的损坏，其中1台主发电机严重受损，不得不停止发电。此外，南市华商电力公司（今南市发电厂）、重庆南路法商电力公司（后并入南市发电厂）、闸北英商电力公司（今闸北发电厂）等电力企业也受到重创。

当晚，素有“不夜城”之称的大上海陷入一片黑暗。

1949年10月至1950年年初，国民党空军欺我防空力量薄弱，利用上海附近还没解放的舟山机场，就近频繁起飞，对上海进行了近20次空中攻击，投弹360多枚。1月7日至2月6日，又连续4次对上海的电力及城市重要设施进行重点攻击，其中以2月6日的轰炸最为猛烈，史称“二六”轰炸。

空袭给上海造成严重后果。全市发电能力从25万千瓦下降到4000千瓦，市区工厂几乎全部停工停产，大多数街区电力供应中断，高层建筑电梯骤停悬空，许多商店关门停业，限电管制使得每户家庭每天只能点一盏电灯且仅限半小时。由于自来水供应也遭到空袭破坏，供水出现困难，市民的马桶、厕所无水冲洗。

更严重的是，据档案史料记载，“二六”轰炸共造成1448人伤亡（其中死亡583人）、1180间房屋损坏。前后累计近20次空袭，共给上海人民造成伤亡2300余人、毁坏房屋2300余间的重大损失。

上海市民反轰炸大游行

空袭之后，上海市政府采取紧急措施，力保重要战略物资和市民生命安全，并组织力量修复遭到破坏的电力设施，经过42小时的抢修，全市基本恢复正常供电，然而工业生产和市民的正常生活仍然受到了较大影响，经济损失高达500万美元。

敌机两次轰炸的目标，都是刚抚平战争疮痍，恢复生产的发电厂、造船厂等重工企业，并且攻击精准，这绝对不是巧合！这是潜藏特务提供精准坐标在地面指引了空中轰炸，是有预谋的空地联合行动。特务就潜伏在城市的某个角落里用电台指引着空袭。消灭国民党潜伏电台成为保卫大上海的当务之急。

从汇款中发现线索

面对颓圮的厂房码头、头破血流的上海民众，上海市人民政府公安局社会处把手头掌握的敌特电台案件一个一个重新捋了一遍，仔细研究，排查线索，扩大搜索范围，具体破案任务则交给了社会处三室一科（侦查科），侦查员们立马夜以继日地忙碌起来。

北京，中央各相关部门对上海的情况同样给予高度关注。

1949年10月，公安部曾通报上海：“保密局吴思源于8月24日由定海潜沪后，已于9月27日与总台通报。”

对于这个叫吴思源的人，尽管情报确凿，然而，仅仅靠这寥寥20来个字，要从当时已经拥有600万人口的大上海，捞出一个没有任何其他参照信息的人来，却也是难于上青天啊。上海市人民政府公安局社会处三室一科的侦查员查遍了户籍资料，对吴思源及其谐音“吴思远”“吴四元”“胡思源”等人名，一个一个核查，来回过筛，耗时近两个月，仍没找到可以和情报上的人物对得上号的对象。

1950年1月上旬，公安部再次通报上海：“匪保密局吴思源之经费，人民币775万元，以汪洋名义，由金城银行汇沪林森中路（今淮海中路）施家瑞收。”

上海解放初期，沪港之间银行汇兑业务已经停顿，从香港拨汇上海的款项，都由香港银行委托上海一些私营贸易公司代转。1月10日，侦查员逐家调查了经营汇款业务的公司，发现汇给吴思源的经费，是经由北京东路41号合众兴业股份有限公司代转的，在这家公司香港汇款的收款人名单中查到：施家瑞，林森中路567弄14号，1949年11月5日汇入775万元（以上均指旧版人民币）。

查到“施家瑞”，侦查员眼前顿觉一亮。

1月11日，侦查员进一步查明：施家瑞，男，1921年生，湖南人。家有父母、妻、子及妹子等七人；其父施肖莲，光复西路56号“振记瓷器店”老板，历史上未发现施氏父子同国民党特务机关有什么瓜葛，但特务机关汇给吴思源的经费，确已由施家瑞于1949年11月10日领去。又查“振记瓷器店”，户籍册上记载：店主施肖莲，账房许重庆，职员施家瑞、张光隆，跑街罗炳乾（家住福佑路362号），学徒赵骥良。

对于这个发现，市公安局非常重视。1月11日晚，局长扬帆召集全体办案人员研究部署下一步工作。扬帆说，目前这一发现非常重要，但吴思源究竟是施家瑞的化名，还是另有其人，电台藏在什么地方等，还有待进一步侦查。最近敌机空袭加剧，公安部和市委要求限期破案，必须集中力量重点侦破。扬帆勉励侦查人员再接再厉，对已发现人员严密监控，但要防止打草惊蛇，迅速查明吴思源其人，尽早破案。

罗炳乾隐伏处——福佑路362号

“振记瓷器店”是一家刚刚开张的商铺，登记日期是1949年12月1日。店铺在造币厂桥（今江宁路桥）桥堍下100米开外的棚户区，背靠苏州河，面向一条叫光复西路的小马路，马路对面是造币厂的高围墙，地形及环境很不利于外线侦查员隐蔽，难以进行建点监控。1月中旬，正值数九隆冬，侦查员们就化装成路人、摊贩或三轮车夫，冒着严寒，随小马路上的人流来回流动，眼睛始终不离路边的瓷器店。

小店门面冷清，连续六天下来，每天都只有几笔生意可做。可奇怪的是，这么冷清的店面却雇了四五名员工，按这样的营业额，只怕连保本都做不到，凭什么养这么多员工？施家瑞领取特务经费20天后，小店开张营业，很可能就是用这笔钱作为本金，来维持他的赔本买卖。醉翁之意不在酒啊！小店在册员工登记有六人，几天下来，其他五人在店内都出现过，唯独一个叫罗炳乾的跑街从没露过面。

罗炳乾住在福佑路362号，是施家瑞的妹妹施丽华新婚燕尔的老公。跟踪施家瑞时，两次跟踪到福佑路附近脱梢，很可能就是去了妹夫罗炳乾家。这个跑街妹夫不仅看不到他跑街，相反还要大舅哥三天两头上门找，这谱摆得也忒大了吧？

种种蹊跷迹象暴露出太多的不正常。

灵光乍现。侦查员推测，此人会不会就是几个月来不知所踪的“吴思源”？

福佑路362号随即被作为目标之一列入监控，但此处是南市老城厢的一条小巷子，环境逼仄，外线监控更困难，一时间难有作为。

敌机空袭仍在继续，侦查却并无突破。一天深夜，扬帆打电话到侦查科了解侦破情况，问毕，他对科长说，下次敌机再轰炸，我建议你到现场看一下，再跟全科同志讲一讲敌人轰炸和全市人民反轰炸的情况。

什么意思？机敏过人的科长哪里会不明白。请将不如激将，扬帆这是在拿上海人民所蒙受的苦难激他，也激励全体参战侦查员的斗志。

敌“万能谍报员”罗炳乾

正当一筹莫展之时，技术研究组的一个逆用电台突然收到台湾保密局总台发给吴思源的一份密电，命令吴报告空军轰炸效果，同时告知发给活动经费黄金20两。

逆用台旋即按规定查询：吴思源是何人？

保密局总台答：错发。原电撤销。

敌台一个偶然的小差错，等于再明白不过地证实吴思源的确是向敌机指示轰炸目标、报告轰炸效果的潜伏电台。

技术研究组是负责电讯技术测向侦查的业务部门，组长黎明原名厉培明，是率领国民党保密局杭州支台起义的中校台长、电讯专家，在“军统”电讯人员中有着很深的人脉。当他得知吴思源案中有一个跑街的叫罗炳乾时，不觉一怔。“军统”有个报务员就叫罗炳乾，原名罗德阳，又名罗汉，1918 年生，湖南华容人，1937 年考入“军统”技术干部训练班，毕业后在“军统”重庆总台和郑州站任报务员，抗战胜利后在国防部二厅侦测总台技术研究室任少校技术员。罗精通报务技术，做事干练，是个非常成熟的“军统”特务，有“万能谍报员”之称，解放后去向不明。

上海公安博物馆陈列的罗炳乾案的相关展品

天下竟有这等巧事，黎明对罗炳乾简直再熟悉不过。

查检“振记瓷器店”罗炳乾的工商登记资料，姓名相同，年龄相符，唯独籍贯不一。“跑街罗”的籍贯登记是南京，不是湖南，但他的妻子是。很可能罗在这里做了手脚，使用了假籍贯。

当时的光复西路、江宁路一带，白天车来人往，尚有人气，但到了晚上就显得清冷寂寥，“振记瓷器店”开设在这里，做生意未必合适，设电台倒是非常理想。

然而技术研究组参与侦破后，连续多日对其进行监测，都没有发现可疑电波，也看不到罗炳乾在店内出入。

会不会选错了点？电台也许不设在光复西路，而是隐藏在罗居住的福佑路 362 号。

技术组开来一辆大型搬运车，在离罗宅 50 米处的校场路口，停车架台，监听侦测。第一天，并无截获；第二天，还是没有；第三天，匆匆一天又已向晚，夜色中，测向机突然接收到清晰的发报声，时间是晚 8 点。指针所示方向与罗宅相符，二者间距在 50 米~80 米，只是当时的技术还无法精确到某个具体的点位。

设在光复西路“振记瓷器店”的联络点

侦测人员当即下车，用手提测向机顺指针所示方向搜索，越是靠近罗宅，电波信号越清晰强烈。

没错，电波正是发自福佑路 362 号那间砖木结构的简陋房屋。

对密码进行分析，可以确定，此刻屋内正与国民党保密局总台进行通信。

对这一重大发现，所有参战人员无不喜出望外，激动的心情难以言表。

情况报告到扬帆那里，他也是倍感振奋，并立即向潘汉年、陈毅作了汇报。

可以断定，罗炳乾就是吴思源，就是给敌机指示目标、报告战况的保密局潜伏电台。但他究竟是一个人的独立台，还是台长、发报、译电、情报五脏俱全的组合，情况尚不明了，破案条件还不成熟。

张网缉捕

1 月 25 日，又一波严重轰炸来袭。而这一波空袭，跟吴思源可能有直接干系。这天中午 11 点 30 分，12 架美制国民党 B24 轰炸机和战斗机、侦察机各 1 架，共 14 架敌机入侵市区上空，对杨树浦、十六铺、杨家渡、高昌庙沿江两岸以及江南、英联两大船厂，进行狂轰滥炸，连续投下重磅炸弹近50枚，造成房屋被毁400多间，死伤370多人。事后评估，这是规模和损失仅次于几天后发生的“二六”轰炸的空袭，对上海民众造成的人身及财产伤害，尤其是心理打击和精神凌侮，都是不可磨灭的。这笔血债，必须让蒋介石及其党羽们永久背负!

侦查员赶到轰炸现场，目睹了房倒屋塌、烈火熊熊的惨烈场面，许多无辜的民众被炸得东倒西歪、血肉模糊，一位怀抱婴儿的年轻母亲竟然被爆炸的巨大声浪活活震死……

当晚，扬帆召集紧急会议传达市委指示。鉴于国民党保密局“吴思源潜伏台”存在一天，就对上海的安全多一分威胁，必须当机立断，坚决迅速地打掉敌潜伏电台。市委特别指出，破案后应注意“追讯追捕”，以弥补前期侦查工作的不足。

会议讨论决定，1月26日，即第二天，趁罗炳乾外出时密捕，弄清全案；如果罗不出门，无法密捕，则于27日由侦查科上门逮捕，同样要求一网打尽。

26日全天，整整24小时，侦查科对福佑路罗宅和光复西路瓷器店进行监视，均没有发现罗炳乾出入。27日早7时，第二方案实施。侦查科对罗宅发动突袭。随着破门而入的一记闷响，眨眼之间侦查员们已将身处阁楼之上的嫌疑人按住。罗炳乾当时正在发报，被这突如其来的袭击吓得面如死灰，浑身筛糠。其正在使用的收发报机、密码本以及19件发报底稿、收报记录，被悉数缴获。从罗的抽屉中，还搜到一张写有江南造船厂详细坐标的纸条。后来审讯得知，这一情报已被发往台湾。

从1月10日着手调查公安部通报之线索，到27日罗犯归案，前后18天，上海公安出手迅捷、功绩卓著。

中午，罗炳乾的大舅哥施家瑞被抓获。

下午2点，嫌疑对象、瓷器店职员张光隆等七人被拘押。经讯问甄别，证实与本案无涉，遂于次日交保释放。

1月31日，罗炳乾岳丈施肖莲归案。

罗炳乾供认，他就是保密局所称之“吴思源”，1938年毕业于“军统”特工训练班，之后长期供职“军统”及后来的保密局，担任报务员、译电员。1949年7月经广州去台湾，被任命为保密局上海独立台台长，独任报务、译电、情报诸员，领取CMS收发报机一部及波长、呼号、密码以及经费银圆 5000 块，化名“吴思源”，潜入后完全独立行动，不与保密局在沪任何人发生联系。

1949 年 8 月 19 日，罗炳乾先从台北至定海，复于 8 月 25 日乘渔船抵达上海，最初住岳父施肖莲家，后动用特务经费在福佑路租房，9 月 12 日与施丽华完婚。

9 月 23 日，在租赁房内架设电台，24 日与台湾试通成功，谎称经费用尽，要求再发掩护费黄金 30 两，并酌发生活费。11 月 5 日收到从香港汇来的经费 775 万元，交内兄施家瑞开设“振记瓷器店”作为掩护。

罗供称，已先后向台湾密报政治、军事、经济等各种情报 20 余件，大多为上海一些与国计民生关系密切的重要企业复工生产情况，为国民党飞机提供轰炸目标，并密报轰炸结果。这些情报直接造成江南造船厂、英联船厂、杨树浦发电厂等一批重点工厂反复被袭被炸，损失惨重。

就在罗炳乾被捕一周后，1950 年 2 月 6 日，上海遭受到有史以来最严重的一次轰炸。敌机的轰炸目标，同样来自罗的事前密报。

殘害人民罪無可赦！
密報匪機轟炸目標
匪特羅炳乾昨槍決
電台密本等證件全部抄獲
統一領導豫鄂湘贛粵桂六省
中南軍政委員會成立
林彪主席提出將討論本年工作任務
戰犯必須

1950 年 2 月 8 日的媒体报道

“二六”轰炸第二天，2 月 7 日，中国人民解放军上海市军事管制委员会军法处下达判决令，判决罗炳乾死刑，立即执行。2 月 8 日，《解放日报》在头版显著位置刊发题为《密报匪机轰炸目标，匪特罗炳乾昨枪决》的详细报道。

阻击敌特潜伏电台

刘　翔

解放前夕，国民党敌特机关与外国间谍机关在上海潜伏了大量秘密电台。解放后，这些电台一度蛰伏，在城市的各个角落“待机”，窥探形势。然而，没多久潜伏特务便启用秘密电台和台湾特务机关频繁联络，接收敌特指示，发送政治、军事、经济情报，对上海人民的生命财产安全构成严重威胁。为斩断国民党特务机关遥控指挥上海潜伏特务的空中电波，上海公安机关打响了一场没有硝烟的肃特战役。

魏克特从事情报活动时使用的交通工具及手枪、子弹

肃清保密局潜伏组台

1949 年 5 月上海解放后，公安机关面临的一个重大任务就是肃清隐蔽潜伏下来的敌特电台和特务分子。上海是国民党特务机关的一个重要活动基地，特务系统庞大，机构林立。

解放前，国民党在上海的特务机关有国防部保密局（简称保密局）上海站（对外称市政府调查处）、内政部调查统计局（简称内调局）上海办事处、京沪杭警备总司令部二处（隶属国防部二厅）三个全国性特务系统。还有毛森、陆京士、蒋经国领导的三个地方性特务组织。此外，尚有形形色色的各种特务外围组织近百个，另外还有外国情报组织埋伏下的间谍电台。

上海解放初期，这些潜伏的敌特电台几乎每天向台湾、舟山等敌特机关密报我军事、政治情况。为此，陈毅市长明确提出“肃清残余敌人，建立革命秩序，保护人民民主自由，恢复生产”的任务，并指定由潘汉年副市长具体领导公安肃特工作。1949 年 6 月 6 日，上海市军管会首先发布了《解散中国国民党等反动组织》《解散伪国民党政府内政部调查局、伪国民党政府保密局、伪国民党政府国防部二厅特务组织》《收缴非法武器、电台的办法》三项布告。

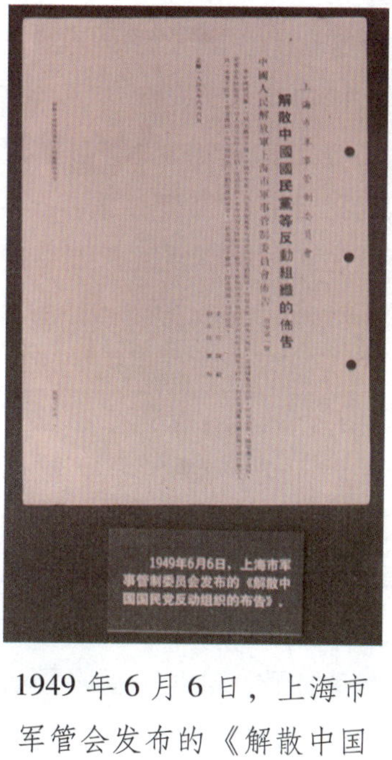

1949 年 6 月 6 日，上海市军管会发布的《解散中国国民党等反动组织的布告》

对新生的上海公安机关来说，面临的首要任务是集中力量打击敌特的潜伏电台，确保红色政权坚不可摧。然而，上海市人民政府公安局虽然在接管国民党警察局前，通过“地下警委”已经掌握了上海各特务系统的人员资料，但随着上海解放，敌特机关也相应地采取了应变策略，原本掌握的情报资料相当部分已经发生了很大变化。当务之急是亟须查清敌特机关的人员去向和潜伏组织等情况。但是敌特机关潜伏在暗处，我们站在明处，从哪里下手呢？

武振平，上海复旦大学新闻系学生，中共华中工委所属江南工委系统的地下党员。他的表姐夫厉培明是国民党保密局第四处（主管电讯）华中股股长、杭州支台台长，属于保密局的得力骨干。在国民党政权崩溃前夕，武振平主动向组织上请缨对厉培明实施策反，经报中共地下党复旦支部书记曾朝弟同意后，他利用亲戚身份，先以探亲的名义前往杭州试探一下厉培明的态度。

杭州支台是国民党特务为应变潜伏需要，以保密局上海站为中心，在台湾总台尚未建成，新布建的潜伏电台又不能与南京总台发生联系的情况下而建立的过渡电讯中枢，受保密局第四处（电讯处）直接领导。这些潜伏特务都是从保密局系统物色选拔的骨干，经过严格培训后，分别装备小型电台，独立秘密经营。为了绝对保守机密，杭州支台设在紧邻杭州河坊街大螺蛳山上的龙华庵内。

1949 年 3 月的一天，龙华庵响起了一阵“笃笃笃”的敲门声。敲门的是一位二十出头的青年学生，中等个头儿，白皙的脸上架着一副眼镜。来人自我介绍：“我叫武振平，是厉台长的表弟，劳你通报一下。”见面几番寒暄后，厉培明便邀武振平去西湖边上走走。“三月西湖景色娇，一株杨柳夹株桃。”面对美丽的湖光山色，武振平却无心欣赏。他们沿着西湖堤岸边走边聊，经过深入交谈，武振平得知表姐夫早已对国民党统治心存不满，并向武振平吐露了愿意弃暗投明、投奔共产党的心愿。武振平回到上海后立即向党组织汇报了杭州之行的情况。经过研究，组织上同意厉培明率部起义。此后，武振平多次往返于沪杭之间，帮助厉培明做起义前的各项准备工作。

1949 年 4 月，人民解放军渡江前夕，保密局从南京撤至上海，设办事处于南阳路 154 号。保密局认为“上海站”组织庞大，多数人员身份已暴露，不宜继续潜伏。保密局局长、特务头子毛人凤，电讯处处长杨震裔即下令布置潜伏情报组，以小组为单位，直属保密局指挥。其中仅上海一地就布置代号为“沪特小组”的九个情报组和一个国际情报组。每组配有电台、武器以及台长、报务员等，规定各组之间互不联系，直接与台湾通报。

上海解放后，这些潜伏情报组与电台一度隐藏不动，窥测形势，不久就启用秘密电台和台湾特务机关频繁联络，发送情报，对上海人民的生命财产安全构成严重威胁。

根据厉培明提供的敌特机关在上海布建九个潜伏电台的绝密资料，上海公安机关立即组成九个侦破组，分别由社会处科长王济普、王宁、王大超、王以伟、宣铎等担任各个侦破组的组长，决定趁敌特立足未稳，予以一网打尽。各组接受任务后，迅速采取各种手段进行侦查。潜伏特四组的陆振民以中药铺为掩护，宣铎派母亲刘老太化装前去买药，加以摸底侦查。经过周密侦查，很快就探明了保密局布置潜伏在上海的九个情报组和留在上海的一个无锡潜伏电台、一个苏州潜伏电台的情况和下落。市公安局成立临时行动总指挥部于6月14日晚统一行动，一举破获了潜伏组电台中的八个（漏网的“潜伏特一组台”于次年1月破获），捕获各组组长、电台台长及组员23名，缴获收发报机九部、密码六套。

各系匪特相继落网

1950年5月，经过上海市委批准，厉培明从杭州调到上海市人民政府公安局担任社会处技术研究组组长，专门从事侦查、打击国民党潜伏电台等工作。紧接着，国民党保密局潜伏在上海、浙江、江苏、安徽等省市的26处敌特电台先后被上海市及兄弟省市公安机关破获，敌特机关苦心经营的秘密电台被摧毁，空中通信被掐断。

隐秘战线上的胜利极大地鼓舞了侦查员们的斗志，大家坚信在党的领导下充分依靠群众，发挥政策的威力，必将不断扩大战果。果然，7月2日，新生的上海公安又破获了国民党国防部二厅上海情报督导站站长焦建和潜伏电台案。

焦建和，又名焦平，浙江黄岩人，国民党中央军校洛阳分校军官训练班毕业，曾任国民党国防部部长办公室中校参谋，后调任二厅工作。1949年2月，奉命携电台和报务员陈钟来上海建立潜伏组（番号“421”组）。1949年5月，国防部二厅第七处副处长胡自立被密派到上海，布置潜伏组织、将国防部二厅驻上海的秘密机构“上海组”组长焦建和临时提升为上海站站长，并发给经费和电台等通信器材，要求焦建和负责上海地区的潜伏工作，兼管苏南各地区的联络任务。

上海解放后，焦建和积极寻觅台址，并准备去南京、蚌埠两地指挥开展活动。1949 年 6 月，当南京的“415”潜伏组被南京市公安局侦破后，上海市人民政府公安局即在 7 月 2 日将焦建和的上海潜伏站及在沪的直属组台一网打尽。依法逮捕站长焦建和及潜伏在上海的特务 7 人，缴获电台 8 部，以及一大批密码、证件和特务活动器材。与此同时，还接连破获毛人凤解放前夕亲自增建的保密局潜沪国际情报组，捕获组长顾宜华等 3 人，以及内政部警察总署上海台许显堂等一批潜伏电台案，及时打掉了敌特机关的耳目，有效地遏制了敌特的空中情报联络。据统计，1949 年 5 月上海解放至 8 月中旬，连续破获国民党各系特务机关布置的潜伏电台案 31 起，缴获电台 35 部，捕获潜伏特务 117 人。此外，还破获潜逃来上海的国民党保密局布置在苏州、无锡、安徽等地的 6 部潜伏电台。

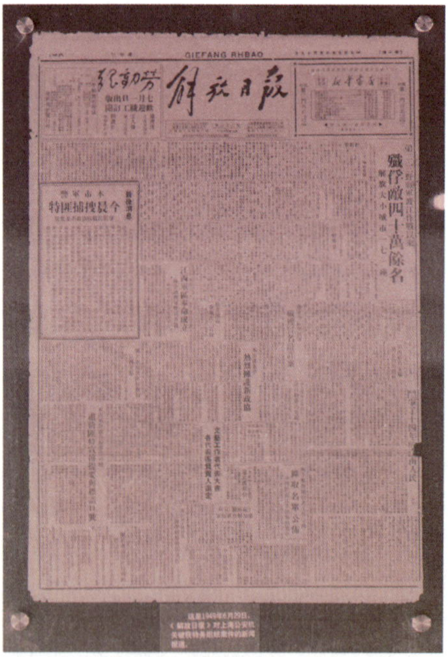

解放日报

1949 年 6 月 29 日，《解放日报》对上海公安机关破获特务组织案件的新闻报道

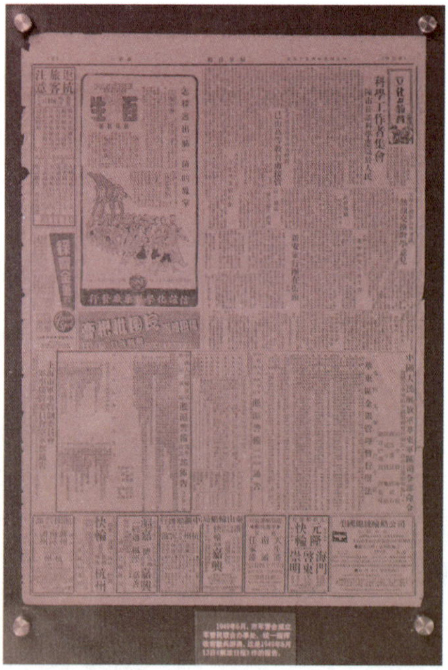

上海市军管会成立军警民联合办事处，统一指挥收容散兵游勇，1949 年 6 月《解放日报》刊登布告

金家让原是太湖上的土匪头子，抗战时期成为“军统”的“忠义救国军”，后来因内部矛盾被国民党关进监狱，在监狱里，他结识了被国民党关押的中共党员张锡昌和陈默，受他们的影响，对共产党产生了好感。金家让被释放前，陈默告诉他以后可去找潘汉年，他牢记了这句话。

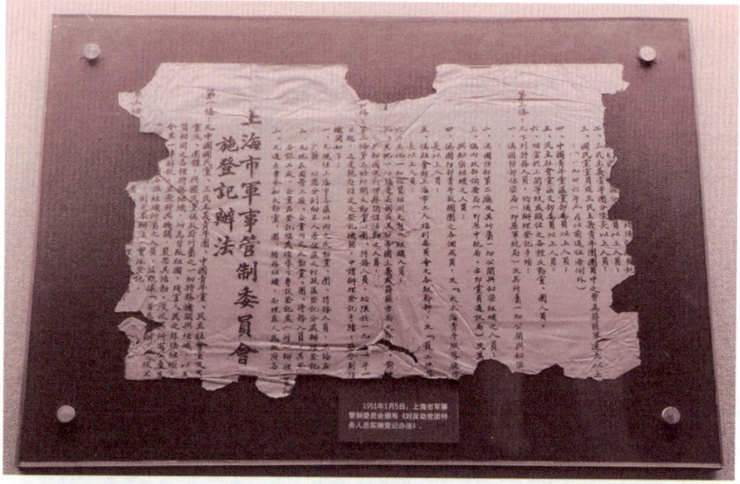

1949 年 6 月 23 日，上海市军管会发布《对反动党团特务人员实施登记办法》

解放前，金家让任国民党国防部二厅江南特别站站长暨“江南人民反共自卫军”少将司令。到台湾后，国民党保密局又委以重任，派他潜回大陆搞特务活动。结果，他一到舟山就派副官找潘汉年，表示愿意向人民政府投诚，向公安机关提供了他掌握的敌特电台情报，并交出电台一部。根据金家让提供的情报，上海市人民政府公安局接连破获了潜伏特务组织（包括武装特务）案 30 余起，缴获电台 8 部、密码 58 套、枪 172 支、子弹 3 万多发。

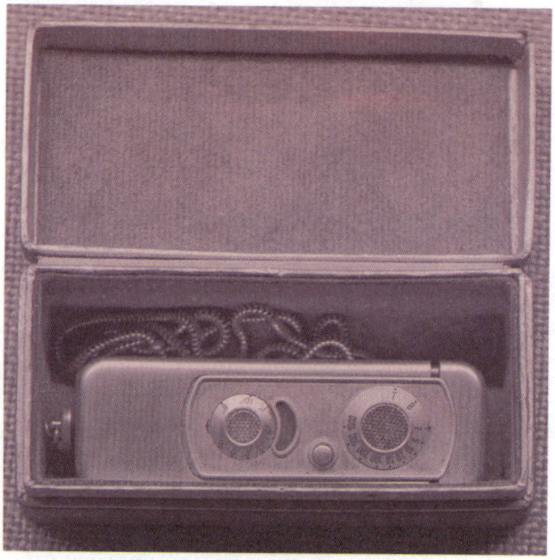

MINOX 牌微型照相机

破获国际间谍案

在国民党特务机关利用电台收集情报，伺机“反攻”，妄图颠覆共产党新生政权的同时，帝国主义一面加紧对我封锁，一面利用教会、使领馆、外商机构等作为掩护，进行特务间谍活动。

解放初期，上海公安机关直接同帝国主义特务间谍分子“交手”的经验与知识不足，但由于坚持“公开斗争与秘密工作相结合”“专门工作与群众路线相结合”的方针，积极开展侦查工作，仍取得了对敌斗争的胜利。

魏克特间谍案就是依靠群众提供线索破获的。魏克特家的帮佣杨秋露在地下党员胡宏达的启迪下，检举她的外籍东家设有秘密电台。杨秋露提供的信息引起了市公安局领导的高度重视。由于是涉外案件，市公安局选调精兵强将组成侦破组进行侦查。

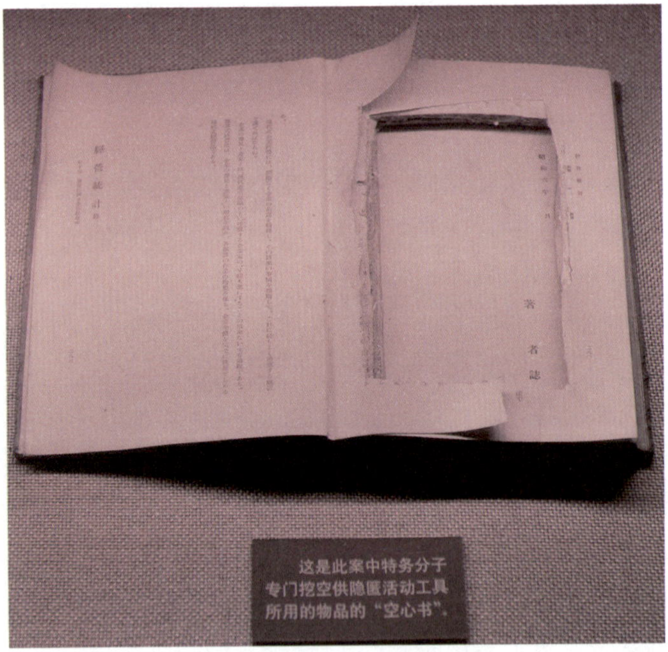

特务分子使用的“空心书”

在调阅了国民党警察局档案及外侨管理部门登记资料后，侦查员发现了一些零星的记载：魏克特（Victor Batuhin），31岁，无国籍白俄人，曾做过上海公共租界工部局巡捕、善后救济总署运输部司机等，1948年失业。其妻爱拉（Alia Batuhtin），无国籍白俄人，无业。魏克特夫妇能操流利汉语，有两个小孩。

经进一步侦查，侦查员发现魏克特夫妇虽无职业，但生活却相当宽裕。魏的住房窗外安有一根较隐蔽的天线，其长度、形状与电台天线的架设特征相似。侦查员还捕捉到了从魏家方位发出的电台信号，这个电台波长、呼号经常变换，电码为五字一组，其编组方法与国民党军、政、特务系统使用的密码迥然不同，很可能是外国的密码，内容尚无法破译。至此，已可以肯定魏克特家中设有秘密电台，这个电台早在国民党统治时期即以秘密方式活动，而且至今仍在发报。这个电台有专职的报务人员，行动诡秘，显然负有特殊使命。

市公安局在掌握了确凿证据后，经公安部批准，于1949年10月25日收网，将魏克特夫妇和葡萄牙人、报务员巴比蒂斯太及中国籍报务员、情报员、交通员等予以逮捕，缴获收报机5部、发报机4部、密码11册、手枪及情报底稿等。据魏克特的交代，又在苏联驻沪的商务代表团和领事馆中追捕了一批苏籍和中籍情报员。

经查，1948年，美战略情报局（OSS）间谍李林道拉拢无国籍白俄人魏克特参加间谍组织，并施以情报业务训练。10月，李林道将自己领导的杰列柯夫、骆清交魏克特掌握使用。1949年1月，当解放军向南进军时，李林道奉命指示魏克特建立秘密电台，加紧潜伏活动，并介绍葡萄牙人巴比蒂斯太等充任报务员，给予4500美元的活动经费，以及一批通信设备。

同年3月，魏克特受命将两部电台分别秘密架设在静安别墅130号及西摩路（现陕西北路）其家中，开始发报。李林道则迫于形势在电台布置就绪后，离开中国。上海解放后，魏克特以经商为掩护，接受美国中央情报局远东情报站（对外掩护名称美国第44海外观测队）的谍报官员史密斯和雷德蒙的领导。该局主要是负责收集中国和苏联、朝鲜、蒙古等国政治、经济及苏联驻沪领事馆、商务代表团等情报。在我国北平、天津、沈阳、长春等城市设有分站。1950年8月，魏克特及其妻子等四名外籍犯押往北京后移交苏联处理。这是上海解放后最早破获的国际间谍案。由此揭开了同帝国主义间谍斗争的序幕。

重拳出击：上海告别“盗匪之都”

孙建伟

解放前，“十里洋场”的上海盗匪成灾。据国民党上海市警察局档案记载，1945年9月至1949年4月，43个月内共发生抢盗案2819起，平均每月发生65起，最多一个月竟发生142起，以致当时一些报纸直接把“盗匪之都”的恶名扣向了上海。解放后，新生的上海公安机关以人民群众利益为中心，有效组织，精准施策，铁腕打击，仅半年时间，1600余名盗匪落入法网，社会治安环境明显好转。

上海公安博物馆陈列的解放初期剿匪、肃特，镇压盗匪工作相关展品

解放初期，上海公安面临着非常严峻的局面：除了反动军队散兵游勇、名目繁多的流氓帮会成员，还有国民党溃逃前从监狱释放出来的 3000 多名惯匪惯盗等，他们或冒名，或以抓奸细、捕毒犯、捉赌、查户口等“正当”名义，或以探亲访友、送礼、抄电表等“合理”方式上门抢劫，作案手段多样，令人防不胜防。

面对此情，新生的上海公安机关没有被盗匪的猖獗吓倒，一方面协同解放军警备部队围剿武装惯匪；另一方面利用一些渐渐醒悟、决心改恶从善的盗匪打入盗匪内部，逐渐分化瓦解。随后，针对反盗斗争的形势变化，公安机关及时改变策略，从破获的现行案件中深挖多年积案和隐藏较深的惯盗惯匪。经过侦查谋划，重拳出击，渐渐取得了主动权，仅半年时间就压制住了盗匪案件的高发势头。

短兵相接　速战速决

上海市人民政府公安局特別通告

為

九月四日永嘉路三一〇弄一號被盜刦去下列各物如有發現或入當售賣情事即報告本局刑警處偵查科盜案股（電話一五三八〇—一九五分機）或附近分局切切毋違

計開：

三克拉白金鑲獨粒鑽戒一只　亞米茄金掛表一只附金鏈條一根　金鑲八粒鑽戒一只　翡翠金鑲鷄心片一只　大胸珠花一朵　牛乃珠圈一副　金鑲秋角鉄一雙　金鷄心一只附金鏈一根　金扁鐲二只重共計一兩多　金領帶別針一只　金鑲翡翠西裝袖彩扣二副　金鈕扣二副（內一副有澄惠二字）　珠金鐲一只　一兩重金條八根同豐銀樓牌　西粒鑽戒一只　大翡翠環子一副　小翡翠環子一副　珠子環子二副　變色寶石戒一對　如意別針一只　翡翠戒指三只　翡翠別針一只　徐錫麟圖章一只　徐錫麟翡翠圖章一只　女用手表二只　名字戒六只（徐玲、健、玫、逯、秦、甯）　翡翠馬鞍戒一只　金西裝袖扣一副　金西裝領帶別針一只　眞珠六粒　銀錠一只　一克拉白金圓鑲鑽戒一只星星牌子　翡翠蝻針戒面金鑲（菊花狀）一只　金鑲翡翠戒一只　金鑲藍寶石戒一只蘇州星星牌子　金鑲月光石戒一只蘇州星星牌子　珠戒一只　男式亞米茄掛表一只附細方式絞鏈金鏈條一根　男式西馬長方鋼壳手表一只　男式金表鏈一根重一兩（表墜金圖章盛忠誉三字一條翡翠叉一條翡翠表墜）　翡翠金鑲蝴蝶別針三只珠子眼睛星星牌子　金鎖片連鏈條二只一有藴如字樣一有牡丹花樣共計重四兩　圓邊龍鳳金鐲一只重一兩五錢裘永和牌子　絞絲金鐲六只重六兩蘇州寶成牌子　扁金鐲二副　細珠鏈二條　小金挖耳朵一只寶成牌子　大小金戒指十三只共計重二兩　金子十四兩半（半兩一塊一兩十四塊）　壽佛利自來水筆一支　西摩女式長方形手表

上海市人民政府公安局发布的要求市民提供破案线索的特别通告

1949 年 7 月 17 日，成立才一个多月的上海市人民政府公安局刑警处二科来了一位不速之客，声称要向公安局提供盗匪作案线索。窃盗股副股长吴全华把他带到了正埋头查阅卷宗的二科科长黄克那里。

来人说自己姓殷，解放前做过“包打听”，也吃过官司，因此结识了一些盗匪“朋友”。上海解放后，惯匪刘鸿才、马桂堂依然不想歇手，几次来邀他“合伙”，并说要么不抢，要抢就抢大户人家。当时几杯酒下肚，殷某头脑一热，就应承下来。几个人商量后，殷某的任务是先查看地形，提供作案时的“一进一出”路线图。事后，殷某又觉得不能重蹈覆辙。纠结了几天，最终决定报告公安局。

黄克深知，曾是“十里洋场”的上海盗匪成灾，成为黑社会势力的一个“重头”。抗战迎来了胜利，上海的盗窃案却出现了一个高峰。据国民党上海市警察局档案记载，1945 年 9 月至 1949 年 4 月，43 个月内共发生抢盗案 2819 起，平均每月发生 65 起，最多一个月竟发生 142 起，以致当时一些报纸直接把“盗匪之都”的恶名扣向了上海。

上海解放后，人民政府刚刚成立，百废待兴，社会秩序尚未完全恢复正常，盗匪也不歇手，抢盗案件有增无减。6 月到 7 月，全市盗劫案日均 3 起至 4 起。而且盗匪成员复杂，作案手段繁多。更令人担忧的是，仅 6 月一个月，全市发生持枪抢劫案 190 起，比解放前夕发案最高的 3 月还多 41 起，平均一天发案 14 起。这无疑是武装盗匪公然向新建立的公安局叫板。

黄克听殷某讲完后，觉得此人所说不像是谎报军情，必须高度重视。他肯定了殷某的表现，要求他以盗窃成员身份继续参与团伙活动，观察行动进展，发现新情况立即报告。黄克郑重地对殷某说，期待你在协助公安局破案中获得重生。殷某非常感激公安局对他的信任，表示一定配合人民公安。三四天后，殷某再次前来，报告他们现在已经有了五支枪。惯匪马桂堂提出抢劫衡山路一名许姓厂主家的金条。但许家豪富，门禁森严，不可能随便进去。他们决定伪装成军管会公安局的同志以调查户口为名进入许家，实施抢劫。但因伪造军管会、人民政府公安局臂章及军装等物十分困难，行劫日期一直未定下来。

7 月 27 日 23 时，公安局内仍然灯火通明。殷某再次前来报告说，因为 7 月下旬以来雨水增多，引发大水，他们的“活动”很不方便，然而盗匪团伙经济窘困，决定先做一笔“小生意”，以解燃眉之急。这次他们看中的对象是迪化中路（今乌鲁木齐中路）179 弄（麦琪里）136 号营造厂主张阿祥家。时间就在第二天早晨 7 点，盗劫成功后在元发旅馆分赃。

黄克接到报告后，连夜召集盗案股股长姚伯钧等同志紧急商讨，提出三种破案对策：第一是待盗匪行劫事成后集中到元发旅馆分赃时实施抓捕；第二是待盗匪作案时，冲进事主家里当场抓现行；第三是待盗匪劫后逃逸时，在其逃跑线路上设伏实施围捕。参战同志进一步分析后认为，第一种不理想。虽然赃物可以在分赃地点吊出，但人和枪不一定齐全，达不到一网打尽的目的。第二、第三个方案也必须在充分了解地形的情况下才能确保成功。

紧急商讨之后已接近零点。姚伯钧等五人当即赶往盗匪确定的行劫地点（麦琪里）查看地形。迪化中路是头南头北，麦琪里在安福路（北）和五原路（南）之间。这一段马路是菜场，一到早晨便是满地摊贩，麦琪里沿马路的 50 米内也有挑着菜担的小贩出入。显然，盗匪把作案时间放在早晨摊贩出摊的时候，一定有利用此复杂地形提高作案后逃跑成功概率的考虑。只要逃出弄堂往菜场里一窜，势必引起现场混乱，也就增加了警察实施抓捕的难度。弄堂是西进南拐弯的，左右有小弄堂，隔弄上面有过街楼，事主家就在最后一个小弄堂的过街楼旁边，该弄一头进一头出，其他可通往马路的，只有迪化中路上几家店面房子和弄口老虎灶的后门。姚伯钧觉得，盗匪手里有五支枪，抓捕时开枪拒捕的可能性非常大，一旦发生枪战，也存在惊扰甚至误伤居民的可能。所以，在盗匪抢劫时当场实施逮捕，危险性很大。最终决定采用第三种方案。这个方案的要点是，必须把盗匪堵在弄内。

根据现场勘查，在一般情况下，盗匪抢劫成功后，在弄内有两条可逃之路，一路走大弄向北，一路向西走店家后门口的小弄堂，弄口是必经之地。根据这个地形要素，必须设置三组人员分别把守。一组守候在弄堂东头第三条小弄内，二组在弄西第三条小弄内，三组守住弄口和各店家后门。盗匪劫后逃逸大弄堂由一组负责逮捕；向西走店家后门口小弄堂由二组负责；从一组二组漏网的，由三组在弄口围捕，兜住“漏网之鱼”。

从 28 日 0 点到清晨 5 点，淅淅沥沥的夏雨一直没停过，空气中散发出来的溽热使人的皮肤都黏糊糊的。姚伯钧带领 20 余名公安民警充分熟悉地形，几次模拟抓捕路线，预判分析可能出现的情况。所有人几乎都没合眼。他们非常清楚，既要一网打尽，又不能伤害到无辜群众，这将是一次艰巨的抓捕。

清晨依旧在雨丝中到来，天色灰蒙蒙的。6 时左右，由姚伯钧、端木宏峪和徐海分别带队的三个小组进入预设阵地。一组民警化整为零，各守一摊。他们分布在小菜场和弄口一带，有的吃着馒头、大饼，有的成了牛奶吐司摊的伙计，也有吆喝卖菜的，更“悠闲”的是在理发店里修面。二组全在弄堂北面的老虎灶前喝茶，三组集中分布在商店附近。

7时20分，殷某穿着雨衣从迪化中路南面匆匆走来，身后紧随着一个穿黄色雨衣的男子。走近了仔细看，此人左颊上有一个明显的大疤。两人在弄口兜了一圈后又朝原路折回。不一会儿又带过来三个人。五个人嘻嘻哈哈地在弄口买了包香烟，提着两只皮包，熟门熟路、十分从容地走进弄去。

进网了！

姚伯钧、端木宏峪、徐海带着各组人员各就各位，收紧网口。

半小时后，疤脸男人慌慌张张朝一组的预伏地点跑来，刚进小弄口，姚伯钧就上前一把将他拖入弄内，用枪顶住他的腰。疤脸男顿时吓得面孔煞白，说自己是来“打先锋的”，又供出盗匪共有三支枪。大约15分钟后，一个穿黑色雨衣、蹬高筒靴子的盗匪进入弄口。这家伙走路一步三晃，摇摇摆摆，还东张西望。还是姚伯钧，突然从背后拦腰抱住他，只见盗匪的手伸进怀内想要拔枪，姚伯钧快他一拍，迅疾抽枪射击，盗匪应声倒地被擒，从他身上抄出赫司脱八寸手枪一支、子弹四发。另一个同时而来的盗匪闻听枪声大惊，慌不择路，就近朝店家后门口的小弄堂里逃窜。这里正是二组的伏击圈。张忠才大声喝令“不要再逃”，但盗匪把一支盒子枪往地上一丢，继续亡命奔逃，张忠才抬手一枪击中他的右手。

一个不眠之夜换来一场干净利落的围捕。但清点战果时未见赃物，还少了一名盗匪和一支枪。姚伯钧迅速安排好弄口把守民警，其余警员迅速包围了事主家附近的房屋，请居民全部出屋排查。人群中，一个穿条子府绸短衫裤的男子神情恍惚，民警上前询问他是哪一家的，男子支支吾吾，边上居民也都用疑惑的眼光扫向他，显然都不认识这个人。不一会儿，民警从此人所藏屋内搜出盒子枪一支、皮包一只。包内装有所劫黄金七两多、红绿宝石戒指各一枚、手表两只、15600元人民币等赃物赃款。至此，盗匪戴振民、钟明立、刘鸿才、马桂堂全部落网。

七小时破获巨劫案

1949年7月10日晚9点，老闸分局第二股便衣警员陈钧干下班回家，正吃着晚饭，他交往多年的朋友陆先生领着一个陌生人敲响了他的家门。陈均干放下筷子，热情地招呼两人坐下。

陆先生笑笑说："均干，我这个时候可不是来蹭饭的。"他指了指身旁的陌生人，"这位施先生，过去曾有过一段不堪的历史，现在想要重新做人。你欢迎吗？"

陈钧干说："当然欢迎啊，什么要紧事？"

施某某曾是一个惯盗，上海解放以后刚从监狱里释放，但前脚出来，后脚他昔日的搭档又来邀他重操旧业了，并约定在第二天早晨9点在永安公司二楼大东茶室，商议抢劫对象和行动步骤。施某某当时无法推诿，可又不愿再干这种勾当，就找到先前认识的陆先生，陆先生就直接把他带了过来。施某某诚恳地对陈均干说，公安同志，求你给我指条正路，我要改过自新，不想再干那种害人害己的事了。陈钧干听后，对施某某表示赞赏。进行政策教育后，请他协助破案，让他装着"再干一场"的样子，探明详情随时联络。

第二天上午，几个盗匪商量后，把抢劫目标定在厦门路尊德里3号蔡恩卿开设的"仁生呢绒号"，时间就在当日下午6时，并借贵州路中国饭店311房为集散地点，约定下午在这里准备。接着，盗匪们去午餐，施某某推诿有事，一路飞奔找到陈钧干报告情况。

当天正值陈均干休息，接到施某某报告后，立即赶到分局向分局长王凌青报告。二股股长张魁栋和周嘉毅同志随即召集了二股警员详细讨论，研究对策。关注点集中在应对持枪盗匪的细节和关节点。大家认为，这些人都是惯匪老手，但自己携带枪支的可能性却不大，因为在路上容易被识别，他们不会冒这个险。最大的可能是另由他人设法伪装把枪支送到他们碰头的饭店，再交到他们手里。这个判断被后来的事实所印证。

在王凌青局长的布置下，二股警员宗有麟等五名同志去中国饭店盗匪约定的311房间旁开312号房设伏，另一拨警员开327号房应对意外。警员范传涛化装成茶房，随时监视匪徒行动。施某某则在311房作为内应，暗示联络。如发现盗匪持枪，可立即入室围捕，否则一路随行到盗匪抢劫地点，再展开室外和前后门围捕行动。

下午5点三刻，张魁栋、周嘉毅、杜焕亭、陈均干等12名民警，分批先后到达尊德里3号。先把来意告诉主人蔡恩卿，叫他不要怕，公安是来为民除害的，让他们先到楼上躲避一下。张魁栋熄灭室内所有灯光，和杜焕亭二人在楼上暗处埋伏，楼下后弄堂暗处设伏的是程绍安、季衡权、夏

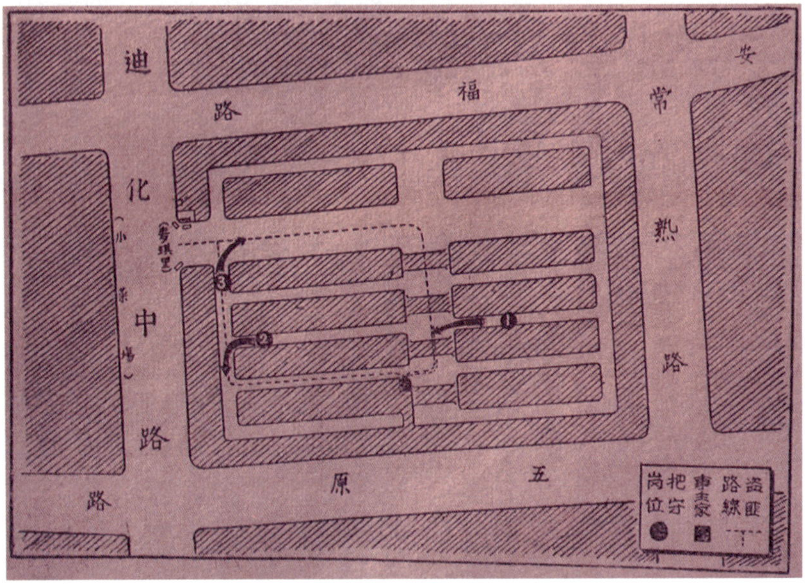

围捕匪盗现场示意图

永志三人，左厢房内有周嘉毂、陈均干等四人，李骏坤乔装在厨房里剥葱蒜，大门虚掩着……这时在中国饭店的宗有麟来了电话，说盗匪已从中国饭店出发，要求设伏的警员尽快做好准备。

参加围捕行动的民警都拉上了枪膛，严阵以待。6点还缺一分钟的时候，大门“吱”的一声被打开了。盗匪倒真是很守时。一个穿条子府绸短衫裤、身形敦实、长着一个鹰钩鼻的男人，进入门内环顾四周，从容淡定，一看就是个“老手”。走到天井时，他抬头向楼上望了一眼，再慢慢踱进客堂间来，一边从内袋中拔出手枪，拉动机栓，子弹上了膛。这时从门外又进来了两个持枪盗匪。鹰钩鼻男人边察看边自言自语：“屋里为啥没有人?”他忽然发现灶间里有几个抱着小孩的女人，女人们一下子叫起来，鹰钩鼻男人挥着枪威胁道：“都给我闭嘴，否则老子手里的家伙不客气。”女人们被他赶进了经理室。接着，乔装厨师的李骏坤也被逼进了后厢房。正当盗匪继续搜索时，陈钧干把左厢房的后门拉开，从黑暗处跳出来，持枪喝令：“不要动!”鹰钩鼻男人发现后面有人，回转身来抬手就是一枪，陈钧干躲过了。陈钧干鸣枪示警后，接着对鹰钩鼻男人发出一枪，鹰钩鼻男人继续逃窜，陈钧干又开一枪，子弹击中他的上腹部，即刻倒地。另外两个见为首者倒地，不敢再抵抗，分头夺门逃命。守在楼上的张魁栋和杜焕亭见两个盗匪外逃，接连鸣枪喝令止步，当时隐约看见一个盗匪倒地，但两人奔下楼来一看，人已杳无踪迹。估计这个盗匪带伤窜入人群中逃脱。另一个盗匪拿着盒子枪，刚逃到大门，就遭遇预伏在大门口的宗有麟，被喝令止步，但盗匪把枪往旁边一抛，从后门窜进一家民居。宗有麟意识到，这是盗匪的“金蝉脱壳”之计。如果拾了枪再追，追击速度就会慢一拍，盗匪一旦混入人群里乱窜，抓捕难度将大增。宗有麟又担心开枪误伤无辜，一面紧追一面大喊“抓强盗”。这时从一个水木作（清道光年间始出现于川沙的泥水木匠组织，后逐渐在市区经营，相当于现在的建筑工程公司）出来的工友将盗匪一把扭住，宗有麟箭步上前给盗匪上了铐子。在屋外望风的两个盗匪听见枪声，返身想逃，警员李玉然奋力追击，追到厦门路近浙江路口，与警员唐子良合力制伏了他们，在一名盗匪腰间搜出一支左轮手枪。

经分局侦讯，章阿福、浦志良、李正元、张祥生四名持枪盗匪全部落网。三名被当场抓获，一名被当场击毙。盗匪供述，行劫前，作案所用枪支由章阿福的姘妇蔡秀英从大陆饭店 416 房用雨衣作掩护运到中国饭店 311 房。随后，民警在南市西马街 23 弄 2 号依法抓捕了蔡秀英。

从掌握线索到破案，仅短短七个小时，圆满收官。

一案带出“案中案”

公安机关的精准打击直指盗匪团伙命门，使其迅速溃散瓦解。7 月、8 月盗案发生率直线下降。进入 9 月，盗匪更为狡猾隐蔽，加大了公安机关内线侦查的难度。虽然盗匪对同伙的信任度降低了，但团伙作案不会销声匿迹。

针对反盗匪斗争的形势变化，公安机关以变应变，迅速制定了新对策。充分发挥“镇压与宽大相结合”的政策威力，教育认罪态度较好、罪行不大，又熟悉盗匪内部情况的案犯弃暗投明，戴罪立功。这样，不仅破获了现行案件，而且能深挖多年积案和隐藏较深的惯盗惯匪，起到“破一案、抓一帮、带一串、清一片”的效果。

1949 年 9 月 3 日凌晨 1 时许，永嘉路 310 弄 1 号庄莅惠、盛忠萱、吴元昌、徐锡麟四家居民先后遭到一帮持枪匪徒的抢劫，损失名贵饰物总价值达黄金400两之巨。

市公安局闻警后，迅即派盗案股姚股长率警赶往现场。经对现场勘查和询问当事人，发现六名蒙面盗匪是从屋后落水管攀爬而上，由窗口进入。在长达四小时的行劫过程中，盗匪肆无忌惮，沉着从容，毫无惊恐，可以断定系惯盗所为，且有内线提供线索。为缩小侦查范围，侦查员确定了“由内到外”的侦查方向，重点调查与被劫居民有联系的人员。

9月22日凌晨2时，衡山路259号1室陈家禄家又遭到盗劫，盗匪人数、枪支、行动手法与前案相似。说明两案大概率为同一股盗匪所为。警方将盗案股保存的一批惯匪惯盗照片给陈家夫妇辨认，他们指认一名叫“段某某”的照片极像那天上门抢劫的人。然而段某某到案后矢口否认曾经参与过永嘉路盗案。警方进一步查证后，发现其确有不在场的证明，排除了他的作案嫌疑。办案人员再次梳理这帮盗匪的作案特点，判断可能是地痞流氓惯贼夜窃。于是决定调整侦查方向，转向“从外到内”，将注意力转移到夜窃和流氓的身上，并尽可能从破获盗案中的盗匪那里探询线索。

两起案件留下的线索极少，侦查工作进展缓慢。然而，劫匪却没有收手的迹象，10月1日、2日凌晨，徐汇和虹口两区连续发生上门抢劫案，手法极似在侦盗匪劫案，其中一个盗匪行劫时被主人咬破手指。与此同时，警方从“中正北路（今石门一路）某呢绒店抢劫案”捕获的盗匪沈福生口中得知，夜盗惯匪冯忠发、朱生品、顾阿二三人最近出手极大，炫耀自己一个月内发了三次大财。这立即引起了办案人员的注意，马上布置警力寻找三人的踪迹。

10月4日，公安民警在审讯一个窝赃犯侯锡生时，获悉惯匪冯忠发、朱生品等经常在北荣寿里施某某家搓麻将。当日傍晚，姚股长化装前往施家侦查，查明这些夜窃惯犯的确经常到此。经过慎重研究，警方决定迅速采取行动。第二天正在一个娼妓那里寻欢的顾阿二被抓个正着，接着冯忠发、严文达、方奇、张金生、奚金根、朱生品（被咬伤的食指尚未痊愈）等嫌疑人全部归案，从犯赵世杰、何启民等十余人一并落网。同时，查明永嘉路四户民家遭劫，源自庄家开设的米店伙计沈云飞在无意中泄露的信息。通过扩审，警方又相继破获了衡山路、五原路、福生路等同类盗劫案七起。

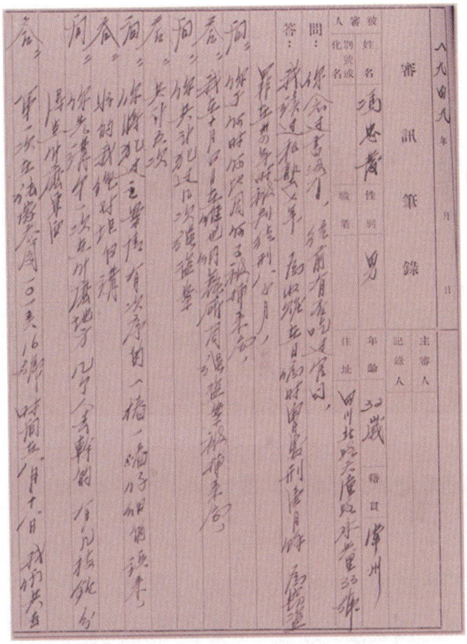
審訊筆錄

案犯冯忠发的审讯笔录

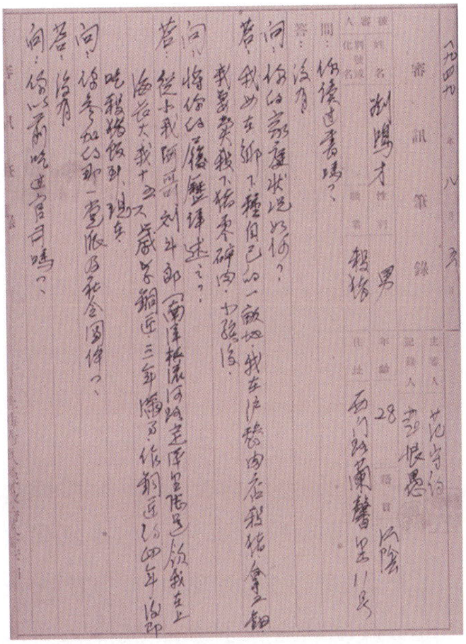
審訊筆錄

案犯刘鸿才的审讯笔录

深挖扩案的新策略使警方成功侦破了一系列盗劫案。10 月以后发案逐月下降，破案率迅速上升。10 月 8 日，市公安局根据群众举报，在协昌轮船公司“天府号”客轮上捕获抢劫群众财物的盗匪卫功俊、李水良等七人。该案又带出其他客轮抢劫案 14 起，以惯匪赵冠洲、刘焕臣为首的一批专事抢劫轮船旅客财物的盗匪相继落网。截至 1949 年年底，全市共破获重大抢劫案 665 起，捕获盗匪分子 1667 名。警方缉盗行动从被动转为主动。

打赢经济领域的“淮海战役”

孙建伟

“检查投机中枢证券大楼，投机奸徒大批落网，军管会对取缔银圆采严厉措施，昨日银圆价格已下跌七八百元。”（1949 年 6 月 11 日《解放日报》头版头条）解放上海的战火刚刚熄灭，一场疯狂的金融投机旋风席卷市场，企图把新诞生的人民币打压下去。面对这股强烈的经济逆流，成立才几天的上海市人民政府公安局进入“风源”——上海证券交易所……

解放日報

檢查投機中樞證券大樓
投機奸徒大批落網
軍管會對取締銀元採嚴厲措施
昨日銀元價格已下跌七八百元

社論
徹底消滅投機活動

中國人民解放軍華東軍區司令部命令

《解放日报》关于查封证券大楼的新闻报道

建成于1934年的上海证券交易所有远东最大证券交易所之称。1937年抗战前，该所登记的证券字号汇集金融、地产、纺织、百货、化工、文化等实业界巨头192家，是官僚资本在上海操纵资金市场、巧取豪夺的一个庞大而重要的基地。“八一三”之后曾一度停业。1943年11月，汪伪南京政府命令复业，1945年又因日寇投降而关闭。1946年9月，经当局批准复业，由上海闻人杜月笙任主任委员，宋子文的亲信王志莘任总经理，登记参加交易的证券字号达234家。

证券大楼

上海证券交易所内投机交易的热闹景象

上海证券交易所控制着全市的有价证券交易，并通过买空卖空的投机活动操纵物价。它与全国乃至远东各大城市都保持着紧密联系，政府要员或明或暗，充当着投机活动的幕后人或保护人，凭借权势鲸吞渔利。也有市民在物价飞涨、通货贬值的处境中，利用证券价格涨落的变化，迅速买进卖出获取差价，俗称“抢帽子”。在当时情形下，上海证券交易所实际上成了一个变相赌场。

从证券大楼“出圈”的银圆黑市价格

1949年暮春，人民解放军逼近上海。证券交易所迫于形势，于同年5月5日自动停业。然而就在上海解放后第二天，一些字号仍打着经营证券的幌子，非法进行金银外币投机贩卖活动。证券大楼拥有远东地区数一数二的通信系统，几百门市内电话和大量对讲电话显赫地列着阵势。每天有数千个前来探听“行情”的“银牛”（又称“黄牛”，市民对银圆贩子的蔑称）出入其间传递信息，金融投机商在这里操纵金银外币黑市价格，张扬的触须向城市的各个角落延伸。

不法投机奸商在解放初期得以嚣张一时，一个重要原因是上海市民对汪伪和国民党统治时期的恶性通货膨胀心有余悸，对金银存有盲目的依赖感。1948年8月金圆券发行后，物价轮番暴涨，金圆券不断贬值，顷刻形同废纸。这个所谓的金圆券改革是国民党在行将崩溃的政治经济大趋势下的最后一搏，也是一个决定国运的大赌注。然而，政府财政这根大梁已经歪斜，还怎么能指望它力挽狂澜呢？加上如山倾倒的军事失利，这辆以“金圆券”为名的经济战车从一开始就偏离了正常轨道，最终走上倾覆这个不可避免的结局。

依靠劳动收入的普通百姓不得不把刚得到的收入迅速换成实物（或银圆或黄金），力求减少因货币贬值带来的损失。

解放前夕，上海一些商店公开以银圆或美元标价，形成流通领域金银外币直接替代货币的畸形现象。而以证券大楼为中心的一批投机冒险家，就是利用市民对银圆的依赖心理兴风作浪，哄抬物价，从中浑水摸鱼，目的在于把人民币挤出流通市场，扰乱新建共和国的社会经济秩序。

战场上胜负已决，但经济领域的博弈和争夺才帷幕初掀。

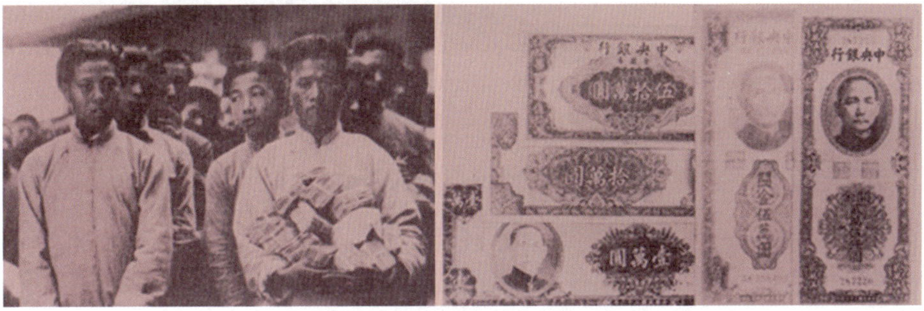

1948 年 8 月 20 日发行金圆券当天，市民手捧大宗钞票在中央银行排队兑换金圆券

5 月 28 日，上海解放的第二天，上海市军管会发布了财字第一号布告："中国人民银行发行之人民币为解放区统一流通之合法货币。"自即日起"不得再以伪金圆券或黄金、银圆及外币为计算及清算单位"。紧接着，第二号布告规定，1949 年 6 月 5 日前完全废止金圆券，一元人民币折合十万元金圆券。

6 月 1 日，中国人民银行上海分行正式成立，随即开始兑换业务。起初的兑换非常顺利，全市各银行、钱庄收兑的金圆券源源不断地被送进人民银行。对金圆券深恶痛绝的上海市民争先恐后地抛弃了让他们吃尽了苦头的形同废纸的货币。五天内就收回金圆券 36 万亿元。这大大出乎军管会的意料，离原先大约用 4 亿元人民币收回流通在市面上的金圆券的估算相去甚远。

一方面是估计不足，另一方面银圆对人民币比价一路飙升。5 月 28 日人民币兑换银圆的比价约为 100：1，然而到 6 月 8 日，非法市场上的比价暴涨到 2000：1。银圆的猛涨刺激物价，大米、面粉、食油等生活必需品价格随之急剧上涨二倍到三倍，人民币贬值严重。南京路上著名的"四大公司"（先施、永安、大新、新新）柜台上再次拒收人民币。"银牛"的叫卖活动遍布全市街头巷尾，6 月 5 日至 8 日三天内，"银牛"由两万名迅速扩充至四万名，搅起一股金融逆流。人民银行当天早上发出的人民币，兜了一个圈，晚上几乎又全部回到人民银行。军管会明令禁止在市场上流通的银圆甚至美元等外币，仍在暗中起着通货作用。有的反动分子狂妄叫嚷："解放军可以打进上海，人民币进不了上海。"为了稳住市场，6 月 5

日和6日两天，人民银行先后抛投41万枚银圆平抑银圆价格，恢复人民币的市场信心，然而全被投机分子吃进。市场没稳住，银圆投机势头更旺。

经过缜密分析，军管会认定民间绝不可能拥有如此强大的吸金能力，背后一定有投机奸商暗中操纵。

金融投机的猖狂活动严重危害了上海市民的正常生活，激起了市民的极大愤慨。广大工人和劳动群众纷纷投书陈毅市长和解放日报社，要求人民政府坚决打击投机奸商，取缔银圆投机活动。有的在信中尖锐地批评人民政府“对捣乱分子过于宽大”，担心“过于心慈手软会丧失民心”。也有不少市民对新生的人民政权缺乏了解，以旁观态度看人民政府能否拿出办法制伏投机奸商的捣乱活动。在这种形势下，尽管上海接管工作千头万绪，上海面临的社会问题成堆，但打击金融投机已成为新生人民政权的迫切任务，上海证券交易所就是这场斗争必须攻克的一个顽固堡垒。

经济战线上的“淮海战役”

这是一场新的不见硝烟的战争。作为一座国际性的经济金融城市，要确立人民币的稳固地位，除了打赢，别无他途，而且必须速战速决。

早在5月上旬，邓小平在给毛泽东《关于渡江情况的报告》的电报中，就对进入上海后可能遇到的金融问题提出了看法，认为“当前最复杂的问题是金融，估计伪金圆券问题已不严重，人民券发行尚属顺利，筹码暂时勉强够用。今后主要是对付银圆和反对敌人、奸商投机捣乱的斗争”。严峻的现实印证了这一判断。

6月7日晚，邓小平主持中共中央华东局会议，时任上海市副市长兼财经委员会主任曾山报告了银圆投机活动的严重情况。他特别强调，如不采取断然措施，不出一个月，人民币将面临被挤出上海的严峻局面。会议决定报请中央批准，查封上海证券交易所，并惩办一批为首的违法犯罪分子，坚决打击金融投机捣乱活动。陈毅市长表示“一定要把这次行动当作经济战线上的淮海战役来打，不打则已，打就要一网打尽”。列席这次会议的市公安局局长李士英、军管会金融处处长陈穆分别领受了行动任务。

中共中央华东局的决定很快就得到党中央和毛主席的批准，各方面的准备工作迅速进行。

李士英回公安局当即召开紧急会议，传达华东局的决定，并请人民银行华东区行业务处处长赵帛到会，向大家介绍证券交易所和银圆活动的情况。市公安局决定从刑警处抽调200余名干部参加行动，由刑警处处长马乃松、刑二科科长黄克负责召集参加人员并进行政策和纪律教育。6月8日和9日两天，马乃松、黄克带领少数骨干，化装进入证券大楼了解情况，熟悉地形，其余人员全部留局待命，并临时停止与外界的一切联系，以防泄密。

与此同时，军管会金融处依靠原中共地下党秘密工作人员张统桢、徐兰甫等对证券大楼各投机商号、经纪人的违法活动展开调查，发现每天上午9点到10点，一些“大亨”就会聚集此地，银圆、美元、黄金这些硬通货的比价就是通过他们敲定并由大批“掮客”渗透到市区各个角落，统一参照这个比价进行地下交易。随着调查的深入，一批应予扣押审查的核心骨干成员名单逐步确定。

全市各界群众纷纷集会，声讨银圆贩子的罪行。全市大、中学校召开了15000名学生代表参加的大会，上街宣传取缔银圆投机活动，举行了“反对银圆投机保障人民生活大游行”。陈毅市长在与各界人士会面时郑重劝告投机奸商尽快洗手不干，否则人民政府将采取断然措施。市政府召开工商界座谈会，表明政府取缔银圆投机活动的决心。市委在动员市民拒用银圆的同时，以折实储蓄、开办供销合作社和发放失业救济金等多种应急措施，解决基本群众因货币波动所引起的实际困难。

陈毅市长充分注意到曾是远东第一大城市的上海的世界性影响。上海市军管会征得中共中央华东局同意后，决定先礼后兵。一方面展开宣传攻势，发布《关于反对银行投机及稳定金融物价的宣传要点》，重点申明并界定相关行为的性质：银圆是投机扰乱金融、破坏生产、严重影响人民生活的危险敌人；人民币之外的银圆、美元、黄金等，一律不得在市场流通。同时点明要害，将严惩怙恶不悛的银圆投机商。

为了制止银圆投机活动，金融处根据军管会指示，于6月5日指令证券交易所立即停业。《解放日报》也于同日发表题为《扰乱金融操纵银圆的投机商赶快觉悟》的社论，代表中共上海市委和全市人民严正警告投机商贩，要他们停止作恶。上海其他各报和广播电台也纷纷撰文谴责投机者。

然而投机人员对军管会的这份真诚和耐心置若罔闻，毫不收敛。事实证明，单纯的经济措施和舆论告诫已不能制止银圆非法买卖。面对如此嚣张的敌对势力，陈毅市长在对策分析会议上拍了桌子：抓。

6 月 9 日晚，中共中央华东局、中共上海市委、上海市军管会、上海市人民政府举行联席会议，决定于 6 月 10 日上午查封上海证券交易所。由军管会发布的行政命令随即下达到上海市人民政府公安局及华东警卫旅等有关单位。

铁腕整治　市民称快

6 月 10 日，上海解放的第 15 天。上午 8 时许，上海市军管会公安部副部长兼上海市人民政府公安局局长李士英，根据上海市军事管制委员会和上海市人民政府的命令，率领 200 余名换上便衣的公安干部，按预定部署分散进入证券大楼，随后分五个组控制了各活动场所和所有进出通道。华东警卫旅派出的一个营分乘十辆大卡车到达证券大楼，对整个大楼实行军事包围。华东警卫旅副旅长刘德胜、参谋长刘春芳到现场参加指挥行动。上海 12000 余工人、学生在证券大楼外围封堵交通，并向市民作宣传解释。

10 点，在华东警卫旅完成包围证券交易所的同时，分布在证券大楼各个场所的公安人员同时亮出身份，命令所有人员立即停止活动，就地接受检查，一举查封了这个全市最大的投机活动中心。整个行动速战速决，持续了 15 分钟。这一突然袭击，一下子打掉了大小投机分子的嚣张气焰。

从上午 10 点到当晚 12 点，公安人员分头搜查了各个投机字号，并登记了所有封堵在大楼内的人员名单及财物，命令全部人员共 2100 余人到底层大厅集中，听候人民银行代表赵帛训话。赵帛对他们进行守法教育，宣布处理原则是“惩办少数，宽大教育多数”“对大多数只进行小额买卖的人，经过审查后即可回家，但必须保证不再重犯”。除根据事先确定的名单当场扣押 238 人，送市人民法院思南路看守所羁押外，其余 1800 余人均陆续放出。

在对证券大楼采取行动的同时，黄浦、老闸、新成等公安分局也出动七组公安人员，分头取缔各区银圆投机活动，并按名单拘捕了陈瑞堂、励荣然、邬延康等八名重大的投机犯罪分子，对 400 余名从事小额贩卖者则集中训话后释放。

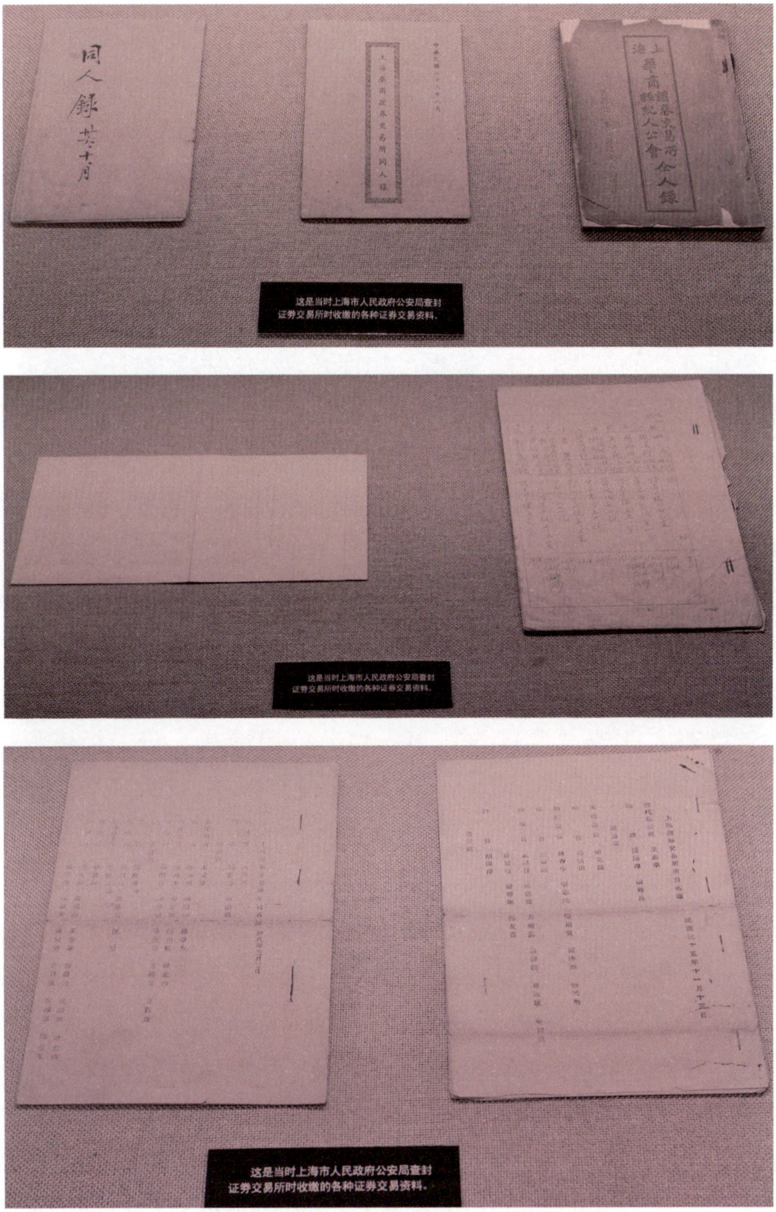

查封证券交易所时收缴的各类文件

据统计，这次行动在证券大楼共抄没黄金（含金饰）3642两、银圆39747枚、美元62769元、港币1304元、人民币15459371元，其他各种囤积商品（呢绒、布匹、颜料、肥皂等）折价人民币35530700元，以及美式手枪两支。各分局共抄没黄金81两、银圆4488枚、美元2720元。此后，证券大楼即由华东警卫旅（后改名为上海市公安总队）作为营房接管。

效果立竿见影。第二天，上海的银圆对人民币比价从疯狂的1：2000大幅跳水到1：1200，第三天再降到1：500。这么一来，大米、食油等与百姓生活休戚相关的物品相继跌价，人们喜上眉梢，有人故意与店主打趣：侬的价钿（沪语：价格）是不是搞错了？

这一行动维护了人民币在市场流通中的权威，也是对妄想与人民政府较量的投机奸商的沉重打击，赢得了市民广泛的拥护和信任，显示了人民政府建立新秩序的决心和气魄。

6月11日，公布《华东区金银管理暂行办法》，重申禁止金银计价使用、流通和私相买卖，并规定了处罚原则。根据这一法规，上海市人民政府公安局继续查处非法买卖金银活动，到1949年8月初，共查处金银投机案件2359起，查没银圆12745枚、黄金119两、美元2505元，并收得罚金人民币9953030元。

以霹雳手段整治金融市场，当是特殊时期的特殊方式。证券交易所被查封后，就有人叫嚣“共产党军事一百分，政治八十分，经济只能打零分”。但上海市民无不拍手称快：还是共产党有办法，“大亨”完蛋了。这让陈毅市长十分欣喜，他说，只要是人民拥护的事情，我们就放胆去做。

对证券大楼被扣押人员的审查处理工作，由公安局、法院与金融处三家组成的工作队共同推进。根据《华东区金银管理暂行办法》第九条第三项、第四项之规定，贯彻以经济惩罚为主的原则，对6月10日被扣的246人分三批作了处理。第一批于1949年7月31日处理的97名，计处拘役或6至8个月徒刑的4名，处劳役10至15天的5名，处罚金20万元至1000万元的14名，具结保释7名，登报悔过19名，交保释放48名。第二批于1949年11月26日处理的94名，计处罚金59名，悔过保释10名，教育释放25名。第三批于1950年2月24日公布处理的55名，计处一年半至三年徒刑并罚金7000万元至2亿元的13名，罚金250万元至1.5亿元的39名，训诫后释放的3名。三批人员中受刑事处罚的均由人民法院判处。凡判处有期徒刑的，允许以罚金折抵，故对这批人主要从经济上给予严厉制裁。

在上海这个国内外资本主义势力曾长期盘根错节的特大城市，解放仅半个月，就果断地对投机家大本营的证券交易所采取震惊世界的围歼行动，并取得重大胜利，体现了党中央、毛主席的英明领导。这场斗争的成败直接影响人民政权的巩固、金融市场的稳定和人心的安定。通过这次行动，使全市人民看到了中国共产党及其领导下的人民政府，对改造旧上海、建立革命新秩序的决心和力量，从而为日后进一步推进各项社会改造开了一个好头。

追剿各路假币制造团伙

孙建伟

刚进入流通市场，人民币就遭遇到“假币”挑战。造假团伙各显“神通”，扰乱新生的人民政府的货币政策和金融秩序，并借此“生意”大发横财。面对这个陌生的领域，我公安民警迎难接招，奋起应战……1949年创刊的《人民警察》杂志记载了当年的三个战例。

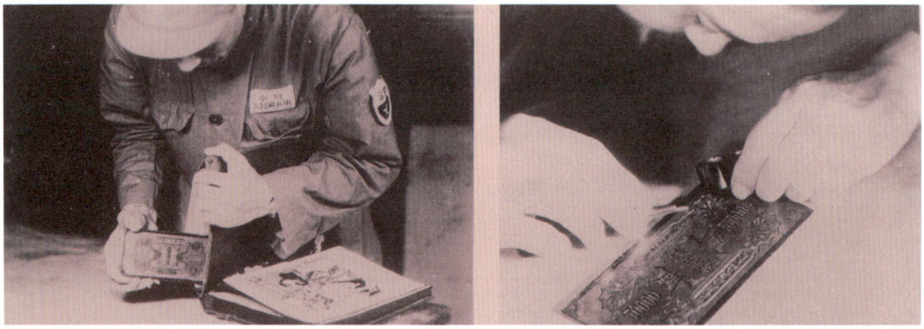

公安机关缴获的制作假人民币的铜板

亿元假钞的疯狂之旅

1949年4月上旬，清明节前夕，乍暖还寒。

机场降下一架挂着青天白日标志的飞机，机舱里匆匆奔出两人，又迅速躬身进入早就候着的一辆美式吉普车，很快消失在路的尽头。

距离上海解放还有一个多月的时间。这一天，负有特殊使命的国民党华中行政长官公署第二处上校参谋兼特工组组长黄浩和少校副官艾中孚从汉口飞抵南京，接受总统府战略顾问委员会主任、华中“剿总”司令白崇禧之命，迅速印制假钞，给即将诞生的共和国的金融心脏和金融秩序制造麻烦。

黄浩、艾中孚和白公馆交际科科长徐亚力，第二天一大早就赶到南京一家印刷所与老板洽谈印钞事宜。老板想了一下说，印一亿元钞票（中州币，中原解放区中州农民银行1948年4月发行的货币）最快也要半个月时间，这里技术不成熟，恐怕难以胜任。黄浩想，战局吃紧，时间不等人，既要技术，又要抓紧时间，能做到的也只有上海了。

与三人同时到达上海的还有3000块银圆及100元票面的中州币印版，四名全副武装的宪兵担负警卫。

汾阳路上的一座花园洋房是白崇禧在上海的公馆之一，徐亚力跟着白崇禧来过几次，也在此落脚，可谓熟门熟路，但此刻的心情已完全不一样了。经一个熟识的张姓掮客帮忙，他们很快购得了四台印钞机，并招来三名印刷工人。忙了一个多星期，赶印出100元票面的假中州币1400万元。

4月23日，解放军攻占南京后，黄浩再次奉命带着600万元假中州币和三名工人乘飞机飞往汉口。三天后，又带着2000块银圆和已在解放区发行的票面为50元、100元的人民币（旧币）各一张及40令纸，独自返沪，奉命赶制假人民币。

黄浩经关系人周月芙出面联络，连哄带骗，软硬兼施，终于搞定了这笔特别的生意，确定由成都路上的元兴制版店承制人民币100元和50元印版，金山印刷厂负责承印。黄浩心急如焚，一再催促。5月11日至13日整整三天昼夜不息，赶印假钞1.69亿元，33箱还装不下。假钞刚从机器里吐出来，黄浩就迫不及待地装上卡车运往多伦路211号白崇禧在上海的另一个公馆。此时汉口已危在旦夕。5月15日，徐亚力用飞机装了27箱假人民币和其余假中州币飞往长沙。坐镇上海的黄浩和艾中孚如坐针毡，惶惶不可终日。无论是直觉还是现况，末日将临已是不争的事实。两人决定将余下的6箱多假人民币转藏于汾阳路白公馆。然而这时，印刷厂厂主上门催讨工钱来了，黄浩便将留下的假钞取出一半，交人外出兑换成银圆、黄金后还账。上海解放的脚步声越来越近，黄浩无奈把余下的假钞分发给艾中孚、王宝元、陈宝玉等人，然后各奔东西，作鸟兽散。

5月27日，上海解放。5月28日，上海市军管会在接管中国银行的同时，发布财字第一号令，确定人民币为统一流通的唯一合法货币。5月30日，上海市军管会发布由陈毅、粟裕签署的（金）字第三号布告：严禁伪造解放区各种货币，如有此项违法行为一经查获，决予严惩不贷。

毛泽东直言不讳："进入上海，中国革命要过一大难关。"

上海革命胜利解决了，中国革命也就解决了。

这个革命当然包括了新政府必须整肃的金融秩序，首当其冲的就是新发行货币——人民币的地位和稳定。

1949年6月1日，位于外滩的中国人民银行上海分行大门口进进出出的人流不断。这是自两天前上海市人民政府决定将新发行的人民币兑换市民手里的金圆券后天天出现的情景。

6月1日，也是上海解放后的第五天。

这天中午，与外滩一河之隔的鸭绿江路桥附近，有人以假人民币兑换银圆、黄金。辖区的提篮桥公安分局民警闻警出动，倪万兴商行老板倪槐庭和姚企范、陈允庆等人落网。据他们供述，就在上海刚解放那天，倪槐庭在浙江结识的生意人王宝元找上门来，说他正在做人民币生意，收买银圆、黄金，所得利润可留一成，问倪愿不愿合伙。倪槐庭听得心旌摇动，想这买卖不错，满口应诺下来。很快，王宝元陆续送来假钞，总共1000万元……

6月5日，正在市区东南角武装值勤巡逻的解放军战士在一条小路上抓住一个携带假人民币的中年男子。经审讯，该男子叫黎明，前几天在大世界附近巧遇陈宝玉。交谈中，陈宝玉见黎明落魄，就表示愿意借钱给黎明做生意，黎明心存感激。几天后，陈宝玉带着黎明到董家渡的周月芙家，交给他一只内装崭新人民币的红色皮箱，叮嘱他拿这些钱去大世界附近买香烟、肥皂等日用品，然后大家平分。黎明怀着既欣喜又忐忑的心情上了路。可万万没想到，出门不久就被解放军战士逮了个正着。

警备部队迅速出动捉拿相关案犯，先后捕获关系人和本案窝主周月芙、印制假钞的金山印刷厂厂主翁滋和等人，陈宝玉却不知去向。周月芙供称：今年 4 月，他的姘头张西芳给他带来两个客人（黄浩、艾中孚），说他们受命为白崇禧来上海印票子，这件事办好了，今后一辈子都吃穿不愁了。他的任务是负责联络并藏好东西，但也是提心吊胆。没多久上海就解放了，黄浩和艾中孚也不见了影子。

案情似乎陷入了僵局

这时卢家湾公安分局获得情报：中南水果店老板平仲秋用假钞兑换银圆被抓，此人平日与该局二股便衣警察冯伯钧（留用的国民党警察局警员）过从甚密。

这条线索涉及内部警员，为了保密，分局领导决定请淞沪警备司令部保卫部协助。经过一段时间侦查，查明冯伯钧曾利用平仲秋和汤团店老板娘许金凤等，以 84 万元假钞为其收进银圆 1400 余枚。然而没隔几日，一些银圆贩子纷纷找上门来，称收进的人民币是假币，要退换。一些地痞流氓也趁机来敲竹杠。眼看事情要弄僵，冯伯钧只得用钱买通同股警员宋世珍（留用的国民党警察局警员），请他出面调解，并拿出一些钱摆平各方。

6 月 22 日，卢家湾公安分局与警备部队联合行动，将冯伯钧、宋世珍、平仲秋等十余名涉嫌案犯收入网内。审讯后得知，冯伯钧早在徐州其妹妹家中就与艾中孚结识，从此过往甚密。黄浩、艾中孚来上海印制假钞期间，冯曾帮助用车运过印钞机。5 月 28 日，艾中孚找到冯伯钧，给了他 200 万元假钞，请他代兑银圆。但因艾中孚来无踪去无影，冯伯钧并不知晓他的确切住处。

其实，艾中孚从冯伯钧那里得知平仲秋兑换银圆出了岔子，就匆匆逃离了上海。途经苏州、南京后，觉得还是上海地方大，易躲藏，赚钱机会多，于是又掉头返回上海，没想到 7 月 17 日在复兴中路上被卢家湾公安分局二股便衣警士张汉卿发现，当场被捕。同年 12 月，艾中孚等 6 名假币伪造者被依法判处死刑，另外 15 名罪犯分别判处有期徒刑。

收藏于上海公安博物馆的《人民警察》1949 年第 1 卷第 8 期，刊文

《铁的纪律不容破坏》，专题报道了卢家湾公安分局便衣警察冯伯钧参与造假人民币一案。

第八期 人民警察 11

鐵的紀律不容破壞

馮伯鈞假造人民幣 送法院判罪

何國輝勒索受制裁

宋耀光勾結扒手關禁閉

《人民警察》1949 年第 1 卷第 8 期对卢家湾公安分局便衣警察参与伪造人民币一案作出的报道《铁的纪律不容破坏》

剿灭两大印制伪钞团伙

人民币地位的稳固确立，震慑了假币印制者。一些曾从事过这一非法勾当的人也渐渐悔悟。汪某某就是一例。他曾与一些假钞制造者沆瀣一气，然而随着越来越多的假币被查获，他深感如不及时改邪归正就必定走向末路。在公安人员教育下，汪某某决定向政府提供线索，痛改前非。

汪某某在圈内也算人脉甚广，他提供的线索中就有两个还未侦破的伪造假币案。

朱柏青，早在解放前就印造伪钞十余次，却从未失过手，堪称此业前辈人物，手下有陈复华、徐海泉等心腹。汪某某与陈复华算是同门兄弟，关系热络。

路渭川，解放前曾因伪造法币坐过一年多牢，但未吐露任何秘密。后来又伪造过5000元的华中币（1945年，华中地区由华中银行发行全区统一的货币），也是混迹“圈内”十多年的老手。据汪某某报告，他们现在正准备印制200元票面的假人民币。

7月11日，上海市人民政府公安局专门成立侦缉队组织侦查此案。经研究，决定利用汪某某与陈复华的私交，打进朱柏青团伙，详尽了解内部情形和住址等情况。

这天中午，汪某某对陈复华说，镇江轮船公司有个老板要买一部分假钞，请他想办法。陈复华深信不疑，马上答应。汪某某与陈复华碰头后，得知除了房子及烂铜板，其他均已准备就绪。汪某某说，轮船公司老板要货很急，希望尽快安排。第二天一早，陈复华电告汪某某，朱柏青已到浦东去看印票子的房子，13日下午到孟澜旅馆与他和徐海泉会面，商量印制计划。

侦缉队得此消息，立即商议破案计划。决定13日下午1时由陆、石两位队长分别率队行动。由陆队长等先到长沙路9号陈复华住地探听动静，石队长则等在孟澜旅馆设好埋伏（开房间）守候。陆队长与汪某某到陈复华住处时，陈已外出。留下两名队员在附近监视后，他们赶到孟澜旅馆与石队长会合，了解到徐海泉已在旅馆里，陈复华来过，但暂时离开了，说好四五点钟再来。

三点半左右，监视长沙路9号的队员报告有人进入9号，状似陈复华。陆队长等再回到长沙路9号，并与石队长约定，如陈复华不动则孟澜旅馆也不能动，以免打草惊蛇。

汪某某去敲陈家的门，果然是陈复华开门。汪某某进屋后与陈复华一边算着假币的赚头，一边闲谈。5点30分，汪某某出来报告陆队长，说朱柏青今天大概不会再回来了，但明天一定会回来的。陆队长当即布置，留下队员继续监视，明日再动手。

陆队长赶回孟澜旅馆，却不见石队长一拨人，电话联络也未得消息。

陆队长等刚回办公室坐定，石队长带领的一个队员匆匆赶来，询问长沙路陈复华那里的情况，并向陆队长报告说，孟澜旅馆那边已在当天下午4点30分动手，抓捕嫌疑人员七人。陆队长一听，立即带人火速赶往长沙路，抓捕陈复华。

当晚对所有被抓捕人员审讯。明确朱柏青未回上海，除陈复华、徐海泉两人，其余另涉案情，与伪造人民币无关。但陈复华和徐海泉仅承认参与此事，其他情况一概以不知搪塞。

14 日，侦缉队布置汪某某另找伪造假币人员关系。汪某某找到了陈复华的老婆。陈妻也与朱柏青相熟，谙熟伪造假币的门路。汪某某对陈妻叹息道：现在“生意”（指印制假币）不好做了。陈妻却说，朱柏青运气好，他从来没失过手。材料都已经买好了，不做太可惜了。现在就是缺人手，你来了正好帮忙。汪某某假意说，现在风头太紧，避一避再说。陈妻瞥他一眼，你胆子怎么变得小了啦，风头紧归紧，生意还是要做的，不然我们去吃西北风啊。这样，我带你去见老朱（朱柏青），听他说接下来怎么办。汪某某随陈妻到朱柏青那里，朱柏青也见过汪某某，只是不太熟。反正陈妻带来的都是一路人，就拉他一起干吧。商定后，陈妻托汪某某找烂铜板与印制假币的房子。其实她还有另一层考虑，让汪某某参与进来，可以对朱柏青有所牵制，防止他独吞“好处”。

侦缉队根据汪某某的汇报，给汪某某弄了一间亭子间。15 日上午汪某某带陈妻去看，陈妻满意，但表示还需由朱柏青亲自过目。朱柏青回复说，要与另一个叫唐煌的人去苏州看印钞房子，要到星期日（17 日）回来。可能就是因为朱柏青的多疑善变，才使他又躲过了一次追捕。很快，汪某某得到朱的消息，说苏州不去了，在火车站守候伏击的民警又扑了个空，但侦缉队并未因此丧失破案的信心。同时，通过这条线索，侦缉队还发现了另一个嫌疑人，唐煌。

侦缉队迅速查明，唐煌曾是中统特务，极有可能是两个伪造人民币团伙的中心策划者。

17 日，朱柏青与汪某某会面，商量看房子的事情。为了有效控制抓捕朱柏青的时间，汪某某说这间房子还有些瓜葛，朱柏青同意等汪某某把事情搞定后再亲自去看。同时，朱柏青要求汪某某去长沙路将照相机等制假工具搬出来，约定晚上 7 点送到长兴桥交给他。

陆队长得到消息，前往长兴桥预备盯梢。等到七点半，朱柏青果然来了，但这个人防范甚密，为防人盯梢，他竟然在自己身后布置了一个人，专门观察情况，足见他的心机。

当晚九点半，汪某某向陆队长电话报告，朱柏青约他第二天 9 点至 10 点到另一个地点听借房子的回音。同时，侦缉队又得知陈复华和徐海泉在监中有信托便衣警送到长沙路。侦缉队研究后觉得这信或许会对侦缉工作产生不利，这样抓捕朱柏青就更加重要了，于是决定第二天上午在路上实施抓捕行动。

次日，两名队员守候在到汪某某处的必经道路上，但朱柏青一直未出现。陆队长与汪某某分析的结果是，朱柏青下午必定会到陈妻或汪某某住处，于是决定在这两处路口守候。

下午，汪某某再次打电话报告，说朱柏青约他在先施或永安公司的某个走廊会面。这一次，这个狡黠多变、处处设防的朱柏青终于落入法网。

经过审讯，朱柏青供出唐煌住址。侦缉队迅速行动，随即将唐煌和陈妻抓捕归案。

唐煌到案后，又供出另一案件的主犯路渭川和他的制印假币所在地。当晚，由唐煌带路到虹桥机场以西四五里的一个孤立小庙内，当场抓捕路渭川等四人。经审讯，又发现另一个多年制造假币的老手徐三林的线索，他本来约定这次与唐、路二人合作，伪造百元人民币。清晨 4 点，徐三林在他的住址被抓获。同时查获的还有 100 元、200 元人民币钞版底稿，用于制假的照相机镜头及大量伪钞等证物。至此，朱柏青、路渭川两大印制伪钞团伙主要嫌犯均被抓获。

百元假钞

从一个窃盗嫌疑犯牵出印制伪钞惯犯

7 月 5 日下午，新成分局二股在审讯窃盗嫌疑人吴某时发现，两年前他曾因伙同日本人贩卖、吸食白粉被捕。侦查员随即翻出旧案卷宗，果然属实。再审时向吴某问及该日本人情况，吴某答道："他们有办法的""他们不卖白粉""听说他们做假钞票"。这些话引起审讯民警的高度警觉："你跟他们怎么联系的?"吴某摇了摇头："这帮人神出鬼没，没有固定地址。"民警联想到最近正在追缉的一连串制造假币案，认为不能轻易放弃这条线索，就从吴某开始着手查找。

不久，吴某因窃盗证据不足被开释。释放前，二股副股长王济川特地找到吴某谈话，告诫他今后要好好做人，将来可以到工厂里做工，为建设新中国尽一分力量。同时予以政策教育，要求他协助调查日本人制造伪钞的事情。吴某表示愿意协助，由其弟弟与分局联系。

数天后，民警从吴某之弟那里了解到一个名叫陈宝鸿的人一直在外面兜生意。民警几天跟踪下来，查出该人系韩国人，又名山本光辉。常住丹徒路某弄某号。在民警的布置下，吴弟佯装顾客，与陈宝鸿搭讪结交，吃酒白相，很快便热络得像一对亲密无间的朋友。民警很快探明丹徒路上的这个住址确系制造伪钞点，还有个专门制版的日本人荒田道川，对外名叫周连成。吴某向民警报告后，请出一名殷实商人刘君出面与陈宝鸿洽谈购买伪钞生意。陈宝鸿见刘确系商人，未起疑心，承诺于 7 月 19 日看伪钞样子，暗自庆幸做成一笔大交易。7 月 18 日晚，二股承办民警在小组讨论中察觉到陈宝鸿对吴某之弟已有怀疑的表现，决定抓紧时机展开行动。

第二天一早，晨曦微露，承办民警先打电话与各辖区分局联络，6 时 50 分按址分头出发，到丹徒路当场抓获周连成、陈宝鸿、王超三人，在屋内地下密室中抄出制版印刷两用机器、纸张、照相机及各种用于制造伪钞所需化学用品等。留下一名便衣民警在此守候其他犯罪嫌疑人。后承办民警将三名嫌疑人带回分局审讯，但三人均矢口否认，称自己是正经的印刷商人，所查工具也是正常印刷所用。

承办民警决定先冷一冷，这三人中只有对陈宝鸿有过先前的接触，因此向吴某之弟了解相关情况，认为陈宝鸿性格上比较直，可以尝试突破。

再审陈宝鸿时，对他教育后表示："我们知道你是被人利用的，如果别人把罪都推在你身上，你怎么办？"陈宝鸿一听愣了一下，然后说："我就是被人利用的，我做了什么都讲得明白的。"承办员又激他一下，"讲不讲，就看你自己了。你不讲，别人也会讲。到时候你不要后悔啊。"陈宝鸿着急起来，"我讲，全部讲。"接着，承办员押解陈宝鸿到云南路某号曹光荣处搜出旅行袋一只，内装人民币200元底版、美元20元底版与石印两块，同时拘捕同案嫌疑人曹光荣、杜某瑜等。接着在蓬莱路观音弄拘捕同案嫌疑犯桂阿六，抄获制版用的木架、仪器，连同其他证件一并带回局里。但据民警掌握线索，这个制假团伙并未悉数到案。陈宝鸿表示他已经提供了他知道的制假人员，其他的要问周连成。周连成城府很深，不肯招认。承办民警正告他，陈宝鸿已坦白，证据俱在，周连成终于供出同伙翁连生、姚云龙、王兆奎三人，他们经常在文庙茶室聚头。在民警的控制下，周连成到茶室与翁、姚等接洽伪钞生意，翁连生、姚云龙两人被拘捕。紧接着，王兆奎在中华路家里落网。留在丹徒路的守候民警也已拘捕另一名嫌疑人四本猛夫（日籍），经讯问，供出与周连成一起做过美钞伪版，并交代出王贤辅、李纯贤两名后台老板。王贤辅在威海卫路某号被抓捕归案。

伪造人民币案涉案罪犯被押赴刑场

至此，除李纯贤外，这个伪币制假团伙成员均已落网。审讯表明，该团伙成员多为制造假币惯犯，主要犯罪嫌疑人、核心成员周连成从事印刷工作30年，曾任上海印刷所图画部主任、中央印制厂图画部主任、英美烟草公司照相部副主任、美术专门学校油画教授等职，在团伙内掌控印刷技术，以假乱真，鱼目混珠。此案的侦破对刚刚进入流通市场的人民币意义十分重大。

整肃根绝：地下钱庄的末日

——来自杨浦分局的取缔银圆贩子报告表

孙建伟

银圆唱主角，蔓延市井；物价无限涨，危及民生。商店茶馆、舞场酒吧，甚至银楼、柴炭行都成了银圆黑市交易的掩蔽所。从解放初期的炎炎夏日到凛冽寒冬，上海市各级公安机关继打击金银、外币非法贩卖活动之后，再下重手，断然取缔地下钱庄及非法私营拆放活动，坚决捍卫正常经济秩序，稳定民生。在上海公安博物馆内留存的一张“杨浦分局取缔银圆贩子报告表”，印证着当年那些事……

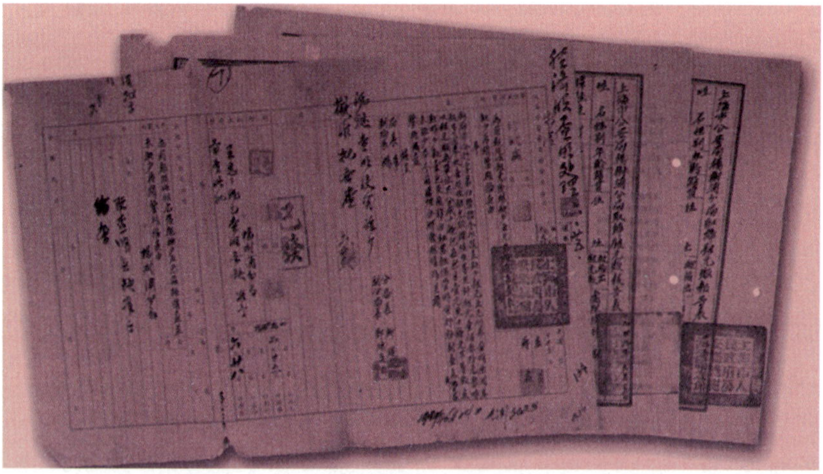

杨浦公安分局取缔银圆贩子报告表

国民党时期通货膨胀、投机盛行，引发民众对货币失去信心，导致解放初期的上海地下钱庄银圆“坚挺”，私人拆放现象相当普遍，一些失业人员、小贩、商号也以此兼作副业，一时蔓延大路小街、市井弄堂，泛滥成风。少数匪特勾结地痞流氓形成非法团伙，趁机兴风作浪。一些地下钱庄在物价发生波动时，假借厂商银行之名，助长市场投机行为，刺激物价上涨，无限制抬高利息，扰乱市场，严重妨碍正当工商金融经营活动，危害市民生活。

上海学生举行反对银圆投机，保障人民生活大游行

隐藏在烟纸店里的金钞黑市

1949 年 7 月上旬，虹口分局接关系人报告，东长治路东盛烟纸店郑姓店主正在经营黑市金钞。

一天后，东盛烟纸店来了一位客人，与郑店主搭讪了几句，店堂里立刻乡音缭绕起来。郑店主把耳朵上夹着的烟拿下来递给客人，客人推辞，从自己的包里拿出一包香烟，熟练地颠出一支，郑店主眉开眼笑：“啊呀，大前门，老乡太客气了。”

客人给郑店主点上烟："我姓钟，阿四叫我来寻郑老板。"

"好，好。跟我来。"走到里间，两人坐定。郑店主说："钟先生请讲。"

钟先生说："那我就直说了，听说你这里有美钞。"

郑店主沉吟着说："有点儿，但是不多。钟先生要多少？"

"我要这个数。"钟先生把两只手全部摊开，晃了晃。郑店主眉头皱了下："没这么多啊。"

钟先生看了看他："郑老板觉得这事有问题吗？放心，我是跑单帮的，一个人独来独往，不会走漏风声的。如果郑老板觉得为难……"

郑店主顿时换了一副脸："现在很多人都在做，有啥为难的。就是我这里没这么多。"

"有多少算多少，来日方长嘛。"

很快就成交了30元美钞。两人约定，第二天再成交1000元。

钟先生环视一下周围，向郑店主抱拳而去。走出店堂，钟先生骑上自行车，直奔虹口分局向领导汇报。这位钟先生就是接受此次侦查任务的民警老齐。

第二天，老齐带上民警小邵一同前往东盛烟纸店。另有六个民警蹲守在商店附近要道和前后门。老齐见郑店主等在店门口，伸手打了个招呼。郑店主迎上来，热络得像兄弟一样。老齐指着小邵说："这是我的伙计。"郑店主在前面带路，穿过光线黑暗的走廊，又拐上二层阁。老齐拿出500万元人民币给郑店主，郑取出400美元说："钟先生，如还不够，我让伙计到乍浦路的贸易行去取，你等一下。"老齐对小邵示意，要不你跟他一起去？小邵会意，快步出门，对蹲守警员做了个手势，蹲守警员立即紧随而去。伙计带过来300美元给郑店主，郑店主对老齐说："就这些了，加上六两黄金就算作押吧。"

话音刚落，郑店主就觉得自己的腰被一个硬家伙顶了一下。老齐说："不要动，我是人民警察。"郑店主浑身抖了一下，结结巴巴地说："钟先生，我们是老乡啊。"老齐说："谁跟你是老乡？给我站好，别再抖了。"郑店主不甘地看了一眼这位才认识了一天的"钟先生"，兀自摇了摇头，嗨，还不是怪自己，又垂下头来。伙计更是筛糠一样。小邵一把抓住他的肩膀，不让他乱动。蹲守民警见到老齐的行动信号，冲进店里，控制了店堂。

警员在乍浦路贸易行二层阁地板下机关的一只小铁箱里抄出黄金50

两、银圆14枚、电话1部。又抓获前来买卖金钞的几个人，查获黄金、美元若干，一并带回分局处理。审讯后，又在该贸易行查获黄金9两。共计抓捕涉案嫌犯30人，查获黄金61两、美元769.25元、银圆14枚、人民币92万元、电话机3部。

收缴的银圆

三条路划出一道黑市行踪

进入盛夏的7月中旬，黑市交易也像一股邪火蹿腾着。新成分局接报，福州路会乐里有部“97477”的电话涉嫌黑市交易，民警迅速前往电话公司侦听，又去会乐里暗访，证实确有此事。幕后操纵人为应某，以某轮船公司名义交易。同时又发现“35068”“38685”两部电话涉及其中，侦听发现，黑市交易量远远超过会乐里，是个很有“实力”的大型机构，操纵人为蒋诚良、徐礼国。两部电话来自西摩路（今陕西北路）某弄某号。

中午11时，一个戴着凉帽的青年男子从西摩路一住家出门，一个小时后到达重庆路马立斯新邨某号，下午一时半到仁记路（今滇池路）某号某室，5时回到重庆路。第二天上午8时再次出现在西摩路。

这条行踪轨迹都被警员全程记录下来，它究竟意味着什么呢？连续几天的跟踪，这条轨迹丝毫不差，十分守时。进一步侦听电话并分析交易记录，线索渐渐清晰起来。西摩路是交易地点，重庆路是家中（藏货款地点），仁记路为交割点。

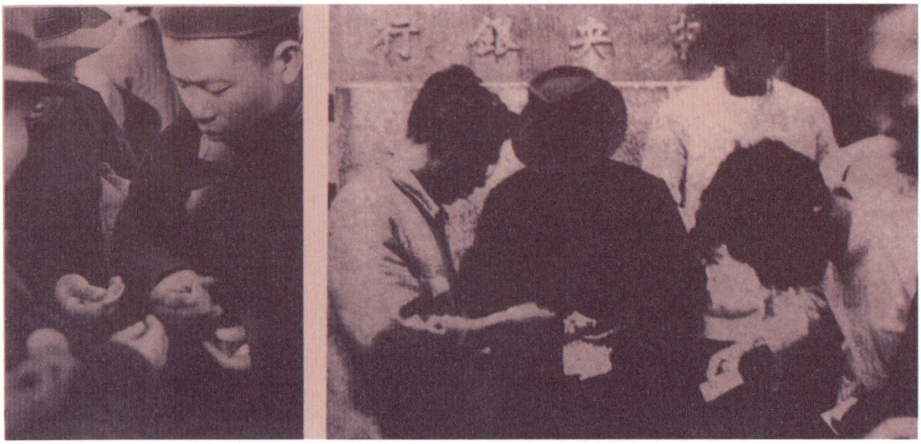
银圆贩子在马路上买卖银圆

根据对已掌握材料的分析，这个黑市交易的黄金超过200两。人货并获非常困难，但又不能听任黑市交易，分局经过研究，决定对嫌疑人实行拘捕。

几天后，仍是11时，骄阳似火，依旧戴着凉帽的青年匆匆走出家门，却被迎面过来的两个男人挡住了去路，“你叫蒋诚良吧？”凉帽青年愣了一下，支吾着说：“你们是谁，找我有事？”

“当然有事，我们是公安局的，请跟我们走一趟。”

“走一趟，我有什么事？”

“你自己做的事不会不知道吧？”

“我做的事都是合法的，凭什么跟你们走？”

“那我给你透露一点儿，你从西摩路到重庆路再到仁记路，不是上班吧？”

蒋诚良头上微微沁出一层汗，但还是强作镇定：“你管我干什么？军管会又没有实行管制，这些路不能走吗？”

“路当然能走，可你一定知道走这些路干什么，我们当然也知道。不用我再多说了吧。”

“你们非要这么说，我可以跟你们走。不过，我要回家拿点儿东西。”

“不用拿了，我们都给你准备好了。你听好了，”民警知道蒋诚良企图毁灭交易记录，口气严肃起来，“我们给你面子，不对你动手，但你要是不配合，我们就没办法了。”

蒋诚良无奈，只得跟着走了。

接着，徐礼国及掮客陈伦裘等被抓捕。民警接着在几个涉嫌黑市交易点同时展开抓捕行动。在仁记路买金钞的李某、夏某，福州路的应某、洪某等轮船公司职员相继归案。同时还查获交易账册等证物，但现场未能查获金钞。

到了分局，民警把证据一摆，蒋诚良似乎不再犟头倔脑，认栽了。不过，问到藏匿黄金的地点，蒋诚良坚持说就做过这些，然后就牙关紧闭了。明显是想丢卒保车。民警接着找情节较轻的掮客陈伦裘，晓以利害关系，陈伦裘供出重庆路马立斯新邨蒋诚良家就是金货藏匿之处，还交代了他们的交易暗语。民警立即前往搜查，但未有所获。看来此人心机重重，早有防备。

回到局里再审蒋诚良，他开始装傻充愣，一会儿胡言乱语，一会儿痛哭流涕。民警突然说：“你的那些‘黄卡其’的下家我们已经找到了，你在他们眼里可是不得了的人物啊。”

蒋诚良一直嘟哝不停的嘴像被塞了一团棉花，戛然而止。他听到另一个民警继续说：“还有‘花布、红茶’，还真是有一套啊。”蒋诚良想，“黄卡其”就是黄金，“花布、红茶”就是美钞。这是他们的黑市交易行话，公安连这个都知道，看来躲不过去了。这时他看到审讯室门打开，又进来一个公安，喜形于色地问审讯他的同事：“这个人怎么样，交代了吗?”

蒋诚良像突然遭到重击那样颤了一下，这个瞬间被民警捕捉到了，知道有效果了。只见蒋诚良脸色惨白，汗又从脑门上沁出来。民警想，你嘴巴硬，心里想什么全都在脸上了。那就再给你加个码，“蒋诚良，要抓紧时间啊，你不说，别人也会说，到时候别说我们没给你宽大的机会。”

蒋诚良抹了一把脸，手上竟是湿漉漉的，他知道熬不下去了，腮帮上的肌肉一紧一松，终于下了决心：“我说，家里还有 12 条大黄鱼。”

民警立即到蒋家搜查，但不见 12 条黄金的踪影，立即与蒋妻联系，告之蒋诚良已全部招供，让她交出用作黑市交易的黄金证物，蒋妻见事已至此，只得把黄金带到分局归案。

蒋诚良和徐礼国的妻子见丈夫罪行重大，十分担心。民警抓住机会让她们在探视时做丈夫的工作，继续交代同伙，真诚悔过，立功赎罪。不久，蒋诚良和徐礼国供出他们的每日黑市行情来源于“96879”“98649”两个电话号码。民警查实，这两部电话的所有人是天津路上的一家土产公司。一面侦听，一面派员以访友为名进入内部观察。这一观察让人大吃一惊。侦查表明，这是一个大型地下黑市交易市场。分局领导下达逮捕指令，一锅端掉田某等30余名地下交易嫌疑人团伙。同时查获美钞200元、人民币57万元。

接着，经蒋、徐两人指认，一些参与黑市交易人员在茶楼、舞场、酒吧等处相继归案。慑于打击威力，王某某、徐某等60余人投案自首。全案共查获黑市交易黄金389两、美钞5128元、人民币700余万元。

狡兔三窟的地下交易

8月1日，嵩山分局接到一封匿名信，密告位于隆昌路的老宝成银楼经理洪圭磬、账房严松茂，每天在隔壁的生生照相馆楼上电话经营非法黄金美钞买卖。嵩山分局一股营业组当即研究展开侦查。只是来信并没有说明黄金美钞藏匿的处所和交割地点，所以不能确认匿名信的真实性。

第二天上午，生生照相馆先后来了两位客人，伙计迎上来，带他们到楼上摄影间，趁一位坐下拍照时，另一位四处转了转。拍完照，前后脚出了照相馆。他们俩是嵩山分局的民警老陈和小叶。

差不多同时，在电话公司的老张和小伊正在侦听生生照相馆的电话。

当天午后，情况汇总起来，匿名信属实。但洪圭磬不在生生照相馆内，而是在38680号电话的所在处所。生生照相馆仅是他们经营黑市金钞买卖初步接头的地方，这里由严松茂“把守”，如有买卖金钞电话，必须经他确认可靠，再转到38680号与洪圭磬接洽。

民警立即调查38680电话处所，机主是威海卫路赵根记柴炭行。当夜，侦办人员再次研究，决定3日早晨由小叶到电话公司侦听生生照相馆与赵根记柴炭行的电话，老张化装成买煤炭的顾客到赵根记实地观察情况。小张、小孙、小陈三人分别去老宝成银楼和生生照相馆，监视前后门，详细记录出入人员的面貌、性别、身材、特征、服饰以及行踪、出入时刻等情况，提供执行搜捕任务参考。

3日下午各方调查又掌握了新情况，洪圭磬确实在赵根记柴炭行内，还有一个叫应永章的协助经营。大多数在老宝成银楼进行货款交割，且大多从后门出入。上午 9 点到 11 点是交易最旺盛的时段。

在分局布置下，决定于 5 日上午 9 点 30 分在柴炭行、银楼、照相馆三处同时实施抓捕，并抽调保安组民警增援营业组协助破案。参与行动人员共分三组，分别抓捕嫌疑人及证物。控制金钞地下交易点老宝成银楼前后门，一并拿下前来参与地下交易的相关人员。

9 点 15 分，三组成员分头出发，9 点 25 分各自到达指定地点，确认九点半同时开始行动。行动展开后，第一组在赵根记柴炭行抓获本案主要犯罪嫌疑人洪圭磬等 6 人，并查获金戒指、美元、支票、账单及对讲电话记录等证物；第二组在生生照相馆抓获正以电话接洽黑市交易的严松茂及照相馆老板杨学刚；第三组在搜查期间抓获"送上门"的嫌疑人姚绍根、邵根棠。到下午 2 点，该组又抓获徐祖祥等 21 名犯罪嫌疑人，查获金块、金饰、现款、账册、对讲电话等证据，一并带回分局。

此次行动共抓获洪圭磬、严松茂等 29 名犯罪嫌疑人，查获黄金 33 两（包括饰金）、美元 20 元、用于买卖金钞的人民币 1056000 元、支票 1276000 元、对讲电话 2 部（赵根记和生生照相馆各 1 部）及其他账册等证物。经审讯，周继青等 8 人证据不足，朱连生等 7 人情节轻微，酌情罚金，一并具保释放。洪圭磬等 14 名犯罪嫌疑人涉罪重大，依法予以扣押，报请市公安局核办。

这起案件破获后，反映出参与金钞黑市买卖者行动诡秘，狡猾多变，接头、议价、成交狡兔三窟、分散联络的特点。为了使查获的证据环环相扣，市公安局根据前期掌握的调查材料，再次确定 37 家重点打击对象，制定了精心经营、缜密部署的侦查策略。配合华东财委会金融处抽调 125 人组成 37 个行动小组，于 1949 年 11 月 25 日上午 8 时同时展开现场抓捕行动，当天晚上 7 时全部结束。共捣毁地下钱庄 25 家，专营黑市黄金、美元买卖者 1 家，抓获 110 人，查获票据 4.17 亿多元（旧币）、人民币现款 1311 万多元（旧币）、黄金 30.882 两、美元 294 元等财物。查出有经营拆放或贩卖黄金、美元证据的，凡属黄金、美元、支票、人民币及账册簿据、账册等均须缴出，与拆放无关人员或未能查出经营拆放证据者及情节轻微者，均当场教育具保释放，其余一并送公安局暂押，查获交易的黄金、美元、账册等交金融处点收。

这次大规模取缔行动沉重打击了地下钱庄及私营拆放活动，然而少数惯于拆款做本牟取利润的不法商人仍暗中继续活动。因此，取缔地下金融非法活动成为一项常规性工作。从 1949 年 12 月到 1950 年 4 月，公安机关会同金融市场管理部门，共受理举报地下钱庄、私营拆放等线索 74 起，经查证确有违法行为的有 55 家。按其情节轻重分别移送法院处理或登报悔过、教育具结、罚款等处理。在此期间，还破获伪造、买卖金银案 17 起，抓捕 37 人，传讯 20 人。查获银圆 5058 枚，用于非法买卖银圆的人民币 1308870 元，美钞 823 元，黄金 31 两。新成、黄浦、静安寺、嵩山、江宁、虹口、北站、提篮桥等分局共侦办该类案件 1600 余件。取缔金融投机

上海公安博物馆陈列的取缔银圆贩子的相关展品

及地下交易的重大战役，就像定海神针，使人民币在上海站稳了脚跟，从根本上结束了上海市场上“黄（金）、白（银）、绿（美钞）”的历史，受到各界一致支持。人民银行还在各处（包括一些小菜场）设立临时办事处挂牌便民收兑，对全社会打击地下钱庄黑市交易达成共识起到了积极作用。

到 1950 年上半年，也就是上海解放一周年之际，据各分局情况反馈，龙华、江湾、长宁、蓬莱、常熟、榆林、斯盛、大场、新市街、新泾等区银圆贩子均告绝迹。其他区域零星出没“打游击”的地下交易也逐渐销声匿迹。

把“鬼”变成人：上海解放后的妓女改造运动

缪国庆

1951年11月上海市人民政府公安局制发的《关于取缔娼妓工作的具体办法》以及同年12月上海市人民政府公安局制发的《查封妓院房产处理办法》，合称“上海‘禁娼令’”。

或许，后人会因此感觉奇怪：按理说，对于旧社会遗留下来的娼妓制度，共产党领导的人民政府是绝不允许在新社会继续存在的，那么，为什么在上海这个娼妓为害甚烈的大都市，偏偏就没有像北京那样一解放就立即予以取缔，相反还准许妓院继续开业，直到上海解放两年半后，才明文下令禁娼呢？

“上海‘禁娼令’”制发的“迟”或“不迟”，事情还得从头说起，还一个历史的真实——

收容人员对“妓院主”“老鸨”的控诉大会

“东方花都”的娼妓行业

娼妓，曾经是一个以女性为玩物、行娱乐的特殊社会行业。

在半殖民地半封建时期的旧上海，这一行业是社会经济收入的一大财源，妓院经营者只要每季缴纳“花捐”，定期接受检查，就允许公开营业，此中的妓女被称为“公娼”；而那些不纳税、私自卖淫的妓女，则是“私娼”。在旧上海，“公娼”“私娼”分门别户，种类繁多，如书寓、长三、幺二堂子、花烟间、钉棚、老虫窠、咸肉庄、淌排、碰和台子、野鸡等；此外，还有专事接待外国人的妓女，如咸水妹、广东妓院；还有纯粹的外国妓女，诸如白俄妓女、东洋妓院等。每当夕阳西下、华灯初上时分，丽姬艳妓，管弦声沸，脂香粉腻，花天酒地。据不完全统计，在20世纪30年代，上海娼妓人数多达12万之众，冠甲全国，难怪上海被人称作“东方花都”。

20世纪初福州路上妓院、烟寮、书场、酒楼、商店比肩而立

表面“珠香玉笑”“朝欢暮乐”，实际上只是含悲忍辱、强颜欢笑而已，确实，旧上海的娼妓遭受着多重剥削压迫，除了老鸨的吸血吮髓外，尚有巡捕房的花捐班来收取“花捐”；下等的“野鸡”，要靠流氓作撑头，还要每月交付“黄鱼税”；再下等的“钉棚”，更是随便什么人都可以欺负。

妓女出堂会由龟奴扛在肩上而行，这是当时沪上奇景之一

旧上海的娼妓，绝大多数出身贫苦家庭，有的是被拐骗，有的是被引诱，有的为还债卖身，有的于生计所迫。解放初期，据上海市民政局对堕落为娼原因进行调查，在1344名娼妓中，因生活困难，被迫、被卖、被拐骗当妓女者有1301人，占比96.8%；其他原因43人，占比仅3.2%。而娼门的悲剧俯拾皆是：一旦落入火坑，则会终生受到老鸨、龟奴和流氓的钳制，未嫁的女子从此不得回乡，已有家庭的妇女则将抛却父母、丈夫、子女。想从良的根本逃不出魔掌，生了病的一直要到断气才算了却此生。一个名叫陈其年的作者在《妇人集》中所说“此辈中人以五年为一世”，其实并非夸张，人老珠黄被一脚踢出门外而饿死路旁的不乏其人。妓女王莲英的悲惨遭遇便是其中的一个缩影：一天，一个流氓跑马输了钱，哄骗她上了汽车，说是开到北新泾去兜风，结果不仅抢了她随身所戴的首饰，还将她活生生地勒毙在麦田里。

旧上海妓女使用的名片

由此可见，这支人数庞大的娼妓队伍，既是旧上海罪恶落后、贫富悬殊的一个突出标记，也是半殖民地半封建病态社会的一个恶性肿瘤。虽说在娼妓存世期间，“禁娼”一词时有提及，但变通之法也随之应运而生。特别在抗日战争胜利之后，国民党上海市政府更是向市参议会提出开放娼禁，理由是：如果“厉行禁绝，势必激成失业大潮，影响社会安宁”；如果不开放娼禁，会使“市政府损失一项重要财源”。为此，还专门制定了“化零为整、化繁为简、化私为公”三原则，提出禁娼步骤：“化私为公”，就是全面实行公娼制；“化零为整”，建立集中的“风化区”；“化繁为简”，即将卖淫场所统一改为妓院，使一批变相卖淫场所成为公开合法的妓院，使分散的卖淫活动集中为大规模的“人肉市场”。如此“禁娼”，真可谓滑天下之大稽！

陈毅警卫夜遇暗娼的背后

1949 年，解放大军摧枯拉朽，对国民党政权进行最后的毁灭。

上海解放前夕，经常涉足妓院寻花问柳的国民党反动分子、流氓恶霸和有复杂政治背景的妓院主纷纷逃往香港、台湾，一批妓院自行关闭，妓院、妓女显著减少。即便如此，1949 年 1 月，在国民党上海市警察局正俗股登记领照的妓院仍有 800 多家、妓女 4000 多人，而未经登记领证从事卖淫的私娼则超过公娼数倍，她们游荡在马路上沿街拉客，既影响市容，也毒化了社会风气。

陈毅市长的警卫在上海解放初期就曾经有过一次夜遇暗娼的经历——

那天夜里，陈毅市长在延安东路共舞台看戏，警卫战士穿着便服在市长坐的汽车附近警戒。突然，一个十六七岁的小姑娘上前拉了拉他的衣袖，脸上勉强堆着笑容，向他伸出两个指头，轻声说：“困一夜，两块钱，阿要？”警卫战士猛然挣脱，大声呵斥：“你干什么？”把那个姑娘吓得直往漆黑的弄堂跑去。陈毅市长看戏出来，警卫战士一五一十地作了报告，陈毅市长不禁感叹说：“今天吓跑了，明天她照样又到街上拉客，可悲啊！”

陈毅市长又何尝不想立即废除娼妓制度，还上海以一片净土。

早在 1949 年年初，中共中央华东局在江苏丹阳县研究制定上海解放后的接管改造工作时，就已经多次讨论过这个问题。有一部分同志认为，对如此丑恶的社会现象，一天也不能容忍，主张一解放就明令禁娼。陈毅因此找了党内外的许多同志，包括上海地下党的同志、情报系统的同志以及对妓院情况及其背景较熟悉的同志，开了多次专题会。在会上，绝大部分同志认为不能马上取缔，因为上海这样的十里洋场，万恶渊薮，百废待兴，如果一解放就取缔，不仅没有足够的医疗条件为妓女医治性病，更没有专项的经费为她们安置就业，其结果只能把她们从妓院推到社会上去，使她们流离失所、暗中卖淫，陷入比公开挂牌更惨的境地。既然要收容妓女，就该对她们的出路和新生负全部责任，而决不允许出现这样的悲剧。综合大家的意见后，陈毅认为："刚进去（指进上海），恐怕还不能马上解决妓女同题，只好让她们再吃几天苦吧。不过，一定会很快解决的，将来在中国的语词中，'妓女'这个词必将成为一个历史名称！"

正是基于这样的考虑，在丹阳时，党组织就秘密通知地下党上海市委，熟悉当前妓院情况，并且要求同妓院打过交道的同志不要分散，全部集中在公安系统，准备将来作为收容改造的骨干力量使用。

为上海全面禁娼创造条件

在曾经的"东方花都"，禁娼怎么禁，确实是一个重大课题。

上海解放不久，社会秩序尚未安定，各方面社会条件还不成熟，对妓院妓女不可能全部取缔，私娼人数在一段时间内更是居高不下，其中，既有原本秘密卖淫的，也有从已关闭妓院中的公娼转换而来的，还有从已禁娼的地区跑来上海重操旧业的，还有被流氓、恶霸从安徽、江苏等灾区引诱、拐骗来沪的，不一而足。如果单纯派警察上街逮捕，未必能够清除干净。再说，当时社会上流传的谣言也很多，譬如，"共产党经费困难，要卖妓女，年轻漂亮的1500元，最丑的也要卖300元"，又如"解放军打台湾，要把妓女绑起来放在前线踩地雷，为解放军开路"等，弄得娼妓人心惶惶、情绪十分对立，弄得不好，欲速则不达。

因此，要在上海全面禁娼，就必须因地制宜、因时制宜，"三管齐下"创造条件——

其一，决定暂时采取限制妓院妓女发展的过渡办法，允许妓女继续操业，通过管理教育，从多到少，从少到无，达到逐步消灭。

1949 年 6 月，上海市公安局责令全市妓院进行登记，审核发证，规定：允许原有妓院妓女申请登记，领证营业。登记发证的原则是，妓院妓女应在原有基础上，以登记一次为限，以后只准减少、不准增加，同时为了避免产生暗娼，对解放前后盲目退证的妓女，如生活确无依靠且暗中进行暗娼活动的，也准予进行登记。但对于新开设妓院，新来妓女（过去未做过暗娼的）则一律不准。同年 7 月，市公安局又进一步制定了《管理妓女妓院暂行规则》，共 14 条，经市人民政府同意，分别向妓院宣布，主要内容为：保障妓女人身自由，废除妓院妓女间一切非法契约和制度；禁止在妓院内吸毒、聚赌、摆花酒，以妓院作为交际场所；规定妓院不得接待来历不明的狎客等。对违反上述禁令者，进行罚款、拘役及封闭等严厉处分。与此同时，上海各报发表了“妓女要求脱离卖身生涯，‘龟门’要赎身费违法”“妓女是什么成分，政府对她们是什么态度”的法律问答，支持妓院自动停业，妓女自行跳出火坑。其间，还明确指出：妓女是受害者，其成分应视情况定为“游民”“劳动者”或“城市贫民”。人民政府将帮助妓女改造思想，医治性病，有家可归者送其回家，有结婚对象者助其成婚，无家可归、无偶可配者，则组织她们学艺，从事生产劳动。《管理妓女妓院暂行规则》发布的目的，在于安定社会秩序，防止匪特、歹徒、散兵游勇混迹于妓院，进行各种破坏活动，同时便于对妓院妓女进行管理。

公安机关还制定了一系列管理制度，严加限制。例如，狎客一律进行登记；妓院必须备有一定的卫生设备；妓女每月必须到卫生局检验身体，患有性病和怀孕妓女一律不准接客，妓院主应负责医疗费等。与此同时，公安机关还组织力量进行日常或突击检查、抽查，以保证各项规定的切实贯彻执行。

妓院营业由此受到很大影响，特别是在 1949 年 11 月北京封闭妓院的消息传来以后，妓院妓女极为恐慌，纷纷要求退业。妓院退业的目的是逃避制裁、保存财产；妓女退业的目的是怕收容改造。因而，当时妓女改业、从良、回乡生产的人数日益增加。为了防止退业后妓院变为私设妓院、妓女变为暗娼，公安机关规定妓院退业必须找保，妓女退业除找保外，在她们回乡后，须由当地户口机关在通知上盖印证明，寄还本局。同时，公安人员还经常到退业妓院、妓女家中进行联系访问，确保公娼退业后不再做私娼。

由于公安部门的令行禁止，以及社会各界的大力宣传，一些妓院不敢接待按规定不得容留的狎客，而狎客也生怕留下姓名、地址后，公安机关会通知其工作单位，或调查其经济来源，引出麻烦，而不再涉足妓院。随着狎客减少、营业清淡，一批妓院相继自行停业，妓女数量逐渐减少。时至 1949 年 10 月，上海公安机关重新办理妓院妓女登记，妓院已由刚解放时的 525 家减少至 264 家，妓女从 2227 人减少至 1243 人。

其二，采取必要的打击手段。

对私娼，上海公安机关则采取了驱赶、警告和收容教育的办法，并重点打击幕后操纵、胁迫私娼卖淫的私娼主和台基主（提供卖淫场所的人）。

1949 年 10 月 18 日，有一个叫杨奇凤的 16 岁少女投书《大公报》，声称她原籍镇江，因哥哥被国民党抽壮丁，家中难以糊口，遂被一萧姓女人拐卖来沪，当了暗娼，在萧的逼迫下，她傍晚到大世界当“野鸡”，白天到先施公司兜圈，已经被摧残得不成人形。来信人透露了她卖淫的场所，求《大公报》速将此信转妇女救济会。这位解放后还生活在火坑之中的少女声泪俱下地呼喊：“先生，请你们伸出正义的手，救救我……”《大公报》社会服务部当天下午就将此信转到嵩山公安分局。当晚 12 时，嵩山分局出动四名民警，按杨奇凤提供的地址，一举抓获了拐卖人口、逼良为娼的萧姓夫妇，依法加以严惩，并救出了少女杨奇凤，派人护送回乡。

最后，设立妇女生产教养所，收容一批无家可归、流落街头的私娼，让她们学习生产技能，安置她们就业。

1949 年 9 月，上海市民政局曾对 1334 名妓女的年龄、文化程度、沦娼原因进行调查，其中，16~24 岁的占 69.7%，25~35 岁的占 29.6%，36 岁以上的占 0.7%；文盲的占 86.4%，小学的占 12.1%，中学的占 1.5%；因生活困难被迫、被骗、被卖当妓女的占 96.1%，其他原因的占 3.9%。在长期的精神和肉体摧残下，她们普遍染有性病，人性被磨灭，感情变麻木，残酷的生活也改变了她们劳动人民的本质，好逸恶劳，散漫放荡，有的人因受妓院诱骗和频繁接客需要，还吸毒成瘾。

1949 年 11 月，经上海市人民政府批准，民政局在泰兴路 601 号开设了一家妇女生产教养所。公安机关会同民政部门先后收容了 400 多名流落街头的妇女，其中大多数是私娼和乞丐，有60%染上了吸毒恶习，30%患有梅毒，70%患有其他疾病。这些流浪妇女在旧社会的遭遇各不相同，但最终都是贫病交加、无处安身。担负收容工作的同志本着革命人道主义精神，为她们剪发、送衣、铺床，帮助她们戒除吸毒恶习。市政府还专门派了性病专家和内科大夫为患者治病。之后，又按12至13人一班组织起来，学习过有规律的集体生活。

亲人般的体贴关怀，使她们感受到从来没有过的人间温暖。她们中有的托人捎信劝过去的姐妹赶快结束卖淫流浪的非人生活；有的埋头学习缝纫，争取能依靠自己的双手挣光荣钱；有的要求参加修桥筑路，洗清"有罪之身"。1950年3月7日，当身体恢复健康，并掌握初步的劳动技能后，她们和其他被收容的游民一起，迁徙到苏北农村开荒落户，参加劳动生产。

废除娼妓制度"水到渠成"

经过两年半的准备，全市的妓院只剩下72家，妓女（公娼）仅181名，私娼数量也明显减少，禁娼的条件和时机已经成熟。

1951年11月中旬，中共上海市委发出《关于本市处置娼妓计划》。市公安局根据中共上海市委指示，召开了设有妓院的老闸、黄浦、嵩山、新成、虹口、提篮桥、北站、卢家湾、静安寺九个区公安分局局长会议，传达禁娼计划和工作步骤。11月13日，市公安局遵照市委《关于本市处置娼妓的计划》，召集本市残存妓院主训话，宣布妓院为非法，收回营业执照，命令立即停止营业。11月23日，市协商委员会第七次会议讨论通过"取缔妓院，解放妓女"的决议，市政府执行决议，命令市公安局和民政局立即组织实施。11月25日21时，市中心九个公安分局统一行动，首先在各个游乐场、马路上收容私娼320人。当晚11时，查封对抗政府法令，继续营业的72家妓院，逮捕妓院主、老鸨、龟奴334人，同时收容妓女181人，全部送往民政局设在通州路418号的上海妇女教养所。

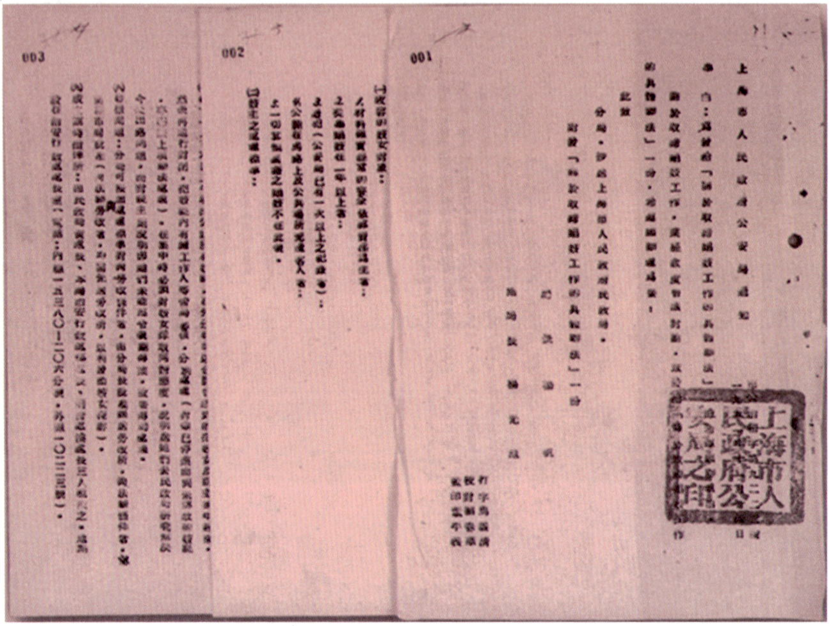

上海市人民政府公安局通知

上海市人民政府公安局之印

1951 年 11 月，上海市人民政府公安局向全市发布收容改造妓女的通知

收容的妓女被送往民政局设在通州路 418 号的上海妇女教养所

收容人员积极参加劳动生产

1951 年 11 月 25 日上海公安机关查封残存的 72 家妓院

在“禁娼令”的实施中，上海的妓院全部关闭，上海娼妓全面取缔。被收容教育的私娼妓女在得到治疗和安置后大多数表现较好，有的成为农业生产能手，有的成为工业生产骨干，不少人被评为积极分子、先进生产者、三八红旗手，大多数人组建了家庭，而后又有了自己的子女。

一场震惊中外的“妓女改造运动”，既使“东方花都”这一耻辱的称号一去不复返，也使“旧社会把人变成鬼，新社会把鬼变成人”这句话成了废除娼妓制度最形象不过的赞语。

这一切，也因为“水到渠成”。

肃毒和戒毒：一场没有硝烟的人民战争

缪国庆

在上海公安博物馆为数众多的馆藏品里，上海解放初期收缴的吸毒工具以及沪南戒烟医院的历史照片或许并不引人注目，但从禁毒工作的长期性、艰巨性来看，解放初期开展的那场没有硝烟的“禁毒战”却值得大书一笔。

其意义，不仅只是为了“存史”，更是为了“警示”——

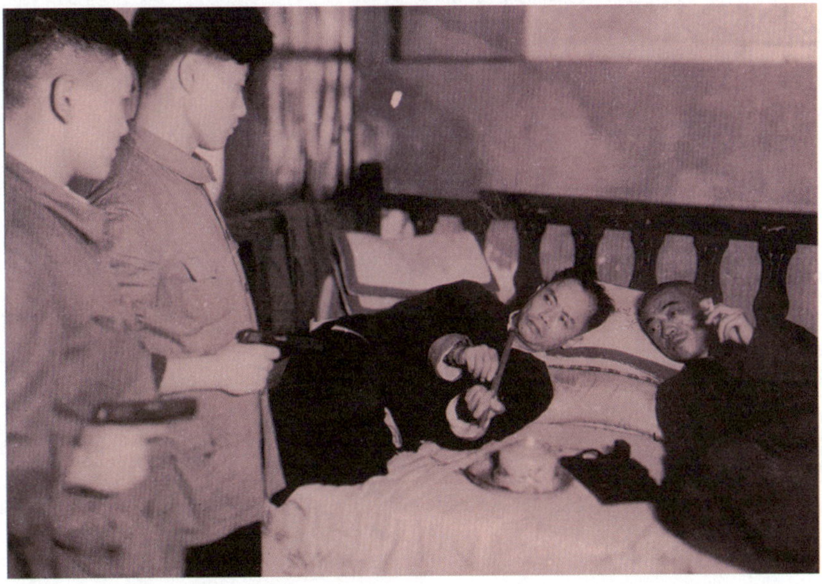

上海公安机关抓捕吸、贩毒人员

“毒魔”曾经在中国肆虐百年

在世界近代史上，中国是受毒品祸害最深的国家。而旧上海，则是制贩运毒的主要口岸和转运站、集散地，进口鸦片货值曾居全国各口岸之首。

这是一段让人不堪回首的岁月：

1840年鸦片战争后，清朝政府与英国订立了丧权辱国的《南京条约》，使上海沦为帝国主义列强的通商口岸。从此，上海逐渐成为制造、贩卖、运送毒品的中心。据统计，在1843年5月至11月的六个多月内，通过吴淞走私进口的鸦片就达8000箱，价值600万元。1858年，清政府被迫与英、法、美签订《通商章程善后条例》，承认买卖鸦片为合法贸易，鸦片被称作“洋药”，缴纳进口税后，即可通行无阻。从此，上海的吸贩毒活动更加猖獗。1872年，上海有烟馆1700余家，有“上海烟馆甲天下”之称。

外国毒品商人通过鸦片贸易，从中国人民头上攫取大量钱财，获得巨额利润。以1849年为例，这年中国经由上海输往国外的全部出口货的总值是843149元，数目却只及同年上海进口鸦片货值的62.6%。也就是说，经由上海运销国外的丝、茶和土特产，不仅换回的全部是鸦片，而且其价值只能抵输入鸦片价值的62.6%，其余37.4%要以白银去支付。

民国政府取代清王朝统治以后，烟毒的流行泛滥并无改观。鸦片不仅充斥上海市场，而且用鸦片提炼的海洛因制品红珠子、白珠子等烟毒品种，由英国和日本商人源源不断地贩运来沪，风行一时。军阀混战时期，上海鸦片更加泛滥。1919年，浙江省督军卢永祥委派何丰林任淞沪护军使，伙同江苏省淞沪警察厅厅长徐国梁，霸占上海鸦片烟土市场。1922年11月，徐国梁拉拢上海最大的烟土商，集资1000万元，合股设立聚丰贸易公司，贩运鸦片。1924年9月，江浙两省军阀为了争夺上海的烟土倾销地盘和贩卖鸦片的财富而爆发战争，有人称之为“国内的鸦片战争”。

上海的大流氓黄金荣、杜月笙、张啸林都曾经依靠在法租界从事贩毒起家，他们以巨款贿赂警务人员，为烟土买卖取得保护伞。当公共租界声称禁烟时，法租界公董局乘机拉拢烟商到法租界落脚，以此获取巨额烟税收入。于是，法租界迅速成为上海鸦片贸易中心。1923年，杜月笙要求法

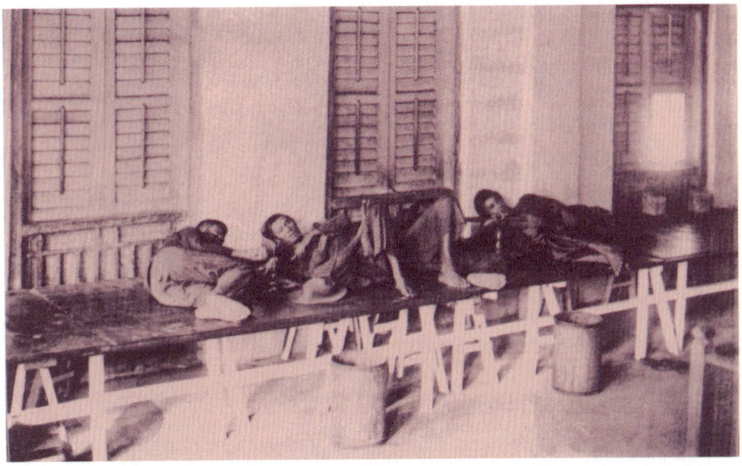

从清王朝到民国政府，烟毒的流行泛滥并无改观，
军阀混战时期，上海鸦片更加泛滥

国领事甘格林准予烟土公卖，征收烟税，还成立烟枪捐公司，征收烟枪执照费，凡是上海经销的烟土，均由他支配。其时，法租界设有大烟土行12家，小烟土店40家，烟馆90多家，公董局每月征收特别税12万元。1924年，黄金荣、杜月笙、张啸林联合潮州帮烟土商21家，开设三鑫公司，控制法租界鸦片贸易，每年盈利5600万元。

上海沦陷期间，日军驻上海军事代表楠本和里济夫勾结大汉奸盛幼庵，在上海开设“宏济善堂”，总揽日本侵略军占领地区制造、贩卖、运送毒品的勾当。宏济善堂每月供给日本驻华特务经费，还供给汪伪高层人员生活津贴20万元。1944年，陈公博兼任汪伪军委会禁烟总监，陈实秋任禁烟总局局长，总揽上海和汪伪占领地区的烟毒贩卖，从日本、朝鲜贩运大批鸦片烟土，还在安徽淮北开辟种植罂粟特区，并在安徽巢县、江苏太仓以及张家口、天津、北平开设吗啡工厂。抗战胜利后，国民党上海市警察局局长宣铁吾等人开设23处制毒场所，并利用火车、轮船、飞机将毒品运销各地。1948年上海市警察局统计，全市有制造毒品工厂23处，出售毒品和供吸毒品的“燕子窝”2000多处，从事制造、贩卖、运送毒品的有3万多人，吸食毒品的10万余人。全市平均80户中就有1户吸毒。每年发生烟毒案件8000多起。因吸毒而倾家荡产、卖儿鬻女，沦为盗匪、娼妓者甚多。

说起来，在国际禁毒史上，世界最先禁止烟毒的是中国，世界第一个以销毁鸦片开展禁毒斗争的是中国的林则徐，世界第一次反鸦片毒品的多边会议也是在中国召开，但是从清朝到民国的百年禁毒，由于政府腐败、措施不力，结果都是屡禁不止。

肃毒，清除遗留的陈疾旧疴

1949 年 5 月 27 日，上海解放。尽管解放后的接管工作和恢复经济的任务十分繁重，但上海市政府仍高度重视禁毒工作，并着手开始从根本上解决这一社会痼疾。为根治旧社会遗留的这一丑恶现象，保护人民的健康，上海公安机关将查缉毒品列入户口调查的主要工作，并加强侦查破案，严厉打击烟毒犯。其中，大毒贩陈坤元、钱荔荣等 20 多人，匿居香港，制作海洛因，装进避孕套内，派人运来上海销售；大毒贩马伯文、张顺贤等一面大肆贩毒，一面从事特务活动；制毒犯郭寿堂、任炳鹤等以开设酱油酿造厂、磨制辣椒粉厂为掩护，大量制造、贩运毒品；有的毒犯还与海轮、铁路员工及公安局内留用旧警察勾结，继续进行制造、贩卖、运输毒品活动……仅 1949 年 6 月至 12 月，上海市人民政府公安局就破获烟毒案件 1634 起，抓获犯罪分子 2224 人。

禁毒运动中收缴的吸毒工具

1950年2月24日，中央人民政府政务院发布了《关于严禁鸦片烟毒的通令》，限期禁绝制造、贩运、售卖毒品，在农村地区禁止种植罂粟，收缴散存于民间的烟土毒品，对吸食毒品者限期戒除，违者依法惩处。同年5月，政务院又颁布了《中华人民共和国惩治毒犯条例》，规定对制造、贩卖、运送毒品的罪犯，按主犯、惯犯以及情节轻重，分别处以有期徒刑、无期徒刑和死刑。上海公安机关通过侦查，查获虹口区中州路安宁里22号大毒窟，捕获张润贤等案犯35人，缴获鸦片、海洛因330两，制毒工具两套及手枪六支、子弹百余发。针对制贩运毒品的活动特点，公安、司法机关运用以毒攻毒，以案破案，集中打击毒品帮贩，相继破获山东帮、湖北帮、安徽帮、河南帮等贩毒集团案，依法判处集团首犯11人死刑，打击了一批首恶分子，使一批贩毒团伙的活动有所收敛。

至1952年年初，全市共破获烟毒案7600余起，捕获人犯1.2万余名，缴获鸦片等毒品1.5万余两，制毒、吸毒品器具一批。据不完全统计，1951年下半年至1952年上半年，仅在邑庙、黄浦、提篮桥、嵩山、蓬莱、

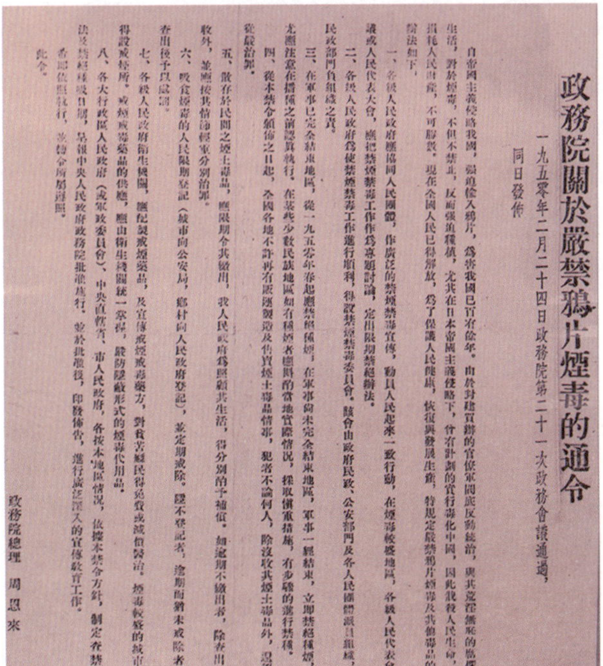

政務院關於嚴禁鴉片煙毒的通令

一九五零年二月二十四日政務院第二十一次政務會議通過，同日發佈

自帝國主義侵略我國，强迫輸入鴉片，爲害我國已百有餘年。由於封建買辦的官僚軍閥底反動統治，與其荒淫無恥的腐爛生活，對於煙毒，不但不禁止，反而强迫種植，尤其在日本帝國主義侵略下，曾有計劃的實行毒化中國，因此殘害人民生命，損耗人民財產，不可勝數。現在全國人民已得解放，爲了保護人民健康，恢復與發展生產，特規定嚴禁鴉片煙毒及其他毒品的辦法如下：

一、各級人民政府應協同人民團體，作廣泛的禁煙禁毒宣傳，動員人民起來一致行動，在煙毒較盛地區，各級人民代表會議或人民代表大會，應把禁煙禁毒工作作爲專題討論，定出限期禁絕辦法。

二、各級人民政府爲使禁煙禁毒工作進行順利，得設禁煙禁毒委員會。該會由政府民政、公安部門及各人民團體派員組織，民政部門負組織之責。

三、在軍事已完全結束地區，從一九五零年春起應禁絕種煙；在軍事尚未完全結束地區，軍事一經結束，立即禁絕種煙，尤應注意在播種之前認真執行。在某些少數民族地區如有種煙者應斟酌當地實際情況，採取慎重措施，有步驟的進行禁種。

四、從本禁令頒佈之日起，全國各地不許再有販運製造及售賣煙土毒品情事，犯者不論何人，除沒收其煙土毒品外，還須從嚴治罪。

五、散存於民間之煙土毒品，應限期令其繳出，我人民政府爲照顧其生活，得分別酌予補償。如逾期不繳出者，除查出沒收外，並應按其情節輕重分別治罪。

六、吸食煙毒的人民限期登記（城市向公安局，鄉村向人民政府登記），並定期戒除。隱不登記者，逾期而猶未戒除者，查出後予以處罰。

七、各級人民政府衛生機關，應配製戒煙藥品，及宣傳戒煙戒毒藥方，對貧苦癮民得免費或減價醫治。煙毒較盛的城市，得設戒煙所。戒煙戒毒藥品的供應，應由衛生機關統一掌握，嚴防隱蔽形式的煙毒代用品。

八、各大行政區人民政府（或軍政委員會）、中央直轄省、市人民政府，各按本地區情況，依據本禁令方針，制定查禁辦法及禁絕種吸日期，呈報中央人民政府政務院批准施行，並於批准後，印發佈告，進行廣泛深入的宣傳教育工作。

希即依照執行，並轉令所屬遵照。

此令。

政務院總理　周恩來

1950年2月，政务院发布《关于严禁鸦片烟毒的通令》

老闸、卢湾、闸北八个区破获的贩、售、吸食烟毒案件就达363起。此外，上海公安机关还通过侦查，在政府机构内部挖出了一批与毒贩内外勾结、包庇掩护、串通作案的犯罪分子，涉及铁路、航运、海关、邮电，甚至公安、司法部门，在邑庙区公安分局及其所属的派出所中就破获三个小型涉毒犯罪集团，其中一个集团有十余人，他们在1949年冬至1950年春，勾结毒犯，贩运白粉（海洛因）7000两（当时一两白粉的价值等同于一两黄金，1952年白粉一两价值黄金八两）。他们将白粉装在木箱内，利用公务身份以汽车运输，所得盈利平均每人分得人民币（旧币）5000万元。

有鉴于毒品流行已不仅仅是一个社会问题，而是直接侵入我新生的人民政权内部，情况十分严重，随着“三反”“五反”运动基本结束，加之两年多来的调查研究与群众发动，上海开展全面禁毒运动的时机日臻成熟。

1952年4月15日，由周恩来主持起草的《中共中央关于肃清毒品流行的指示》经毛泽东、刘少奇等审阅修改后发布，要求“在全国范围内有重点地大张旗鼓地发动一次群众性的运动，来一次集中的彻底的扫除”，以剪除毒品的危害。为贯彻落实中央指示精神，上海市委随即发出了《关于开展肃清毒品运动的准备工作的指示》，指出“肃清毒品首先要求解决制毒贩毒问题，并彻底根除我机关内部包庇勾结贩运毒品现象”，同时提出要“根据中央严厉惩办与改造教育相结合的方针，对大量制毒贩毒，一贯以制毒贩毒为业，集体制毒贩毒犯和解放至今仍继续从事制毒贩毒的现行犯应严厉打击惩办；对个别、少量贩卖，次要的、偶尔为之的，过去犯过现在已洗手不干的从宽处理。对罪恶重大，不愿悔改，拒不坦白的从严惩办；对彻底坦白，真诚悔改，检举立功的从轻处分。至一般贩毒犯暂时不作处理以缩小打击面，便于集中力量解决制毒贩毒问题”。

同年7月12日，上海成立了肃清毒品委员会，以副市长许建国为主任，市公安局局长扬帆为副主任，侯季五、汤镛、方行、屠基远、张俊明、王聿先、姚溱、张映吾、张祺、赵光、周克等为委员，委员会下设办公室、群众动员部、宣传部、作战部、量刑处理部、登记部、检查巡视部，以公安局为主，各相关单位配备专人组成。各区也在区委、区政府的统一领导下成立区肃清毒品委员会，以公安分局为主，吸收区人民法庭、区民政科、区卫生科、区工会办事处、区委宣传部、团区工委、区妇联办

上海公安机关抓获的制售毒品犯罪团伙以及收缴的制毒工具

事处等单位参加。

同年8月13日，市公安局抽调警力1000余人，各分局民警全部投入，在全市范围统一集中搜捕，共捕获重大烟毒犯501名，传讯350名。8月21日，许建国在全市各界人民代表扩大联席会议上作关于禁毒问题的动员报告。9月17日，在虹口体育场召开公审大会。其间，全市共召开大小会议3万余次，直接受教育人数250万人。通过广泛深入的宣传工作，坦白登记的毒犯有4000余名；收到群众检举揭发贩毒、吸毒材料2.2万余份；毒犯及其家属主动交出毒品2800余两。至11月，肃毒运动基本结束，全市共破获制贩运毒大案 159 件，处理毒犯 1.3 万余名，其中依法逮捕 3500 余名，判处死刑 60 名、无期徒刑 21 名；集训、传讯 1 万余名，并缴获毒品 1.3 万余两及制毒、吸毒器具 6000 余件。

戒毒，贯彻教育改造、治病救人方针

采取“严厉惩办与教育改造相结合”的方针，把吸毒的近 10 万人与制毒犯、贩毒犯、运毒犯区别开来，通过教育，规劝他们自动戒绝，是禁毒运动取得成功的关键之一。

1952 年 9 月 17 日，在虹口体育场召开公审大会，到会的有市、区各界人民代表、里弄积极分子、部分坦白登记的毒犯、毒犯家属和吸毒者等两万余人。在公审大会上，依法判处重大烟毒犯死刑 4 人、死缓 1 人，有期徒刑 5 人；对投案自首、彻底坦白、真诚悔悟、检举立功的毒犯 20 人当场开释，以体现政策。各区同时召开联合公判会 14 次，直接受教育人数 250 万人。

除以公审大会的形式予以震慑之外，各级政府还想方设法运用座谈会、控诉会、吸毒人员家属会等形式宣传烟毒危害，揭露毒犯罪行，起到教育群众的作用。仅邑庙、蓬莱两区，先后召开宣传会、控诉会、审讯会、公判会、瘾民座谈会、家属座谈会 4492 次，到会 31.49 万人次，会上还对 2263 名瘾民进行了帮助教育。其间，坦白登记的毒犯有 4000 余名；收到群众检举揭发贩毒、吸毒材料 2.2 万余份；毒犯及其家属主动交出毒品 2800 余两，出现了妻子规劝丈夫、父亲督促儿子戒绝毒瘾的许多事例。

对经过集训和传讯教育后弄清问题，表示悔改，免予处理的一万多名毒犯，交给群众监督改造。对登记的 8997 名吸毒者，经过教育规劝，限期一年自动戒绝。多数能在自己家中戒的，就在家中戒绝；少数烟瘾重、年老有病者，则到指定的 30 家医院帮助戒毒，并订购戒毒药品一万盒，市人民政府拨款 3.6 亿元（旧币）作为戒除烟毒医疗费和烟民生活困难补助费。

到 1953 年年底，由于搜缴了残存毒品、毒具，切断了境外毒品来源，吸毒者戒除了毒瘾，上海已成为无毒可吸和无人吸毒的城市。

有位 70 多岁的周老伯感叹道：“从清朝到租界时期，从日伪到国民党

上海市沪北戒烟医院和沪南戒烟医院

统治时期，天天喊禁烟，却越禁越多。只有共产党领导下的人民政府才真正把这祸国殃民的烟毒连根拔掉了！”

许多国际友人了解这一事实后连连称赞：“这是任何朝代、任何国家都没能解决的社会问题，中国人却把它彻底解决了，你们创造了人间奇迹！”

曾经的一场轰轰烈烈的群众性禁毒运动结束了，但时至21世纪的今天，在改革开放的进程中，毒品也成了困扰着中国发展、危及社会秩序的重大社会问题。

禁毒，依然是一场没有硝烟的战争，依然是一场永远不会停止的战争。

站在人民的立场上治理摊贩问题

尚景伯

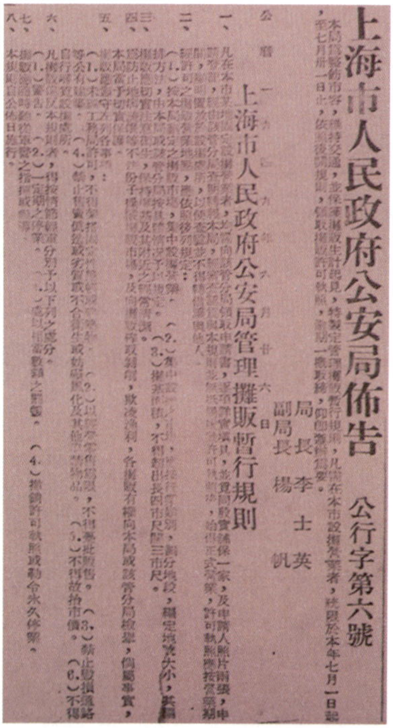
上海市人民政府公安局佈告　公行字第六號

本局為整飭市容，維持交通，並保護攤販生計起見，特製定管理攤販暫行規則，凡需在本市設攤營業者，統限於本年七月一日起，至七月卅一日止，依照後開規則，領取攤販許可執照，逾期一概取締，仰即遵辦為要。

局長　李士英

副局長　楊帆

公曆一九四九年六月廿六日

上海市人民政府公安局管理攤販暫行規則

1949 年 6 月，上海市人民政府公安局颁布《管理摊贩暂行规则》

1949 年 6 月 26 日，上海市人民政府公安局发布了“公行字第六号布告”：本局为整饬市容，维持交通，并保护摊贩生计起见，特制定管理摊贩暂行规则。凡需在本市设摊营业者，统限于本年 7 月 1 日起，至 7 月 31 日止依照后开规则，领取摊贩许可执照，逾期一概取缔。仰即遵办为要。

“一律取缔”，摊贩们看到这四个字唯一能想到的就是在旧社会被警察踢打、抓捕、敲诈的凄惨场面。他们不知道解放后的人民警察将如何对待他们？但不久之后，他们就会惊奇地发现自己竟然成了摊贩问题的治理者。

经济崩溃导致摊贩数量激增

国民党统治时期，为了得到美国的支持，国民党政府与美国签订了一系列条约，使美国在中国获得了非常大的经济特权，这些经济特权使得美货在中国拥有巨大的优势，严重倾轧民族工商业。例如，美国灯泡在上海的售价为法币 200 元，而国产灯泡仅成本就要法币 400 元以上。一时间，大量的美国商品涌入并占据了中国市场。民族工商业者，主要是中小型的工商业者遭到严重打击。从 1946 年下半年至 1947 年，仅上海、天津、重庆、汉口、广州等 20 多个城市，倒闭工厂、商店就达 27000 多家，大批工人、职员失业。由于发不出遣散费，倒闭或歇业的工厂、商店只得以本厂、本店制作销售的产品作价发给工人、职员，由他们去沿街设摊售卖。与此同时，国民党政府还全然不顾人民急需和平环境休养生息的愿望，继续沿用“战时经济”政策来打内战，庞大的军费造成了惊人的财政赤字，增发货币又导致通货膨胀、物价飞涨，致使越来越多的人入不敷出，堕入贫苦境地，这些人不得不以最简单的谋生方式设摊营业来养家糊口。

该状况持续恶化至上海解放，摊贩数量激增，创下了历史新纪录。《人民警察》第 1 卷第 3 期中写道：“北四川区已达千余摊，在外滩、南京、四川、金陵四条路上更是摊贩云集，甚至在行人道上盖房搭棚，因之严重地影响了交通、治安和市容。其他区莫不如此，越是热闹的马路摊贩越多。”根据当时的记载，上海滩主要交通干线的人行道、马路旁都摆满了摊位。曾有人估算“仅金陵路短短一段，云集的摊贩就有七八千之多。倘若算上全市十多条繁华路段，最低估计当在十六万户左右”。

站在人民立场上思考问题

1949 年 6 月 26 日，距离上海解放仅仅过去了一个月，上海市人民政府公安局为了整顿市容、交通，保护人民利益与安全，决定把摊贩的整理工作，列为行政工作的重心。该日，向全市发布了“公行字第六号布告”并公布《管理摊贩暂行规则》。明确规定：“凡在本市某地固定设摊营业者，均须向该管分局领取申请书，逐项翔实填具，并觅同殷实铺保一家，以及申请人照片两张，申请登记经由该管分局查明转报本局，经审查，认与本规并无抵触时核发许可执照后，始得正式营业，许可执照应在营业期间，显明置放于设摊处所，以便查验并不得转借让与他人。”

出台法规，解决了治理摊贩有法可依的问题。可更大的难题还在后面，究竟该怎么执法？清政府、租界、民国时期，上海滩都曾经有过相似的摊贩管理规定。最终结果，要么越整越乱，要么怨声载道，要么激发民变，反正是没有一个成功的先例。1946 年，国民党市政府以设摊“有碍交通、妨碍交通”为由，下令在黄浦、老闸两区的任何街道均不准设摊，警察就乘机敲诈勒索，对摊贩滥行罚款，没收货物，甚至拘留监禁，引起摊贩的不满和愤慨，万余名摊贩前往市政府请愿，结果，国民党警察局出动大批便衣警察抓了上千名摊贩。11 月 30 日、12 月 1 日，国民党市政府连续两天派出大批警察和宪兵，用水龙头喷射，用警棍驱赶摊贩，并开了枪，受伤群众达百余人，重伤 34 人，整个上海处于戒严状态。最终，国民党政府不得不收回取缔摊贩的成命，释放被捕的摊贩，发还没收的货物，国民党警察局被迫向受伤者公开道歉。

中国共产党来自人民，为人民而生，因人民而兴，始终与人民心心相印、与人民同甘共苦、与人民团结奋斗。中国共产党领导下的上海市人民政府公安局，始终站在最广大人民的立场上思考问题。这是新上海人民警察与旧时代警察在治理摊贩问题上最本质的区别。

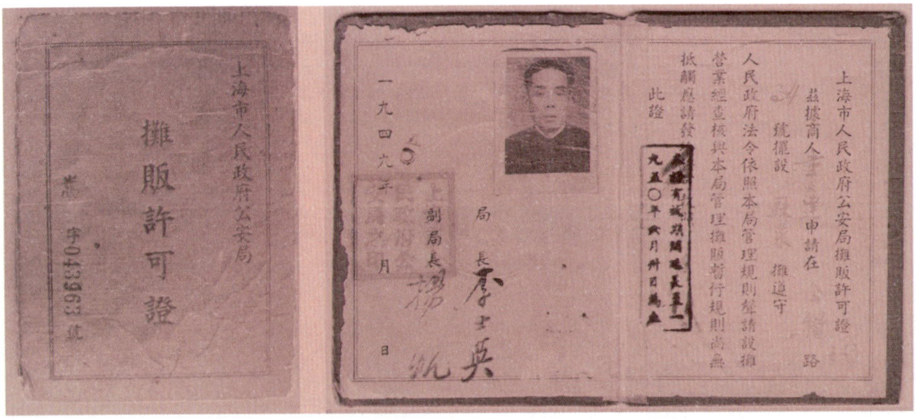

1949 年颁发给居民的《摊贩许可证》

关于一线警察如何执法，上海市人民政府公安局是这么要求的："因为人民政府是站在人民立场上的，所以在处理的方法上与过去任何一时代不同，其特点在于：一是用诚恳的态度加以说服，反对用暴力驱逐或打骂；二是组织摊贩，使其能做到自治，用群众的组织力量来解决其本身的管理工作。"

新警察要多替人民想办法

旧的警察机关打碎了，新的人民公安机关刚刚建立起来。在新成立的上海市人民政府公安局中，南下接管干部加"地下警委"的同志还不到2000人，而接收留用的旧警察就有1.4万多人。虽然经过了一个月的学习改造，大多数留用人员提高了思想觉悟，但在治理摊贩问题上几乎一致认为，他们在旧时代打骂齐来、办法用尽，还是无效，共产党提出用诚恳的态度加以说服教育，又能有何用？于是，在工作中，他们缩手缩脚、毫无信心，态度也不积极。对此，我们共产党人的解决办法是组织学习讨论，用鲜活的事例打通他们的思想。

《人民警察》第1卷第2期记录了这样一个事例。

常熟区的迪化中路小菜场，流动的小菜贩特别多。不仅堵塞了菜场的进出口，还阻碍了大路上的交通。刚开始，属地派出所每天出动警力去治理，结果是刚把这里的交通治理好，那边又挤满了。刚把这边的进口整理好，那边的出口又堵塞了，花了九牛二虎之力也不见效果。因此，不少人对治理摊贩产生了畏难情绪。

据此情况，所长召集大家开了一个讨论会，内容是"究竟用什么方法才能使这些摊贩不阻碍交通"。大家你一言我一语，经过了很长时间的讨论。最后，在所长的启发下，试着站在人民的立场上，本着多替人民想办法解决困难的原则，讨论出了一个办法："菜场的两头有两条小马路，平常行人、车辆非常少，可以将它开辟做临时菜场用来容纳流动菜摊。"

新办法试行的头两天，因为买菜的人不知道另辟了新菜场，所以新菜场的生意很少，许多菜贩又纷纷搬回原来的地方。出师不利。于是所长继续召集大家讨论，内容是"怎么让新菜场留得住菜贩"。

"当然是多在买菜人中做宣传，让他们去新菜场买菜。"

“管交通、管市容，难道摊贩的生意好不好，也要我们管？”

“新菜场生意好了，菜贩愿意搬，交通、市容也就好了，这样看来，几桩事情是相互关联的。”

“站在警察的立场上，交通、市容是重点；站在菜贩的立场上，生意好不好是重点。所长要我们站在人民的立场上想办法，我们就应该把新菜场生意好不好这件事管起来。”

第二天早晨，派出所全体出动，一部分人将菜场附近有妨碍交通的菜贩都劝说到新菜场去，同时禁止菜贩回迁。另一部分人在老菜场做宣传，引导买菜的人去新菜场买菜。几天下来，新菜市场热闹了起来，交通、市容也好了起来。然而，更让大家看重的是菜贩们的议论：“以前的警察，不但要拿小菜不给钱，而且要乱捉乱踢，现在非但不拿菜，不踢不捉，反而顾念我们的困难，替我们想办法出主意，真是跟着好人变好人，跟着共产党也变成好警察了。”

在治理摊贩的实际工作中，由于坚决贯彻了“多替人民想办法”的方针，这样的事例不胜枚举。对于摊贩来说，管他们的警察，非但不打不骂，还会设身处地帮他们想办法、解决困难，这种事情简直闻所未闻，但一件件、一桩桩鲜活的事例摆在眼前，不由得你不相信。新旧社会的鲜明对比，既教育感化了摊贩，也教育了我们的队伍。许多留用的国民党警察从中认识到，共产党的新作风、新办法的确和以前不同，而且行之有效。

组织摊贩自治参与管理

走群众路线是公安工作的法宝。在当时治理摊贩的过程中，总结出的一条经验就是：大胆放手发动和组织群众，依靠、运用群众中的积极分子推动工作。

《人民警察》第 1 卷第 3 期中记载了当年组织摊贩自治的情况：“组织形式，一般是先组成小组，推出组长。有许多局还在各马路、各菜场选出代表，并在这些代表中产生本区的摊贩总代表三至四人；也有以各组为单位，每条马路上或每个菜场产生出几名总代表的。至于小组长及代表产生的方式，嵩山分局的做法是在小菜场内召开 2000 至 3000 人的摊贩大会，当场选举。有群众说‘我们不识字，请你们指定吧’。则当场解释‘这是有关大家福利的事情，不能马虎，选了坏人自己吃亏，大家要选举热心公正的人。不识字没关系，关键要能替大家说话’”。

摊贩协助指挥交通

就这样，各马路各菜场的摊贩都推选代表，最终在本区成立摊贩工作小组，由民警和摊贩代表分任正副组长，共同到各菜场了解情况，统计摊贩数量和菜场的地点，帮助办理登记。在不妨碍交通市容的情况下，分别根据实际情况，采取就地整治或移往指定地点，初步安排摊位，并划分小组产生小组长。小组长到分局领取申请书，转发各摊贩找保（铺保或人保）后填写。

在这一过程中，则注意发扬民主，征求、采纳各方意见，尽量维护群众的利益。有摊贩感慨道：“旧社会也指定过集中设摊地点，都是‘白天打靶不要放哨’的冷僻地段。现在好，大家推选代表参与管理，‘人人参与’的结果就是‘人人满意’。”

管理中遇到问题矛盾，也通过摊贩自治来集体讨论决定。例如，市局规定“每个摊位不得超过四市尺”，但新成区的摊贩代表发现，有 100 个左右的摊子用来摆货物的是五尺长的帆布床，这有违规定，但要把五尺帆布床换成四尺，势必增加摊贩的负担，大家也不太情愿。怎么办？大家民主讨论协商。讨论的结果是：四张五尺帆布床合在一起供五家用，这样既不违反规定，又不增加负担。这种合作方式在过去是不可想象的。

对于个别屡教不改、拒不遵守规定的摊贩，依靠单纯的教育手段或处罚手段都难以奏效，卓有成效的运行方式是两者的有机结合。通过宣传动员，争取大多数抱观望态度的群众的支持。

在普陀区一些不肖之徒混迹在未登记的流动摊贩中，以至于常有缺斤少两、卖假货、骗钱的事情发生。为了彻底治理好这些流动摊贩，普陀分局将军管会、警察、摊贩代表组成宣传队，赴辖区各个菜场检查劝导。在西康路普陀路小菜场，宣传队查到一个卖黄豆芽的流动摊贩秤不准，随即宣传买流动菜贩的菜会吃亏。在旁的群众纷纷说："原以为买流动摊贩的菜便宜，现在看来只会吃亏。"新会路菜场一个登记过的肉贩说："这些流动菜贩摆得连我们生意都不能做，以后我们自己应当自动地来取缔他们。"另一个登记过的菜贩说："这样才能保证我们正当营业。"

通过广泛的宣传教育和组织摊贩自治，治理工作获得了绝大多数市民群众的理解和支持。经过半年的清理整顿，社会治安秩序和市容、交通环境得到了极大改善。至 1949 年年底，市公安局共勘定设摊指定地段 463 处，设置摊贩业地段标牌 1403 块。全市摊贩由解放初的 15 万户至 16 万户锐减到 84623 户。

上海公安机关在成功治理摊贩问题后总结了社会管理的四点启示，至今仍有借鉴意义。第一，必须做好大量的调查研究工作，掌握问题的性质、特点与规律。在具体实施中，要依据新情况、新变化，及时交流信息，调整策略，纠正偏差。第二，单靠公安行政力量难以彻底解决问题，出路在于走群众路线，大胆放手发动和组织群众，依靠、运用群众中的积极分子推动工作。通过广泛开展宣传教育，赢得群众的理解和拥护，同时要取得其他政府部门的支持。各方各负其责，共同承担，从而形成合力。第三，充分发扬民主，征求、采纳各方意见，在不妨碍总的方针政策贯彻执行的前提下，尽量维护群众的利益。单纯的教育手段或处罚手段都难以奏效，卓有成效的运行方式是两者的有机结合。即通过说服教育争取大多数抱观望态度的群众的支持，对个别屡教不改、拒不执行的予以适当惩罚。第四，在整治过程中，应掌握重点环节，分阶段、分步骤进行。这样可以集中力量，创造经验，以便推动工作，少走弯路。同时，要坚持边整治、边固定的方针，避免顾此失彼、功亏一篑，丧失已取得的成果。

宝兴里：上海首家居委会诞生记

姜龙飞

1949年12月15日，上海解放后不到七个月，“宝兴里居民福利委员会”就在金陵东路宝兴里宣告成立。这是上海首个，也是新中国第一批城市居民自治组织。宝兴里居民福利委员会的诞生，开启了以组织城市居民自治为特点的基层社会管理制度的探索与创新。上海公安博物馆珍藏的几幅照片，真实地记录了那个让人难忘的历史时刻。

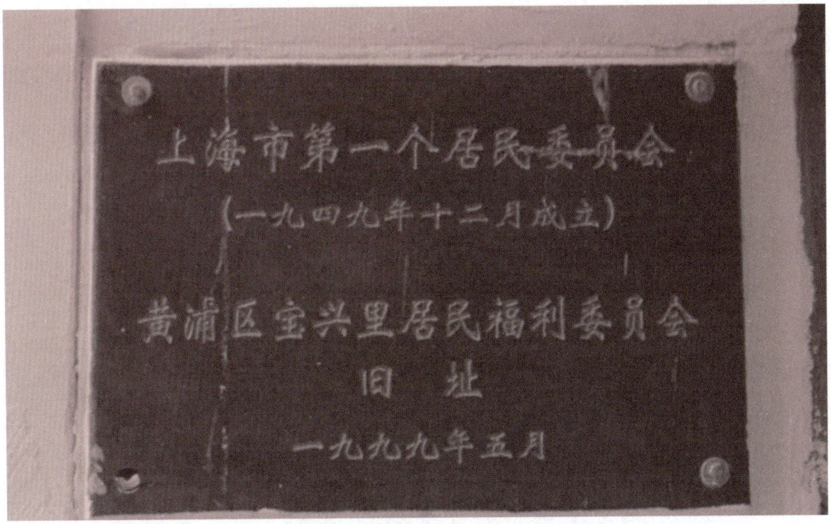

宝兴里铭牌

金陵东路 300 弄宝兴里，建于 1923 年，东起福建南路、西至浙江南路、南临金陵东路、北接宁海东路，是一片砖木二层结构的旧式里弄。在这一小片矩形的土地上，至今仍被红顶灰披、石箍乌漆的老屋所覆盖。尽管截至 2020 年年末，宝兴里的旧改签约已告完成，然而，那些裸露着岁月沧桑旧痕的建筑物，却仍在低调而执着地传递着百年上海的原生气息。人们不会忘记，这里，曾是上海首个城市基层群众性自治组织——居民委员会的诞生地。

怨声载道的宝兴里

解放前，宝兴里、宝裕里、宝安坊和中华里俗称“三宝一中”，是上海滩远近闻名的藏污纳垢之所。旧上海“三大亨”——黄金荣、杜月笙、张啸林皆发家于此处，有名的三鑫（鸦片）公司也开设在宝兴里。“三大亨”以下，“四金刚”“十三太保”“九条龙”，大大小小的地痞流氓各自盘踞一方，自成江湖，大大小小的事情，政府说了不算，“老大”说了才算，大家唯帮派恶势力马首是瞻。

整个地区，赌场、妓院、毒窟云集，打架斗殴家常便饭，敲诈勒索时有所闻。弄堂里污水横流、垃圾遍地。因为缺少厕所，随地便溺的现象四处泛滥，因此别称“低头弄堂”，也就是说“走进弄堂，得先看脚下，不然就会踩上一脚的水潭污泥或粪汁”。更糟糕的是，这里还是乞丐和逃犯的天堂、散兵游勇的法外之地、各路密探特务的比拼秀场，弄堂里“小偷日日有，大偷三六九”，社会情况相当复杂。住在这里的居民虽是怨声载道，但也“叫天天不应，叫地地不灵”。

有人问：“那个时候，不是还有保甲长吗？”

不提这个保甲长还好，一提，宝兴里的居民们更是一肚子气。

抗战胜利后，国民党政府在上海推行保甲制，设立了 30 个区，下辖 1080 个保，2. 68 万个甲。区公所设民政股，掌管保甲，建立区保民意机构，考核训练保甲自治人员，经办社会救济事宜。

从字面上看，这个所谓的保甲制度似乎是一种基层行政组织，也有“民意”“自治”“社会救济”等字眼。看起来，在一定程度上，能解宝兴里居民的困，能帮宝兴里居民的忙，但事实上，这些字眼不过是些掩人耳目的障眼法。

国民党政府推行保甲制度的目的是建立一种军事化统治性很强的基层组织，即在县下设乡（镇），乡下设保，保下设甲，甲下设户，实行连坐切结，一户“违法”，株连邻右。

正因如此，“一般公正人士多不愿担任保甲长，一般不肖之徒又多以保甲长有利可图，百般钻营”。“正人不出，自然只有坏人的世界，即便好的制度也就变成剥削人民的工具，因此民众怨声载道”，这是国民党人自己作出的评价。

上海著名的滑稽戏《七十二家房客》，就生动地演绎了当年“流氓二房东”与“旧警察三六九”在居民房客中敲诈勒索、抽丁勒税的场景。

公安户政接管宝兴里

1949 年 5 月 27 日，上海全境解放，紧随而至的，是如何接管和治理的问题。英国驻华大使馆在一件发往英国外交部的电文中称：“在上海，胜利的共产党面临着新的挑战。他们长期在乡村革命，现在要统治大城市，得掌握一些有自身规律的复杂的技术问题，准备是很不充分的，特别是上海……”

同样的判断，早在半个多月前的江苏丹阳，就已经从中国人民解放军第三野战军司令员陈毅的口中得到了证实。

5 月 10 日，丹阳县城南山外大王庙，面对济济一堂的县团级集训干部，陈毅放开嗓门，大声说：“我们承认，我们管理城市的经验确实也少，不知就不知。上海城市管理中的困难，第一是管理指挥 600 万老百姓，这是一个大问题。我们过去指挥几十万军队，但没有集中地指挥过几百万老百姓……”

5 月 26 日，上海全境解放之前夜，中共中央华东局和上海市委在金神父路（今瑞金二路）三井花园召开扩大会议，上海市军事管制委员会主任陈毅，作了简短而热情的讲话。千头万绪，万绪千头，被他归结为极简的四个字：先接后管。

而此时，上海东北角，杨树浦方向的枪声还未全部沉寂……

5 月 28 日，上海市人民政府宣告成立。紧接着，各区接管专员受军管会主任陈毅之命，相继到任。随大军南下重返上海的顾留馨，被任命为黄浦区接管委员会专员。

6 月 1 日，年轻的地下党员王怡白受组织委派，向顾留馨专员报到，即被任命为第五工作组组长，不久之后工作组易名办事处，第五办事处下辖七个保，宝兴里便是其中之一。

与王怡白同一时期被派来接管宝兴里的，还有黄浦分局的管段民警——屈大勇。他，1948 年 10 月加入中共上海地下党，是“地下警委”的成员，时任黄浦公安分局户籍科警长。分局为了与区接管委员会下辖的五个办事处对接，把户籍警也划分为了五个组，由屈大勇担任第五组组长。

从此，王怡白、屈大勇，这两个来自不同系统的第五组组长相会宝兴里，为探索一种有助于稳固社会秩序，迅速恢复生产的全新城市基层组织模式而并肩作战。

校对户册访民生

宝兴里虽说地方不大，但流动人员多，人员结构复杂，要是没有一本可靠完整的户籍册作为导引，王怡白、屈大勇两个管理者初来乍到，难免两眼一抹黑，社会治安、居民管理都会面临重重困难。

在丹阳集训期间，中共中央华东局为尽量保障户籍资料、档案等不受损失，社会秩序免受影响，决定进城之后对旧保甲制度既不予承认，又不立即宣布废除。对其人员除罪大恶极者外，令他们在接管人员监督下，立功赎罪，做好“检举、报告、清查散兵游勇及特务分子；报告武器弹药及一切军用物品；报告与看好公共房屋、公共财产；暂使用国民党的户口册受理户口”等事项。

然而，溃逃前的国民党政府为了制造混乱局面，下令将户籍资料统统销毁。王怡白在回忆文章中写道：“旧民政局局长陶一珊在仓皇出逃台湾前，受国民党警备司令部紧急通知，限令各区保甲的户籍册（当时共有 20 个市区）在八小时内全部交到旧民政局集中销毁，妄图对解放后的上海接管工作造成严重困难和人口管理上的混乱。幸得通过该系统的中共地下党组织和进步力量，把收集的每本户籍册，拦腰切开，以示销毁，并原件捆扎封入仓库。”

这批隐匿保存的户籍档案，后来全部上交军管会。王怡白和屈大勇拿到手的，便是这样一堆经拆装、打散、掩蔽后侥幸保存下来的户籍册。可是，即便有了户籍册，情况也好不到哪里去。

上海公安博物馆陈列的第一代户口簿

国民党时期，管理户口机构的民政局与警察局各自为政，争权夺利，营私舞弊，且前者管理普通户口，主要是抽丁勒税，后者管理特种户口，着重缉查革命者，户籍管理与人口统计得不到人民的支持。

居民为躲避抽壮丁而假报年龄的；为多得配售物品而重领身份证的；行政人员私压迁出、死亡报告，利用缴销的身份证套购配售物品的……国民政府户口管理出现了越清查越混乱的局面。当时，民政局统计的上海人口数为540万人，而警察局统计的却只有504万人，两者相差近40万人之多。这样的户籍册漏洞百出，非经校正，不复堪用。

没有捷径可走！

接受任务后，王怡白、屈大勇等立即组织人手，拿着从民政局接管委员会领回的本区户籍册，由原经办的旧保干事、户籍员，对打散的户籍簿进行逐页粘贴复原，循序整理。随后，针对户籍册的实际状况，在宝兴里逐户校对核正户籍，边校边正，重新誊清成册，以确保户籍资料准确可靠。

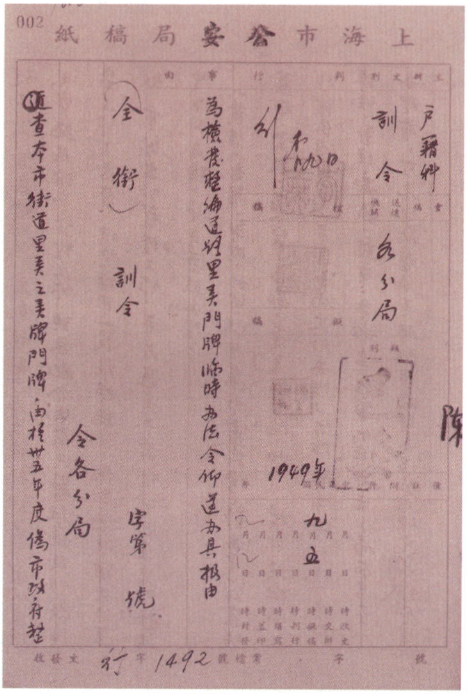

上海市公安局稿紙

户籍科

訓令

各分局

事由：為核查整編道路里弄門牌臨時办法令仰遵办具报由

1949年 九月 五日

全銜

訓令 字第 號

令各分局

查本市街道里弄之弄牌門牌，尚係廿五年度偽市政府整

發文 行字1492號

深入街道里弄逐户校对、核正户籍的训令

户籍民警梳理清查国民党上海市警察局遗留下来的人口卡片

依靠人民，全心全意为人民服务，是共产党人战胜困难取得胜利的法宝。两人在组织户籍校对的过程中，边开展社会调查，边服务居民群众，边发展积极分子。他们帮助居民群众解决现实生活中存在的诸如“旧房损毁、失修、漏雨、电线老化、下水道堵塞、房租纠纷”等具体问题。这一桩桩、一件件爱民、惠民、利民的小事汇聚在一块儿，联结起了警民鱼水关系的纽带，使他们的工作深得居民群众的拥护。他们了解到，中共地下市委书记张承宗等曾在此地组织领导过一个进步社团——小学教师联谊会（简称“小教联”）。经联系邀请，“小教联”的教师们果然反响积极，纷纷参与户口校正，还深入里弄组织座谈，向居民宣传党的政策，鼓舞革命热情，弘扬正气、压制邪气。这为在群众中发展积极分子，组建“宝兴里居民福利委员会”打下了基础。

上海市人民政府公安局于 1952 年编录的《上海市里弄名称汇编》

据校对后的户口统计：宝兴里时有两层石库门房 92 幢，其中包括整幢独用的商号数家、小学一所，居民 574 户，2659 人。经此户口校正，不仅发现了人口漏报、重复、差错及其变动的情况，同时查获匪特、在乡反动军人、散兵游勇、吸毒贩毒犯及人口贩子，以及偷盗、赌博、斗殴、私娼、流氓、户口违章等各类刑事和治安案件。

老式人口卡片柜

组织居民福利会

1949 年 12 月 5 日，潘汉年副市长在上海首届人民代表会议协商委员会会议上提出本市 1950 年的五项中心工作，其中第二项指出："目前必须加强各区里弄的无组织居民工作。"这是随着反动保甲制度废止后自然而然产生的一项非常紧迫的任务。

诚如潘副市长所言，旧的已去，新的没来，军管可以在非常时期实行一时，却不可能长此以往。城市居民处于无组织真空状态的现实，对于社会秩序的稳定和生产建设的恢复，都是极其不利的。况且当时上海的周边环境还很恶劣，舟山等近海岛屿尚未解放，国民党残余力量利用我军暂不具备制空、制海权的薄弱环节，从海上加紧封锁，从空中狂轰滥炸，上海正处于严重困难阶段。

替代反动保甲制的基层组织将以何种样貌出现？它的实现路径将自何来又欲何往？这些暂且都还是未知数。

作为管段民警，屈大勇沉入里弄后，把重点放在"防特、防盗、防火"等方面，"治安"是他的关键词。然而，随着宝兴里"治安"的逐步稳定，他发现居民群众找他解决"弄堂里清洁卫生、居民房屋维护修缮、邻里之间租金分摊、水电纠纷"等与居民切身利益相关的生活琐事方面的需求不断上升。这些问题是基础性的，每天都在发生，频次很高。574户2659人的宝兴里仅靠一个管段民警来解决所有问题是不够用的，但居民若是找不到一个能够及时受理矛盾、解决冲突的地方，长期积累，不仅会种下酿祸的根苗，影响居民之间的团结，也会妨碍自己工作的开展。要解决此类问题，必须另寻出路。

针对现实困境，屈大勇、王怡白都在实践中探索治理之道：

"我们以宝兴里为试点，通过逐户校对户口，发展一批积极分子。条件要求：根要正——出身好，忠诚正直，群众中有威信；茎要直——办事公道无私；果要实——作风正派踏实。发动群众把无组织的里弄居民组织起来。由本幢居民推选幢（楼）代表一人，以民主集中制的方式，再从每五幢（楼）的居民代表中产生一小组长。"

宝兴里的92幢楼共产生近20名楼组长。

"在此基础上，经常性召开小组长和居民代表座谈会，宣传当前时事形势和党的政策，并通过他们向居民宣传，大家感到内容很新鲜、有道理。同时，根据群众要求，充分发扬民主，解决水费、电费和房租的合理分担问题，受到了居民拥护。只要群众提出来，我们就组织楼组长们一起帮助解决。

"我们还组织积极分子一起来打扫里弄卫生，清除了弄内陈年的垃圾，宝兴里第一次现出了干净的面貌，大家情绪都很高，对这种公益性的活动特别有兴趣，争先恐后地清洁环境。虽也有少数人从中造谣破坏，但群众却能在座谈会上起来揭发。

"自卫治安工作由全里弄年龄18岁到40岁的男人担任。800多个男性每五人分为一班，其中一人为联络员，每班两个小时。一旦发现违法活动和犯罪线索，立即进行扼制和打击。平时则自觉巡逻值更，捉小偷，保平安……"

随着工作的步步深入，在王怡白、屈大勇等人的启发诱导下，一种组织起来、互助互利的迫切心愿，在宝兴里的居民群众中潜滋暗长、萌动生发。他们从中看到了实惠和福利，看到了摆脱困境、邻里和睦、共建家园的美好前景。

居民们期待着将这种福利以某种形式固定下来。

利益共享，是一个社会得以凝结的基本原理和最高目标。

1949 年 12 月 15 日，宝兴里居民福利委员会成立——是的，最初的居委会雏形，就是以“福利”为号召，为居民“谋取福利”为归宿；其所指，既包括一眼可见的物质利益，也包括难以用物质形态表征的权益内涵。和流行了上千年的保甲制的根本不同，就在于“自治”与“受治”，泾渭分明。顾留馨专员（后任黄浦区首任区长）和黄浦公安分局侯季五局长，对此项创设深表认同，双双到会，致辞祝贺。宝兴里居民把会场挤得满满当当，喜气洋洋。

宝兴里一马当先，激励到了左邻右舍。1950 年 4 月，毗邻的宝裕里、吉安里福利会也相继成立。

居民福利会的出现，得到了陈毅市长的支持，他认为，把无组织的里弄居民组织起来，是根据群众本身的要求，是群众自己解决自己的细小问题的一个群众组织。在市委、市府会议上，陈毅谈到里弄组织工作，表示只要需要，要几十名或 100 名干部，都可向中央请求增加。

宝兴里居民福利委员会下设治安组、文教和卫生组，从一开始，就以居民自我管理、自我教育、自我服务为宗旨，不等不靠，自觉自愿地开展了一系列活动。例如，防火防盗防空袭轮值纠察、每周一次清洁卫生大扫除、设立黑板报、组建读报小组、推选妇女代表、举办妇女和失学儿童识字班……居民间偶尔发生纠纷，以前都是自我化解，化解不了的难免激化，现在他们会找居民小组长论理，要求主持公道，小组长往往并不擅下结论，而是召开小组会，大家心平气和，把问题摆上桌面，以理服人，使矛盾得到合理化解。有的商号老板受新风尚感染，主动掏钱，四处张罗筹建小便池、垃圾箱。曾经被称作“低头弄堂”的宝兴里，一天天变得整洁亮堂起来，面貌日新月异。

里弄干部都是志愿者，义务为居民服务，没有工资报酬，所有办公经费都要靠自筹，或由热心人士捐助。福利委员会刚成立的时候，连张办公桌都没有，居民每户捐助五毛钱，去拍卖行买了一张写字台。办公场地不够，福利委、居委会主任单粲宝家的客堂就成了工作间、会议室。文教卫生组组长须松青、妇女代表单翠宝也主动让出客堂间，给大家做活动场所。解放初期的居委会，那工作可是相当繁重啊。1950 年防轰炸搞防空；1951 年为抗美援朝搞捐献，制定爱国公约，组织五一大游行和国庆庆祝活动；1952 年配合三反五反、爱国卫生、禁烟禁赌、劳动就业登记……日常还要为福利、优抚烈军属、文教、卫生、调解与治安等劳碌奔波。他们常常工作到深夜，还得自己花钱买点心，或者回家吃泡饭。“自吃饭，无工钿，倒贴鞋子袜子钿”是他们的真实写照。

直到现在，很多过来人还对单粲宝所代表的居委干部一干十几年分文不取的风骨节操赞叹不已；对“夜不闭户、路不拾遗”的历史奇观由衷敬佩。

推广全市走向全国

1949 年 12 月 30 日，《文汇报》发表长篇报道《宝兴里换了新面貌》，介绍宝兴里经验。1950 年 2 月 27 日，该报再次以整版篇幅发表《从宝兴里看里弄组织》一文，特别突出了一个“变”字——“这个里弄，过去是毒贩、强盗、妓女、赌棍、瘪三、流氓的天下。变了、变了，现在这个里弄整个变了……”

有道是不怕不识货，就怕货比货。只要拿宝兴里的昨天和今天一比较，还怕比不出一个尺长寸短、孰优孰劣吗?

《解放日报》《大公报》《新闻日报》《新民晚报》随之跟进，宝兴里居民福利委员会引起了社会舆论的高度关注。上海人民电台还播出了宝裕里福利会的群众文娱节目。后来，中央新闻电影局的摄影组也到宝兴里、宝裕里拍摄了福利会和居民活动的镜头。

“民为邦本，本固邦宁。”嗅觉灵敏的记者率先发现了城市基层组织建设的存在价值。

1950 年 7 月，全国第一次民政会议在北京召开，内务部谢觉哉部长作了《关于人民民主建政工作的报告》。当时中央对城市里弄组织尚无成熟意见，主要关注学习苏联经验。有些城市的领导认为，里弄组织弊多利少，靠居民自己管自己会乱象迭生。在讨论谢部长报告时，上海市民政局局长曹漫之作了《关于大城市市区的建设问题》的发言，观点鲜明地阐述了建立居民委员会和居民小组的必要性。谢觉哉听罢认为，把无组织群众组织起来，加强团结发挥作用，可以试行。

1950 年 10 月，上海市第二届一次各界人民代表大会召开，宝兴里的孙阿琪、宝裕里的沈近义，以普通居民的身份当选市人民代表，是“三宝一中”的历史上从来没有过的，何等光荣啊！宝兴里、宝裕里两家居委隔一条宁海东路弄口相对，300 多居民自发集合起来，敲锣打鼓，高举横幅，欢送人民代表出席大会。大会讨论时，来自全市各里弄的代表，向会议提出了很多有关里弄工作的意见和提案。

1951 年春，上海市政府会同市政协召开上海市街道里弄代表会议，市民政局汇报了解放以来街道里弄组织建设的经验，会议还讨论了由市民政局草拟的里弄组织草案。不久，中共上海市委政法委成立里弄工作委员会，由市委秘书长黎玉兼任书记、市民政局副局长屠基远兼任主任，上海居委会建设的高潮由此兴起。

同年 4 月，宝兴里居民福利会正式易名居民委员会，并以民主选举的方式产生了首届居委会，单粲宝从福利委主任改任第一任居委会主任，副主任须松青及十多名委员，基本都来自家庭妇女、失业工人、个体商户及其家属。

自 1950 年起，遍布上海的 11155 条里弄的居民委员会逐步建立。到 1954 年 1 月，全市共有居民委员会 1847 个、居民小组约 3.6 万个、居民委员会委员 95284 人，在全国范围内率先形成了一个覆盖到城市社会最基层的组织网络。广大市民彻底走出联保连坐的保甲制阴影，进入了一个由基层民众依法自治的全新时代。

1954 年 12 月 31 日，第一届全国人民代表大会常务委员会第四次会议审议通过了《城市居民委员会组织条例》，以立法的形式，将上海城市居委会——“里弄政权”建设的治理模式固定了下来，其中的法理原则、工作方法、自治手段至今仍在被沿用。

改造旧警：从警察人民到人民警察

孙建伟

把“旧警察”变成“留任员警”不是称谓的改变那么简单。在《约法八章》的指导下，让旧时代警政人员革除旧习，为新的社会秩序工作，更重要的是为人民服务。这种身份之变也是他们思想和行为的分水岭。“留任员警”转变的成功，极大地展示了共产党人的胸怀、勇气和力量。

留任员警学习班第一期毕业典礼

1949 年 6 月初，包括国民党上海市警察局代理局长陆大公在内的一批市警察局和分局的警官们听取了进驻上海的解放军第 27 军政治部主任仲曦东的一席话，终于如释重负：你们过去为反动统治服务，做了一些坏事，但是这一次你们能以实际行动，响应人民解放军《约法八章》的号召，不顽抗，不破坏，并把地方秩序维持好，迎接解放，这是你们的觉悟，你们这件事做得很好，做对了。

上海市人民政府公安局对旧警察接收工作采取了慎重负责、区别对待、量才录用，基本“包下来”的政策。旧的机器打碎了，新的人民公安机关正在组建之中，但维护社会治安的管理工作一天也不能停止，需要立即运转起来。因此，如何使接收过来的14000余名旧警察人员，按照新政权的要求进行改造，并在维护上海社会治安的过程中发挥好的作用，是检验接收是否成功的关键所在。

仲曦东的这段话，至少说明了两层意义：其一，新政权对旧警察机关人员服从接收的态度和行动表示肯定；其二，接下来如何按照新的要求和规则行使警察职权。

谁都清楚，这将是一个非常艰巨的过渡期。

“一面拿过来，一面工作”

新上任的上海市人民政府公安局局长李士英的革命最初阶段就在上海的中央特科，对旧警察系统了如指掌。李士英借用《国家与革命》中的原理，将接管上海旧警察机关所采取的方针，形象地比喻为“拆屋重建”，旧的房屋要全部拆光，但拆下来的木材砖瓦还可以充分利用，用以建造新屋。要彻底打碎旧警察机关，并迅速建立人民公安队伍投入城市运行管理，除少数罪行严重的警察外，绝大多数可以在经过考察后，量才录用。对户籍、交通、消防等技术性单位中一般的警员、职工，迅速安排他们值勤巡守，在军代表的指挥下，责令他们在原来工作岗位上各安职守，维护社会治安。同时严肃告诫，如果因为玩忽职守或不负责任出了问题，就要追究责任。这就是“一面拿过来，一面工作”的基本策略。当然，更多的是讲明政策，正面鼓励，号召他们改造旧习，为人民服务。

6月8日上午，上海天蟾舞台（今逸夫舞台）。一条醒目的会标挂在主席台上，只有简短的六个字：留任员警大会。接管干部、市公安局、各分局警员代表4000余人参加了这次大会。大会的主报告人是上海市军管会主任、上海市市长陈毅（这张会议照片至今保存在上海公安博物馆）。陈毅头戴一顶普通的帽子，语气风趣通俗，口吻亲切，他从解放前后两个时代的转折说起，将共产党接管干部与日本投降时国民党“接收大员”作对比，说明共产党人的大公无私，宽大为怀，严格按照政策办事。他希望大家认识清楚新旧时代警察最大的不同就是欺压人民还是服务人民。从解放军进城的严格纪律阐明取信于民的重要性，共产党的成功就在于坚持人民的立场。“我们对大家说共产党如何好，国民党如何不好是不够的，主要还是靠你们从事实上来观察，以及努力学习。”陈市长为留任员警指明了努力方向：“在今天这个时代的大潮流中，我们必须随着它进步；因此抛弃许多旧作风、旧观念，从思想上来改造自己，从人民利益和个人前途来说，都是很重要的。如果对时代潮流看不惯，不愿参加，不决心改造自己，其结果就会自取淘汰，共产党再宽大也宽大不了这些没有积极性的人。”他诚恳地对留任员警表示：“请不要担心共产党是否还要你们的问题，我向大家正式宣布：我们对反动分子尚且希望他们回头悔过，对你们难道会赶到十字街头，以致流离失所吗？自愿走的，自然也不便挽留，留下来工作的，我们一概负责。”只要留任员警转变立场，拥护人民政府的领导，安心为人民服务，政府将根据个人表现和业务经验，一面量才录用，一面教育，有功者赏，有过者罚，犯罪破坏者坚决惩办。绝不让一个要求为人民服务的人没有工作的机会，但对不愿悔改，企图利用人民政府的宽大，从事潜伏破坏的人，定当惩罚。他同时告诫：“过去的警察人员也杀过共产党员，或多或少地帮助过反动派，即使今天人民政府的政策宽大，但你们自己在良心上要责备自己的，应该立即检讨，深刻认识过去的错误，这样才能在新的基础上向解放军、共产党靠拢，才能把600万人口的上海治安工作做好。”

陈毅市长的讲话在绝大多数留任员警中引起了强烈反响，表示心悦诚服。事后，一些因不了解党的政策而逃离的旧警察，也回来报到要求工作，争取立功。

不过，毕竟旧警察成分复杂，他们担心人民政府追究自己解放前欺压人民的罪行，也担心共产党不信任他们。观望、怀疑、恐惧，个别的还执迷不悟，对立情绪严重，甚至暗中抗拒。李士英认为，必须迅速扭转这种不利于打开新工作局面的态势，打消他们的顾虑，对于那些顽固分子，也必须重锤敲打。如果不分好坏一律留用，不仅会失去民心，而且是危险的。7月，按照中共中央华东局《关于机关部队的整编节约方案》的要求，上海市人民政府公安局在大胆使用留任员警的同时，对1014名巡官、股长以上警官和政治面貌不清的员警，启动严格的集训、甄别、清理和审查程序。半年后，将审查不合格的400余人清理出公安队伍（其中部分人员系主动辞职）。

“怎样做一个人民警察”

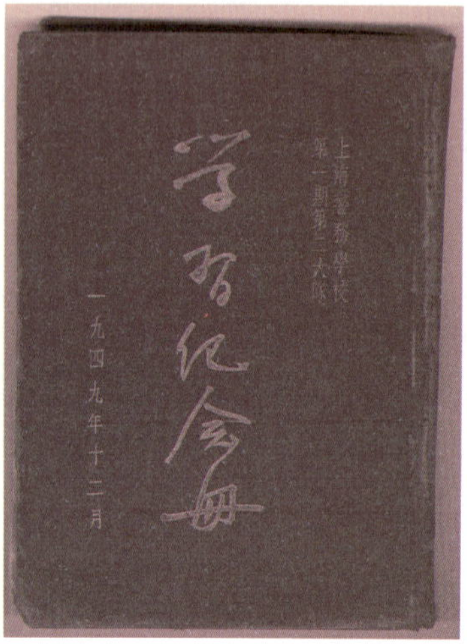

上海警务学校针对留任员警举办学习班，这是第一期第二大队学习纪念册

陈毅讲话之后，上海市人民政府公安局开始了一场全员加入的“警察人民与人民警察”“怎样做一个人民警察”的大讨论。李士英局长在局务会议上指出：今后应提倡学习法令，按章办事，凡公安局的干部员警，是视工作好坏为准则，而不是新旧人员之分，是以忠诚为人民服务为最高标准。

市局、分局、派出所各级领导干部深入留任员警中间，反复宣传党的政策，不断开展政治思想工作，并以“学习委员会”的形式，把接管干部和留任员警合编成学习小组，加紧学习政治形势和政策纪律。

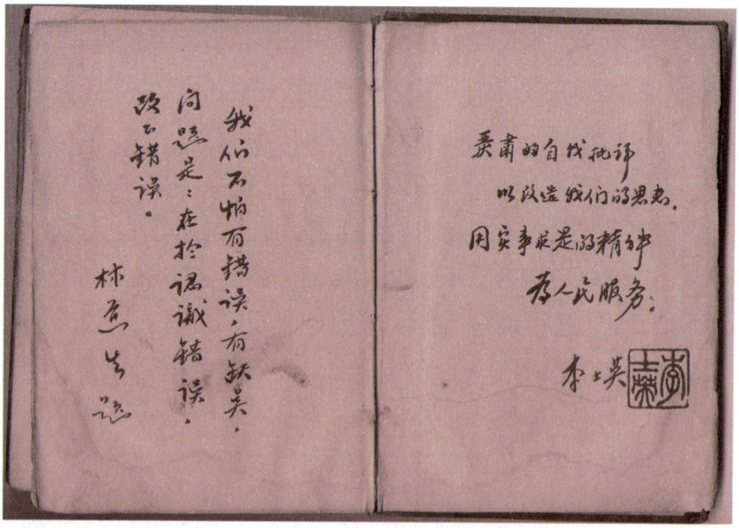

李士英校长和林道生副校长的题词

学习手册分为控诉、反省坦白、思想转变、学习心得、生活素描、诗歌、杂俎七个部分，内容皆为留任员警根据自身思想和生活的转变有感而发

北站分局员警学习小组的讨论具有很强的代表性和典型性。他们认为，新旧时代的警察有三点不同：首先，过去是“警察”人民，处处地方是警先察后地“警察”着人民自由，替少数官僚服务，用独裁来执行其统治人民的手段。现在是人民警察，是为广大人民服务，替人民“警察”着那些反人民之不良分子，坚决与英勇地保护人民利益。其次，领导上作风的不同。蒋伪的领导是独裁，因而弊病重重，自私自利，滥施职权，竭力吸取人民的膏脂。今天人民政府的领导，是民主集中，艰苦朴实，开诚布

学员们在校学习期间同居住、同出操、同学习、同劳动，
在教员的帮助下，共同努力，实现了从警察人民到人民警察的转变

公，一切以人民利益为前提。最后，纪律上之不同。过去当警察敲竹杠、欺诈人民没有事，最多送几个钱给局长，就万事大吉。如今的人民警察是根据解放军的“三大纪律八项注意”，须严格遵守，绝不许可打人、骂人、贪污敲诈。要秉公处理一切事务，以身作则，使人民和警察密切结合起来。

静安寺分局一位留任员警说，以前我们大多数人是“没得法，当警察”，平常走在路上老百姓见了我们，像是遇上了疯狗似的存着戒心。他还说起了自己亲身经历的一件事：有一次我换了便服到街上去，在电车上，听到两个人在讨论着，一个说："老兄你说气人不气人，今天我在马路旁卖青菜，走来一个警察，不管三七二十一，就是一顿踏，把青菜踢得满地都是，说我是妨碍交通。他们只是对我们有劲道，但那些公司的大亨们公开地赌博，连问都不敢去问，说是怕打破了自己的饭碗。"另一个说："可不是吗？他们就是穷人眼里的狼，富人眼里的狗。"当我听到这种称呼时，觉得脸上热辣辣的难受，很受刺激。解放了，我并没有忘却被老百姓称为如狼如狗的耻辱。我将如何消除这奇耻大辱呢？我想这有待于每位警察同人的共同努力，喜欢揩油的，企图做"五朝"元老的，行动野蛮得像疯狗的，不要再故态复萌了。只要我们衷心诚意为人民服务，像毛主席说的"全心全意做人民的勤务员，我想不久的将来，人民一定会像看待解放军一样看待我们的"。

学习后得出这样的结论源于留任员警的真实经历，也许他们当时并没有觉得耻辱，但进入新社会，通过他们的自身观察和切实感受，这种耻辱感尤其强烈。他们中的大多数期待转变思想，有了为人民服务的愿望。正是基于这样的认识，北站分局诞生了共和国历史上第一位公安烈士。

7 月 1 日，北站分局留任员警黄伟生在执勤中因盗匪开枪拒捕英勇殉职，被人民政府批准为烈士，并对其家属从优抚恤。上海市人民政府公安局举行了隆重的追悼大会，李士英、扬帆和市局各职能部门领导、分局局长、驻军首长等参加了悼念活动。8 月，榆林分局南下接管干部欧震利用职权，对原国民党军官之妻敲诈勒索并诱迫同居，涉嫌严重违法犯罪，经市军管会批准处以死刑。这一正一反两个发生在身边的事例，在留任员警中产生了巨大影响，深切体会到共产党严格按照《约法八章》办事，言行一致、赏罚分明的原则。在政治思想和纪律执行上，留任员警和南下干部一视同仁，生活上，公安干部实行供给制，留任员警大多数保留原薪。这些举措使他们实实在在地感受到人民政府的关怀，也激励他们在恢复和发展城市生产、稳定社会秩序中发挥更大的作用。

"戴上人民警察的臂章，就要做为人民服务的事情"

"戴上人民警察的臂章，就要做为人民服务的事情。"跨越式的思想认识使绝大多数留用警察在短期内走出了彷徨和迷茫。他们感到，在警察前面冠上“人民”两个字，使自己这份职业就有了与过去完全不同的意义。因此，对“人民警察”的身份也有了发自内心的荣誉感和责任感。

蓬莱分局董家渡派出所的三等警士刘春山在旧警察局干了八年。欺压百姓，拿钱摆平，遇事逃避，以职行私，此类事例都是他习以为常、司空见惯的。分局局长多次宣讲政策，号召全体留任员警在共产党和人民政府领导下，真正做个为人民服务的“人民警察”，对他这个年轻的“老警察”触动很大，他渐渐意识到，过去我们做的事情，真是太对不起老百姓了，今后一定要尽心尽力为人民服务。

抱定决心后，刘春山觉得心里轻松愉快，做起事来劲道十足，单说最普通的值勤一项，过去想方设法地逃岗现象，现在完全没了影子。不过更多的考验还在等着他。

这一天，他到小菜场维护摆摊秩序，几个与他熟悉的摊贩见他来了，立刻像过去一样套起了近乎。姓林的摊贩一向霸道，摆摊完全不讲规则，绰号“土匪”。过去与刘春山称兄道弟，刘春山也是眼开眼闭。“土匪”给刘春山递上一支烟，在过去，刘春山就把烟朝嘴角一夹，等着他点燃了。但“土匪”惊讶地发现，刘春山竟然没接过去。周围的摊贩都看着，脸上是无声的笑。“土匪”一下子觉得很没面子，就朝着众人说：“有种就笑出来，别他妈跟我装。”刘春山意识到，是改变的时候了。他对“土匪”说：“老林啊，你这一套行不通了。现在，我们是人民的警察了，我们要为绝大多数人服务，不能再包庇不讲道理和不讲社会秩序的行为。你们在这里摆摊，也要讲规矩，不能随心所欲了，更不能欺负别人，人民警察是不可以收买的。”“土匪”盯着刘春山，好像从不认识他似的，然后一脸颓丧地翻翻眼珠子，悻悻然退去。于是，留下的摊贩们根据刘春山的要求，整理起了自己的摊位。过去，因为刘春山的包庇，大家对“土匪”敢怒不敢言。今天，刘春山竟然说了公道话，大家觉得这世道是真变了，人民警察确实是为大多数人服务的。从此，这个菜场的摊位摆放井然有序，也没有了像“土匪”这样的霸道者。

不久后的一天，凌晨两点多，刘春山值班。他经过一条小弄堂时，两个形迹可疑的人引起了他的警觉。这么晚了，他们还在这里游荡，究竟在干什么？他凭着直觉判断，这其中一定有不良勾当。但当时冒出的第一个念头是“我又不是刑事警察，何必给自己找麻烦，何况我只有一个人，人家是两个人，万一弄不过他们怎么办？”然而，他再一转念，“我现在不是人民警察吗？如果这两个人做有害人民的事情，我怎么可以看着不管呢？”这样一想，他的胆子大了起来，随即拔出腰间的手枪，回过身来，暗暗跟着两个黑影。大约二十分钟后，他看到他们走进一幢大房子。不一会儿，里面又有十几个人搬着什么东西。刘春山稍稍上前，屏住呼吸，仔细察看，啊，原来是六大桶柴油，这是趁着黑夜实施盗窃。刘春山顾不得多想了，立刻冲上去，亮明自己的身份，用枪指着他们，让他们跟他去派出所。为首的跟刘春山打哈哈，说放他们一马，油可以分给他，也可以给他金条。刘春山哼了一声，大声喝道：“你们以为现在还是旧社会吗？别啰唆，跟我到派出所，交代清楚，争取从宽处理，才是正路。”刘春山的凛然把窃贼镇住了，他一个人押着窃贼和赃物到了派出所，然后继续往前巡逻。事有凑巧，这天夜里，会馆后街两个偷木头的窃贼又落入刘春山和几个同志手中。把这两个窃贼带到派出所的时候，晨曦初露。几乎一整夜没睡的刘春山却感到神清气爽。上班时，同事们围着他询问夜晚破案的情形，他诚恳地说：“我们戴上了人民政府公安局的臂章，就要尽力做为人民服务的事情，我们一定要叫全上海人民不再讨厌警察。”

当然不止一个刘春山，在旧警察局干了二十余年的江宁分局交通警王永富，当年利用职权为自己捞好处是一件常事。解放初，他仍以旧警察作风指挥交通，被车夫辱骂，要是在以前，他早就扇耳光回敬了。现在打人是不敢了，但他的对策是消极怠工，擅自关上交通指挥灯，抽烟喝茶去了。上级告诫他多看报纸，转变脑筋，这一看还真看进去了。有市民问人民政府为什么还用腐败的旧警察，他感到了惭愧，终于有点儿明白人民对旧警察为什么充满了仇恨。再看看《约法八章》，再不改过，怕是不行了，应该打消动脑筋敲钞票的念头了。在他交警岗边的人行道上，李麻皮在卖牛头面，朱贵富在修理三轮车，他和颜悦色地请他们搬到该去的地方。李麻皮说：“王先生要吃点心吃好了，自己人用不着摆噱头。”朱贵富也附和着。王永富回答：“过去国民党是上下贪污，大家包庇，你们违章我也睁一只眼，闭一只眼，可现在不行了，政府是人民的，我们警察也是人民的，我们要替人民做好事情，你们在人行道上做生意，不是妨碍人民的交通吗？”这两个占据人行道很久的摊位终于搬走了。

解放还没“满月”的 1949 年 6 月中旬，市公安局（含 31 个分局）总

人民警察社舉辦第一期讀者徵文啓事

題目：讀了「新人生觀」之後（副標題爲我的人生觀檢討）

辦法：（一）凡本刊讀者均可應徵，稿寄本社編委會收。

（二）字數不限，來稿用鋼筆或毛筆書寫清楚。

（三）內容應切實際，只要內容與實際一致，文筆好壞不作評獎條件。

（四）來稿於十二月二十日截止，來稿請註明服務單位及眞實姓名。

獎勵辦法　一等獎一位　二等獎三位　三等獎六位　四等獎十位　五等

（上述各獎分別給予獎品，三等以上者原文在「人民警察」上發表）

《人民警察》杂志以《读了〈新人生观〉之后——我的人生观检讨》为题，向全局民警开展征文活动

员额 16500 多人，其中留任员警占比 85%。按照严明的规章制度和严格的组织纪律留用旧警察，是解放初这一特殊时期维护社会治安秩序的特殊举措，事实证明是富有成效的。它的成效来自《员警奖惩规则》《刑事警察服务规则》《消防员警奖励办法》等一系列配套法规的实施，有法可依。对“工作上有特殊成绩表现，非奖励不足以昭激励”的员警，规定了嘉奖、记功、记大功、晋级或加薪、提升职务 5 种奖励办法，以及 13 种应予奖励的行为；同样也规定了包括开除公职直至追究法律责任在内的惩罚措施。

经过严肃有力的整顿，上海公安队伍的凝聚力大大增强。6 月 22 日，华东军区警卫旅及所辖四个团共 7000 余人奉命改编为上海市人民政府警察总队，直属上海市人民政府公安局领导，为全市对敌斗争和维护社会治安提供了强大的支撑。

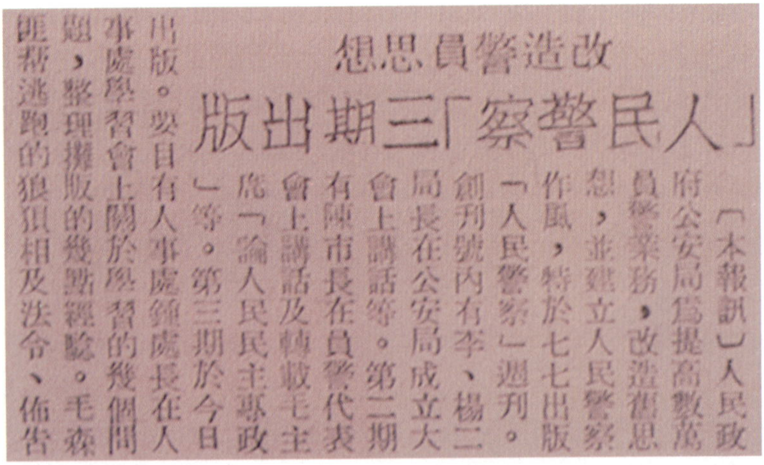
改造警員思想

「人民警察」三期出版

（本報訊）人民政府公安局爲提高數萬員警業務，改造舊思想，並建立人民警察作風，特於七七出版「人民警察」週刊。創刊號內有李、楊二局長在公安局成立大會上講話等。第二期有陳市長在員警代表會上講話及轉載毛主席「論人民民主專政」等。第三期於今日出版。要目有人事處錦處長在人事處學習會上關於學習的幾個問題，整理攤販的幾點經驗。毛森匪幫逃跑的狼狽相及法令、佈告

《解放日报》刊载的《人民警察》杂志刊发警员思想改造文章的新闻报道

新中国的第一本公安刊物《人民警察》

王建幸

上海公安有一张亮丽的名片——上海公安博物馆。久有重访之意，立春之日，终于成行。

重访之意，缘有二：一是参加公安博物馆组织的一次研讨活动；二是再次探望我所崇敬的国家一级文物《人民警察》杂志创刊号。何谓探望？因为这本杂志伴随了我的从警生涯……

巧了，博物馆研讨主题就是：如何挖掘公安文物背后的历史故事，迎接中国共产党百年诞辰。数十篇题目，我领受了其中一篇：记一本特别的刊物——《人民警察》杂志。

这不仅仅是因为她的创刊号是国家一级文物，荣获过国家百种重点期刊、公安部两届金盾优秀期刊奖、华东地区优秀期刊奖等荣誉称号，更主要的是，我还曾经在杂志社工作了六年。

《人民警察》创刊号

老伙计，你在哪儿呀？

她在一个玻璃展台里静静地“躺”着。尽管封面已经泛黄，毕竟历经了72年的风霜。但是，在我的眼里，她依然是那样的光彩照人、鲜艳夺目。

打开《人民警察》杂志第一卷第一期，映入眼帘的是蓝底红字配有一幅白描：一名戴着钢盔指挥交通的民警。

《人民警察》创刊号：一九四九年七月七日出版。

刊名：《人民警察》。

题字：陈毅。

编辑者：人民警察编委会。

发行者：上海市人民政府公安局。

为创刊题词者有：时任中共中央华东局书记饶漱石、上海市副市长潘汉年、总工会主席刘长胜等。

饶漱石题词：严守政府法令，保护人民利益，遵守群众纪律，不得假公济私。这是人民警察应遵守的纪律。

潘汉年题词：人民警察创刊纪念：彻底消灭反动残余，迅速巩固革命秩序。

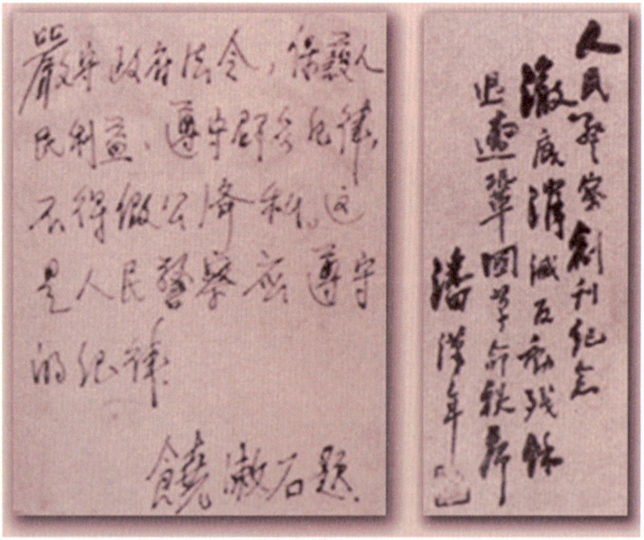

饶漱石、潘汉年为《人民警察》的题词

刘长胜题词：过去在上海的警察是被帝国主义和反动政权用来压制上海职工的，而人民警察应该尊重职工，爱护职工，把职工看成国家的主人翁，忠诚地为人民服务，建立人民与警察友爱合作的关系。

卷首发刊词开宗明义："适应着广大人民的要求，我解放大军伸出铁拳一击之下，蒋匪压榨人民的军政机构，已在上海被一扫而光了。作为人民政权一环的公安机关，从其组织到每个员警，如何能够真正负担起为600万人民服务的重任，则就不仅是空喊口号而能完成此一繁重与复杂任务的，特别参加此一工作的成员。有的虽经过多年解放战争，或对敌秘密斗争洪炉的锻炼与考验而证明其确能为人民而工作，但缺点在于对此复杂社会的斗争经验不足。有的虽在过去在敌伪警局（甚至租界捕房）干事多年，可以说是了解上海罪恶不少，但不少是沾染上极恶劣的敲诈勒索危害人民利益的作风，更有的某些已被政府宽大并参加了工作，但尚怀抱异想，甚至阴谋不利人民事业的分子，凡此种种，不用说要使真正能够完备地达到为人民服务的程度，无论在业务上、思想与作风上均是相去甚远的。

"为此，《人民警察》的出版，就应当及时担负起对我全体数万员警提高业务、改造思想与作风的指导作用，同时和蒋匪黑暗统治的形状覆灭和广大人民的翻身，乃是一个人民世纪的开始。在此伟大历史转折点上，我绝大多数真心愿意为人民做点工作的员警同志，由于出身于旧社会并多少沾染了劣根性，虽欲振作而不知所措。对此，我《人民警察》尤有给予启发教育的义务。

"《人民警察》不仅是对我全体员警宣传教育的工具，在提高我们的业务水准、改造思想作风上，它应当通过俱乐部、通讯组、通讯员及员警中的其他群众组织来达到进一步提高员警的一般政治觉悟水准。因而它同时应当成为一个组织学习、组织与员警生活有关的福利和体育的活动，来达到各方面的进步与活跃。

"最后，《人民警察》还是我们每个员警'洗脸'的工具，无论我们个人或者是我们所做的工作，究竟是为人民服务？还是人民仅仅是对我个人来服务的?！在个人及个人所做的工作如果结果证明确实是为人民服了务，则《人民警察》就应及时地予以表扬鼓励，反之就应予不客气的指责，至于那种心怀敌意或甚至阴谋反人民者的行为，则《人民警察》尤有义务把他搬到光天化日之下——大众面前，予以洗涤暴露，让大家加以批判，以提醒还希望回头向善的人们。”

读罢发人深省的发刊词，我的眼前似乎闪过了一幅幅画面——

继辽沈、淮海、平津三大战役取得胜利后，1949 年 4 月 21 日，毛主席、朱总司令向全军发出命令，要求坚决、彻底、干净、全部歼灭中国境内一切敢于抵抗的国民党反动派，解放全中国人民。人民解放军百万雄师遂以排山倒海之势，在西起江西九江湖口，东到江苏江阴的千里长江上发起了渡江战役，一时千帆竞发，炮声轰鸣，硝烟弥漫，水柱冲天。4 月 23 日即攻克了国民政府所在地南京。毛泽东主席喜闻南京解放，欣然写下了《七律·人民解放军占领南京》一诗：

钟山风雨起苍黄，百万雄师过大江。
虎踞龙盘今胜昔，天翻地覆慨而慷。
宜将剩勇追穷寇，不可沽名学霸王。
天若有情天亦老，人间正道是沧桑。

继解放南京以后，人民解放军以摧枯拉朽之势一举解放了整个苏南地区。经过丹阳集训准备后，1949 年 5 月 12 日，我华东野战军又对上海外围发动了攻势。不日，20 军、23 军、26 军、27 军四个军四面合围攻进了上海市区。5 月 27 日，上海人民广播电台向全世界宣布：远东最大的城市上海解放了！

人民解放军的英勇作战、严明纪律、秋毫不犯，深得上海人民的赞颂和拥戴。

1949 年 6 月 2 日，上海市人民政府公安局在福州路 185 号正式挂牌成立。

巩固新生红色政权、清除国民党残渣余孽、荡涤社会污泥浊水。新建立的上海市人民政府公安局能否经受住严峻斗争形势的考验，在党委和政府领导下该如何出色完成这么繁重而又艰巨的任务？

各级领导的担忧不是没有原因的。

上海，中国最大的经济文化中心，不仅是经济金融商贸重镇，也有帝国主义冒险家乐园之称。随着解放战争的推进，国民党溃兵散落在社会各个角落；敌特分子潜伏下来伺机破坏；反动会道门及帮派势力仍然横行江湖；投机炒卖、囤积居奇等破坏经济活动猖獗。还有黄赌毒等社会“污泥浊水”亟待清除。

而反观当时的市公安局，2000 多名南下接管干部和原在旧警察局内的中共地下党员虽然接管了旧上海警察局，但砸烂旧机器容易，建设新秩序难。如何在这么大的一座城市开展对敌斗争、打击各类违法犯罪活动、组织人民群众开展治保工作、迅速恢复社会治安秩序等，新成立的人民公安是缺乏经验的。况且，队伍中还有 1.4 万余名留用旧警察亟待教育改造，打铁必须自身硬。以这样一支刚刚成立且不纯粹的公安队伍去担负如此繁重复杂的任务，确实令人捏了一把汗。

早在丹阳集训时，扬帆与钟望阳同志就有办一本公安刊物的想法，并将此事列入接管工作的议事日程。扬帆与钟望阳同志皆为“左联”老将。扬帆，又名殷杨，江苏常熟人，30 年代初在北大文学院求学时便参加了北京民族先锋队、北京大学救国会和北京左翼作家联盟。曾任上海《译报》主编；在《江淮文化》杂志上发表《皖南突围记》等作品。1939 年参加新四军，1944 年 10 月任中共中央华中局敌区工作部部长、华东局社会部副部长。新中国成立后，任上海市人民政府公安局副局长、局长。钟望阳笔名苏苏，上海市人。1937 年加入中国共产党。曾在“左联”领导的海燕文艺社、淮南解放军区党报工作。上海市人民政府公安局成立后，作为市公安局人事处处长的钟望阳，面对如此复杂的队伍状况，为了更好地培训教育员警，加强党的政策宣传落实，监督和改造旧思想旧作风，尽快提升员警业务，在李士英局长、扬帆副局长的大力支持下，抽调了七名同志，创办了一份公安刊物。刊物名字初定为《人民警察》，并请陈毅市长题字。原以为陈毅市长日理万机不一定会答应，不料，当市政府工作人员向他请示后，陈毅市长非但欣然命笔，而且仅仅一周时间就完成了题字，并写了四幅。他还要工作人员转嘱市公安局：“我写了四张，由你们选用一幅作为刊名。”众所周知，陈毅市长是一位上马能打仗、下马能作诗，文武双全的领导，为一本杂志题字竟然如此重视和如此谦虚，着实令人感动，同时极大地鼓舞了市局领导和办刊同志。

于是，《人民警察》一个全新的充满朝气蓬勃的名字诞生了；于是，1949 年 7 月 7 日，一本新型的公安刊物《人民警察》创办了。这也是中国历史上第一本融新闻性、纪实性、文学性为一体的公安刊物。

它不仅政治属性明确，而且职业特性十分鲜明：中国公安机关是人民的警察，而不是警察人民！人民警察是保卫和服务人民；警察人民，则是欺压鱼肉人民。云泥之差，天壤之别。当然，《人民警察》杂志也是为人民大众，为人民公安干警服务，并鼓与呼的。

在珍贵的创刊号里，我拜读了首任公安局局长李士英、副局长扬帆在公安局成立大会上的讲话。亦看到了一位笔名叫灵犀的作者的文章《从今天起，我们要做人了》。旧社会，旧警察是“穷人眼里的狼，富人眼里的狗”。多么形象和深刻的比喻啊。新社会，人民当家做主，属于人民一分子的人民警察，政治地位高，所以有了“从今天起，我们要做人了”的感叹。

创刊后的《人民警察》杂志，16 开 16 页的篇幅，每周一期，开设了“总类”“小言”“行政”“刑事”“学习”“人民呼声”“思想改造”“员警生活”“戏曲·诗歌·漫画”以及“公安法令”等栏目。办刊人员白天深入一线采访，夜晚挑灯夜战，工作艰苦紧张，但充满了激情，不断提高办刊质量。创办不久，就成为各级公安机关学习教育甚至业务培训的好老师、好教材。市局领导更是十分重视发挥《人民警察》杂志的作用，扬帆局长虽然工作繁忙，但仍然坚持每周为杂志写一篇指导性的文章。文章抓住队伍建设业务工作上存在的问题，切中要害，言随法出，晓之以理，深入浅出，亦文采斐然，员警们深受教育。一本小小的杂志，却犹如一把锃亮的军号，吹响了上海公安队伍建设的新号角。

上海公安烈士第一人：缉捕盗匪的英雄黄伟生

孙建伟

7月2日凌晨1时许，为了抓获匪徒，年轻的公安战士黄伟生倒在了初夏之夜。作为一名从旧时代走来的警察，他曾目睹国民党的腐败黑暗，也亲历了新政权的廉洁清正。他决心跟着共产党走，全心全意为人民服务。他，以自己的行动诠释了什么是共和国的人民警察。

黄伟生烈士

执勤遇难

上海解放前夕，国民党反动政权从监狱里释放了3000多名惯匪惯盗，这些人与溃散四处的散兵游勇、流氓帮会成员一起混迹作恶，为祸一方。新生的上海市人民政府公安局面临着非常严峻的局面，经部署，一场打击盗匪劫匪的专项斗争迅速打响。

1949年7月1日晚上，上海解放后的第35天。听说近期北火车站天目路一带的盗窃案频发，北站分局民警黄伟生主动向股长提出上街巡查，他的提议得到了战友鲍济民、王玉良、马文杰的呼应，四人经股长同意后一起出发去了北火车站。

黄伟生，原籍湖北，八岁丧父，家庭贫苦。旧时代，他曾在国民党上海市警察局常熟分局、北站分局当过警员，对那里的污浊黑暗十分憎恶。上海解放后，黄伟生被留用。在经历了一个月的思想改造学习后，他提高了政治觉悟，对新中国人民警察全心全意为人民服务的宗旨有了深刻认识，在打击盗匪劫匪的专项斗争中干劲十足。

时间过了7月2日零点，黄伟生他们冒雨巡查到了天目路康乐路沪平旅馆，鲍济民等三位民警入内检查，黄伟生在外面巡哨。

忽然，聚在康乐路国民小学墙角低声交谈的几个黑影引起了黄伟生的注意。这几个人行迹诡秘，黄伟生在高度责任心和职业敏感性的驱使下只身前往盘问，查验他们的身份。

这几个人先是一怔，后发现只有黄伟生一个人，便起了歹念。其中一个穿着黑色短衫裤的家伙，边说“好！我拿给你”，边从衣袋里掏出手枪，“砰”的一声，对准黄伟生头部开了一枪。黄伟生猝不及防，子弹从其喉部射进穿过后脑。

此时已是7月2日1点。

进入旅馆检查的鲍济民等三位民警听到外面的枪声后，立即夺门而出奔赴现场。只见黄伟生已倒在血泊中，头部伤口处还在流着鲜血。三人见此情景，意识到情况严重，当即兵分两路：一路叫来救护车将黄伟生急送医院抢救，并向局里汇报；另一路则沿着天目路匪徒逃窜的方向奋力追捕，追到祥生汽车公司门前将匪徒沈某抓获，其余匪徒在夜幕的掩护下四散逃逸。

黄伟生被送医后，终因伤势过重，抢救无效而壮烈牺牲。

缉获凶手

为了打击盗匪劫匪，维护好上海的社会治安秩序，主动提出上街巡查的年轻民警黄伟生倒在了匪徒的枪口之下。

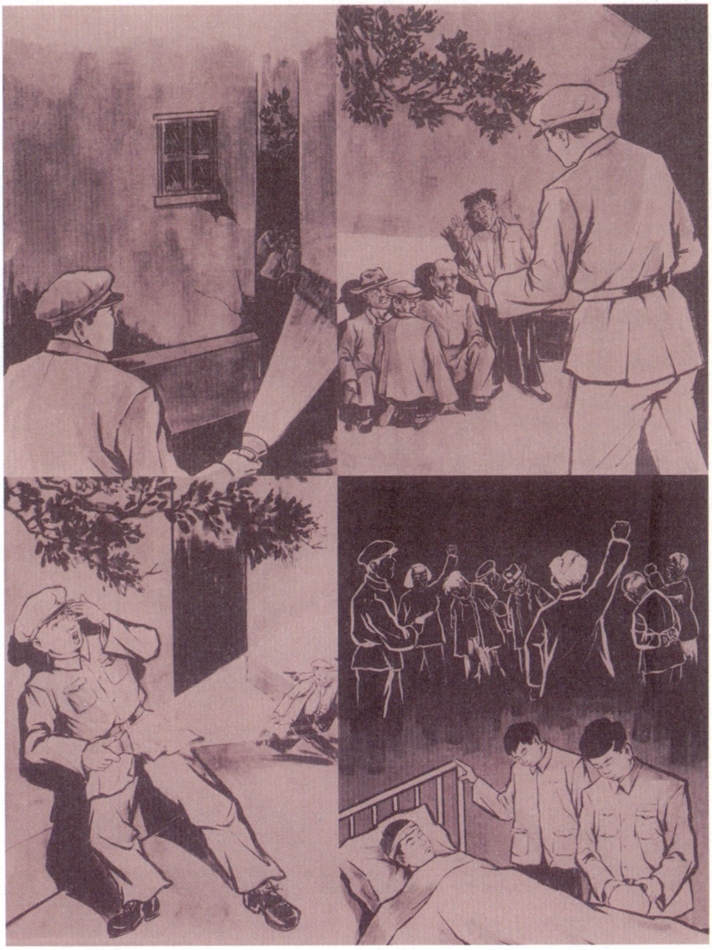

根据黄伟生烈士事迹创作的图画，反映了黄伟生烈士为了人民生命财产安全而献出生命时刻的情形

噩耗传到北站分局时，所有同志都十分悲痛，转而群情激愤，纷纷要求为黄伟生同志报仇。

被民警现场抓获的匪徒沈某一开始拒不承认自己与此案有关，但他却又无法说清楚自己身上为什么会藏匿着一支盒子枪。一番激烈的思想斗争后，沈某终于供述，与他一道来的几个人，一个姓顾，穿黑色短衫裤，枪就是他开的。穿白衣的姓夏，已持枪逃跑。还有姓陆的和三轮车夫杨大个子，一起同谋抢劫，事先已在安庆路同发里某号后三楼杨大个子的家中商议过。

根据被捕案犯沈某提供的线索，北站分局局长林星立即布置了抓捕行动，一张缉捕匪徒的罗网在夜幕下张开。在逃的案犯中，只有杨大个子有确切的住址。因此，第一步必须先抓获这个杨大个子，然后设法找到另外几个。副股长朱贵玉当即率领十余名民警赶到沈某提供的地址，可杨大个子并不在家。于是，朱贵玉布置民警鲍济民、马文杰留在房内守候伏击。拂晓时分，一个肩宽腰粗的家伙，幽灵似的闪进屋里，守候伏击的民警一跃而起，将其当场摁住，押回局里。

杨大个子是这个团伙的关键人物。据其供述，穿黑色短衫裤开枪杀害黄伟生的凶犯就是顾恒华，江湖绰号“顾三爷”，是他的名誉“老头子”。这帮盗匪作案前先在他家里进行了商议，决定由顾恒华、沈某、夏某、陆某四人持枪前往康乐路，抢劫一个他们早就盯上的交通运输行，他当时的任务是踏着三轮车在一边望风。零点后，他听见了枪声，知道事情败露便立即踏着三轮车逃跑。他还供述，顾恒华住在大洋桥（今交通路，原名“普善桥”。由木结构改建为水泥桥，故当地人称“大洋桥”）的棚屋内，夏某则住在安庆路某弄……民警按照杨大个子供述的地址将此案所有嫌疑人全部抓捕归案。此时，距离 7 月 2 日凌晨 1 点盗匪开枪杀人，不足 12 个小时。

经查，匪首顾恒华长期盘踞在闸北太阳庙一带，满身刺文，徒弟甚多，在上海的十余年，以偷窃、强盗为生，祸害民众。在彻查了这伙盗匪的罪行后，顾恒华被依法判处死刑。

同仇敌忾

7月9日下午，黄伟生同志的追悼大会在河南北路桥堍的上海市商会举行。

这是一场极其隆重的追悼会！

会场门口两旁门柱上扎着密密匝匝的白色素花，还有层层叠叠的挽联、花圈，气氛悲壮。

会场入口处张贴着追悼黄伟生同志的纪念特刊——八大张报纸的墙报，前来参加追悼会的同志们认真地读着，为这个年轻的生命唏嘘、感慨。

黄伟生的遗像安放在五角圆圈的鲜花丛里，四周墙上挂满了长长的挽联。市公安局人事处送的挽联上写着："因公殉职，何足挂虑，但恨未见新中国；散匪害民，必须肃清，此职全在我员警。"

黄伟生的妻子、母亲和亲属，市公安局局长、分局局长，市公安局主要部门负责人、全市各分局的民警代表，以及驻军代表800余人参加了追悼会。

这是一场化悲痛为力量的追悼会！

上海市公安局局长李士英在发言中说道："中国革命二十多年来牺牲了几百万进步有为的青年，黄伟生同志就是其中之一。对于黄同志家属来说，当然很不幸，而且我们大家也很悲痛地失去了一位同伴，但在中国人民伟大的革命运动中，为了600万上海人民的治安而牺牲，又是无上光荣的。对于黄同志的家属，人民政府应当按烈士优待加以抚恤，保障其生活，对他的孩子就像我们自己的孩子一样，应当为其养育。"

北站分局局长林星说，今天国民党匪帮公开的反动机构虽然打垮了，可是他们还在梦想采取各种方法来破坏革命秩序。所以今天追悼黄同志，不仅要纪念他，抚恤他的家属，而且我们要更努力地确立巩固革命秩序，肃清匪特，为人民服务努力到底。

在场的同志们齐声高呼："团结起来，彻底肃清潜伏匪特，为黄同志报仇！"

这是一场转变留用警员思想的追悼会！

当天，参加追悼会的有不少是旧警察局的留用警员。他们亲眼见到，当同为留用警员的黄伟生为着大多数人民的利益而牺牲时，人人都在纪念他，共产党也并没有丝毫的区别对待，反而号召大家向他学习，称颂他为人民警察指明了新方向，要求大家向他这种高度的服务精神看齐，这样的追悼会在国民党时代是完全不可想象的。

尤其当他们听到“解放后，留用警员对我们共产党多多少少有些怀疑，这是不必要的。只要为人民服务，都是好同志。今天我们追悼黄同志，就可以看出来。所以希望新旧同志今后在为人民服务这一目标下，更好地团结起来，为上海 600 万人民的治安服务”时，更是感慨万千，留用警员们纷纷表示要彻底根除过去在国民党警察局养成的坏习惯，努力学习革命道理，提高业务，树立人民警察的新作风，只有这样才对得起烈士，对得起人民。

这是一场鼓舞全市公安民警继续严厉打击盗匪的追悼会，黄伟生被上海市人民政府批准为革命烈士。当年年底，上海公安机关抓捕盗匪、劫匪 1600 余名，上海的社会治安环境明显好转。

发烫的“摘由纸”：
上海解放后打响的惩腐第一枪

缪国庆

尽管历经70多年的沧桑，保存在上海公安博物馆里的那一页“上海市政府摘由纸”至今依然发烫。

那种发烫的感觉，可以从人的体肤一直传导到人的心灵，让人去探究其中的究竟，然后成为自己人生中的一种预警。

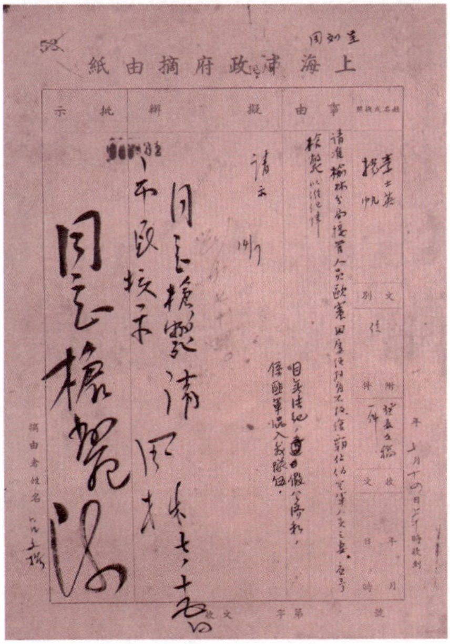

陈毅市长“同意枪毙”欧震的亲笔批示

那蓬惩腐的怒火依然在燃烧

发烫，是因为“摘由纸”上那蓬惩腐的怒火依然在燃烧。

火中，分明有着那个年轻却是邪恶的背影：时光回溯到1949年6月8日上午，上海一幢石库门弄堂房子的大门被敲响，那是国民党空军司令部第21电台台长毕晓辉的家。这个毕晓辉，在解放前夕已随蒋军仓皇南逃，弃下了他的一妻一妾。为了搜查毕晓辉藏匿的枪支弹药，公安局的办案人员来到了他的家中。

办案人员中有一人名叫欧震，他年纪不大，可经历不少：他曾先后在国民党青年军、浙江台州保安队、南汇警察局等处待过，并加入过三民主义青年团，他曾被人民解放军俘虏，后经教育释放；不久，脑子活络的他见山东济南警官学校招生，便直奔济南赴考，毕业后随解放军南下。上海解放后，欧震戴上了军管会臂章，成了上海市人民政府公安局榆林分局接管工作的军代表。

话说欧震进到毕晓辉的家，目光在屋内快速扫视一周后，就不由自主地落到了毕妻朱氏的身上。毕妻朱氏年轻貌美，让欧震为之目眩，此时的他，已经萌发了一个罪恶的念头。当天晚上，欧震独自敲响了毕家的那扇门。再说那朱氏见军管会的人又一次上门，又惊又怕，但毕竟当了一段时间的官太太，多少也算是场面中人，敲诈勒索的事没见过也听说过，她一转身就从写字台抽屉里摸出四枚银圆，递给了欧震。欧震毫不客气地收入了囊中，但他的来意倒不是这四枚银圆，而是贪图朱氏的美色。见这位年轻的军代表色眯眯地望着自己，作为过来人的朱氏岂会不懂其中的意思？半推半就间，也就逢迎着成全了他。有了这一次，欧震便欲罢不能，常常找借口往毕家跑。此后，为了达到与朱氏长期同居的目的，他暗令榆林分局一个留用旧警为他在外面找了一间房子，而对同事则谎称乡下的未婚妻来了，就和朱氏堂而皇之地过起了“夫妻”生活。

若要人不知，除非己莫为，欧震的反常现象终于引起了同事的怀疑。一次，军管会的一个同事无意中发现欧震在把玩银圆，他的心里顿时一怔：欧震的手里怎么会有银圆？其时，军管会内部条件比较艰苦，军管人员的手里绝对不可能有银圆，再说，欧震老家是贫农，也没听说过他有富亲戚，那么，欧震手里的银圆会不会是受贿，或者贪污而来的呢？那个同事因此多了一份心思。其后，榆林分局对欧震的调查秘而不宣，而事情很快就在深入的调查中真相大白：刚刚解放的上海，正处于百废待兴的非常时期，身为接管人员的欧震，却利用军代表名义，收受贿赂，霸占国民党军官太太，目无法纪，严重玷污了军管会的声誉。是可忍，孰不可忍！

欧震被依法逮捕。

那声代表正义的枪声依然在鸣响

发烫，是因为纸上那声代表正义的枪声依然在鸣响。

人民解放军接管大城市，本身就是一场新的考验与挑战。毛泽东早在西柏坡中共七届二中全会期间就说过，进入上海，中国革命要过一大难关。

一进入灯红酒绿的上海，尽管日理万机，作为市长的陈毅同样怀有了一种深深的忧患意识，他曾经向部下反复强调："我们是解放上海、改造上海呢，还是被上海人撵走？我们是红的大染缸，要把上海染红，不要我们红的进去，黑的出来！"言简意赅，语重心长，他的担忧不是没有道理的。其实，在战争年代，作为杰出指挥员的他，早就有了这种忧患意识，在新四军挺进江南之初，他提出的作为给江南人民见面礼的三条原则中，就有一条是"模范的群众纪律"。

树欲静而风不止。

眼下，面对多次警示后还真是"黑的出来"的欧震，陈毅简直是忍无可忍了，他毫不犹豫地作出了"同意枪毙"的亲笔批示，并且指示在枪决欧震的第二天一定要见报，向全社会公布公开欧震的罪状。

于是，就有了1949年8月15日《解放日报》上的一条特讯的大字标题：《沾辱军誉破坏纪律，欧震被处死刑》。特讯是以中国人民解放军华东军区淞沪警备司令部军法处布告的形式刊载的，布告中历数了欧震作为军管会工作人员知法犯法的犯罪事实，明确了欧震罪在不赦的犯罪性质。布告告诉人们，就在刊载特讯的前一天下午，上海响起了解放后第一声惩治腐败分子的枪声。陈毅要以这一声枪响告诉老百姓：共产党、人民政府反对腐败，而且敢于惩处内部的腐败分子。

知法犯法・罪在不赦！

沾辱軍譽破壞紀律

歐震被處死刑

淞滬警備司令部軍法處公佈罪狀

中國人民解放軍華東軍區淞滬警備司令部軍法處佈告：

小評

革命紀律不容破壞

1949 年 8 月 15 日《解放日报》刊登特讯

《沾辱军誉破坏纪律，欧震被处死刑》

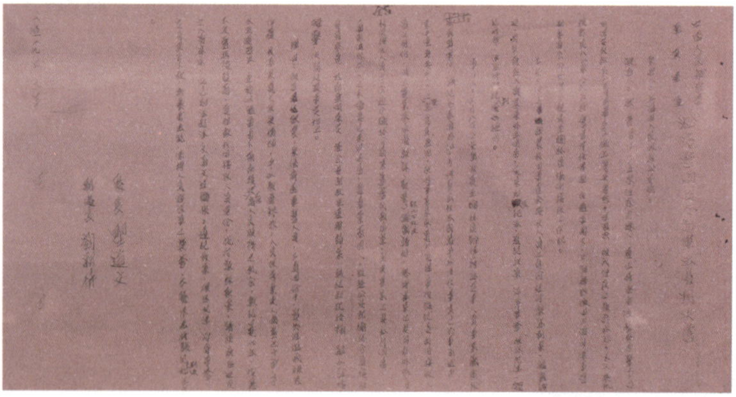

中国人民解放军华东军区淞沪警备司令部军法处

关于欧震的判决书底稿

于是，就有了为那条特讯配发那篇评论《革命纪律不容破坏》：“昨天，淞沪警备司令部枪毙一个违反政策、破坏纪律的接收工作人员欧震，这件事，说明了两个问题：第一，在共产党领导下的人民解放军与人民政府有高度的纪律性。这个纪律性并不因革命在全国范围内已基本取得胜利而松弛，相反地，更加严肃自己的纪律，以保持革命队伍的纯洁。国民党反动派‘接收’上海及其他各城市时，‘五子登科’，公然徇私，我们则不允许革命队伍中有任何一个人腐化堕落，破坏纪律。欧震的行为，就是‘五子登科’的行为，这一方面损害了人民解放军与人民政府在人民群众中的威信，同时，也在革命队伍中产生了一定的毒害作用，为了保持革命队伍的健康，对于这个腐化堕落违反政策破坏纪律的分子，加以纪律制裁，是完全必要的。其次，这对于以宽大政策为可欺的人，是一个很好的教训。欧震过去的历史，在敌人阵营中，虽是胁从，但也对人民犯过些罪的，但人民解放军与人民政府宽容了他，一再予他以改过自新的机会，并且允许他参加上海这样重要城市的接收工作……然而，这是他自绝于人民，当然在宽大之外了。”因此，陈毅也要以这一声枪响，告诉身处上海的共产党干部和工作人员，共产党、人民政府对内部的腐败分子一定会严惩不贷。

表示一种不可动摇的决心

真的，历经 70 多年的沧桑，保存在上海公安博物馆里的那页“上海市政府摘由纸”至今依然发烫，因为表示了一种不可动摇的决心。

毋庸讳言，我国正处于并将长期处于社会主义初级阶段，滋生腐败的土壤和条件依然存在，腐败案件多发易发的态势在一定领域、一定阶段内很难逆转，诚如中纪委曾经提到过的“两个仍然”：消极腐败现象仍然比较严重，反腐倡廉形势仍然严峻。因此，顺应百姓追求公平正义、呼唤政治清明的新期待新要求，围绕教育有效、制度管用、监督到位、改革深化、纠风深入、惩处有力的工作思路，扎实推进惩治和预防腐败体系建设，势在必行、必须坚持。

面对有着陈毅亲笔批示的那页“上海市政府摘由纸”，就会让人联想起陈毅的那首《七古·手莫伸》：“手莫伸，伸手必被捉。党和人民在监督，万目睽睽难逃脱。汝言惧捉手不伸，他道不伸能自觉。其实想伸不敢伸，人民咫尺手自缩。岂不爱权位，权位高高耸山岳。岂不爱粉黛，爱河饮尽犹饥渴。岂不爱推戴，颂歌盈耳神仙乐。第一想到不忘本，来自人民莫作恶。第二想到党培养，无党岂能有所作？第三想到衣食住，若无人民岂能活？第四想到虽有功，岂无过失应渐怍。吁嗟乎，九牛一毫莫自夸，骄傲自满必翻车。历览古今多少事，成由谦逊败由奢。”陈毅的这首诗，与那页“上海市政府摘由纸”之间一定有着必然的联系，实在是可以成为当下干部的座右铭的。只是不知陈毅的那首《七古·手莫伸》的手迹现在藏于何处，要是能够与有着陈毅亲笔批示的那页“上海市政府摘由纸”放在一起，作为一种警示，同时作为一种诫勉，或许能够更持久地传导那种发烫的感觉。

上海公安博物馆陈列的欧震案相关展品

惩腐的怒火依然在燃烧，代表正义的枪声依然在鸣响，面对有着陈毅亲笔批示的那页“上海市政府摘由纸”，体会那种发烫的感觉，真好！因为有发烫的感觉，才有敬佩的心情；因为有发烫的感觉，才有敬畏的心情；因为有发烫的感觉，才会告诫自己，不要成为欧震之后的又一个欧震。

引领警民关系新风尚：全国首个警民联系箱

孙建伟

如何实践中国共产党"为人民服务"的宗旨，是摆在新建立的公安队伍面前的重大问题，改造"引起人民的反感"的旧警察作风，消除旧时代遗留的毒素，显得更加迫切。上海市人民政府公安局新成分局从户口申报这个群众最关切的难题下手，由"拆高"到"三亲三员"活动，由上门办户口到警民联系箱，一条建设新型融洽的警民关系的大路正在延伸……

户籍民警在"警民联系箱"前开展工作

1950年8月上旬，《人民日报》发表一篇重磅评论，明确指出：公安工作是人民政权最重要的一项工作。此时，中华人民共和国成立不到一年，一个有力和高效的公安系统对新建立的共和国担负的任务具有十分突出的重要性，它的最集中体现，就是实践中国共产党“为人民服务”的宗旨，彻底摒弃旧警察给人民群众带来的恐惧讨厌心理，塑造新型融洽的警民关系。

上海市人民政府公安局由此发起了一场整顿纪律作风运动。9月上旬，上海市委机关报《解放日报》接连刊出一些读者向报社反映的警察作风问题。

一个留任员警因为说话不当，违反了党在新形势下的政策，他所在的分局领导认为，这种说话方式会引起人民的反感，因此他做了公开的书面道歉：解放以来，虽然我经过了一年多的学习，我的政策水平依然很低……首先，我的说话方式表明经过一年学习后进步多么小。我没有理解政策也没有熟悉国家法律，以至于我会说出这么鲁莽的话。其次，尽管我的话没有嘲笑的用意，但事实上它们一定让对方产生了坏影响……

很明显，怎么说，说什么，是群众区别新旧民警最直接、最在意的感受。盛气凌人、颐指气使是绝大多数旧警察对群众说话的一贯方式，因此，从这样的细微处改变，对于旧警察来说的确是一个触及灵魂的痛苦过程。

不仅是说，怎么做，做什么，更是群众极其关注的问题，这关系到他们的切身利益。蓬莱分局（后来的南市分局）一个便衣警在一家旧货店拿了平熨斗没付钱，被店主报告到分局。领导认为，这就是留任员警遗留的“旧社会毒素”。一年前，这个便衣警曾向一个犯罪分子借钱，当时领导考虑到解放时间还不长，从宽处理，让他把钱还了，并要求他悔过自新。然而，这一次旧习重演，并表现出“利用身份意图贪污的思想”，人事部门对他进行了惩罚。

毋庸置疑，言与行，这是展示新的共和国人民警察形象的起点。

同样不可否认，尽管从上到下已经清晰地认识到，确立并增强人民警察为人民服务意识的紧迫性，但这个过程是漫长的。

拆掉“高不可攀”的户口申报台

1957 年盛夏的一个中午，新成区（今静安区）奉贤路派出所户口受理窗口人头攒动。穿着工作服的工人不停抽烟，妇女哄着吵闹的孩子，阿姨们提着篮子，前来报户口的人们排着长队翘首以待，所有人都面露焦躁。前面那个漆成黑色的申报接待台很高，有一种令人仰视的感觉，小窗口里只探出一顶白色的大盖帽。

居民向“警民联系箱”投递材料

新成公安分局局长叶在均经常在基层跑，那天他身着便服从长长的排队人群中经过，一句话刮进了他的耳朵：“派出所报户口的台子这么高，像旧社会的当铺一样。”另一个声音附和：“你还没看见那个户籍警的脸呢，像刮过糨糊一样，硬邦邦的。问问伊（沪语‘他’或‘她’），交关（沪语‘很’）不耐烦，好像欠伊多还伊少（欠他多还他少）。”

叶局长感到耳根发热，走进户口受理室的时候，这些刺耳的声音依旧不绝如缕。他问道：“这里排队的人每天都这么多吗？”

值班民警头也不回，向后面摆摆手，“谁让你自说自话进来的，排队去。”

叶在均不动，民警又说：“没听见排队吗？你没长耳朵啊？”叶在均仍不动，也不作声。

民警似乎感到自己的权威受到了挑战，“呼”地站起来，回过头来，怒气冲冲的一张脸立即变了腔调，忙不迭地立正、敬礼：“是叶……局长啊。”

“你是今天的值班民警？外面这么多人报户口，好像不太满意啊。”

“报告局长，中午的时候人特别多，是高峰期，别的时候没这么忙。”

“看来大家都是趁着中午休息的那点儿时间来报户口的。但是时间紧，怕是来不及啊。我们民警要注意说话的口气，对老百姓的问题要耐心解释。”

值班民警低下头，又点了点头。

叶在均觉得，解放至今，各级领导对公安民警为人民服务的教育强化要求从没断过，但旧警察习气仍没有完全去除，一部分民警的言行还是使群众很有意见。申报户口是关系到千家万户的大事，也是公安局与群众接触最密切的工作，如果像今天这样的状况长期存在下去，实在有损公安民警的形象，也会给我们的工作带来不利。

就在这天晚上，叶在均召集局领导班子开会，说起了他在户口审理室的亲历。那句议论受理窗口高高在上的话深深刺激了他，这不是把我们民警和群众隔开了嘛。大家随即议论了起来。突然，叶在均重重拍了一下桌子：“我看干脆把它拆了，本来就是旧警署的遗留物，不能让它再挡道了。”大家都表示赞同。

没几天，新成分局下属派出所“高不可攀”的户口申报台被拆得干干净净，又重新设置了户口申报台。叶在均还是不放心，又一个星期天，他像上次那样穿着便服骑着自行车去几个派出所的户口受理窗口转。几个地方转下来，申报台是降低了身段，但民警的脸还是不好看，对申报人的提问反应冷淡，似乎多说一句都嫌烦。硬件改造了，“软件”依然如故。看来要彻底扭转旧警察遗留的习气，还得从更深的角度去思考、去实践。

几天后，叶在均再次召集参加范围更广的分局会议，专题讨论民警工作作风和人民警察与群众的关系问题。他说到了这些天在户口申报窗口的所见所闻，说明整顿公安民警纪律作风绝对不能有丝毫松懈。会场的气氛有些凝重，有人说，这是不是说我们民警的纪律作风有问题，如果我们自己都这么说，社会上对我们就更有看法了。也有人附和这个意见。叶在均扫视了一下众人，稍稍提高了嗓门："难道大家认为社会上对我们没看法吗？同志们，我们不能自己把眼睛闭起来就好像别人也看不见了。"他顿了顿，又说道："知道群众怎么议论的吗？群众说我们民警整天板着脸，脸上像刮了糨糊，像欠了他钱似的。大家认真想想，这种议论对我们意味着什么？如果任由这种状态延续下去，我们也会像国民党警察一样，群众除了怕我们，还会唾弃我们，厌恶我们。这种情况还不值得引起我们高度重视吗？"

经过研究，新成分局决定开展"三亲三员"活动，切实改变工作作风。"三亲"是指对老年人亲如父母，对中年人亲如兄弟，对小朋友亲如子女。"三员"就是民警要成为战斗员、宣传员和服务员。

20 世纪 50 年代末，上海公安民警帮助辖区老人挑水

叶局长的“微服私访”不仅在户口申报窗口引起极大的震动，也对全局民警提出了警示。民警会说了，会笑了。通过“三亲三员”活动获得了群众的真诚回报，也使民警的心灵得到了极大的净化。民警认识到，为人民服务才是公安的立身之本，更领悟了解放初期陈毅市长对民警的殷切期望。

“警民联系箱”挂在了陕西路的一条弄堂口

叶在均对“三亲三员”活动取得的成效颇为欣喜，但并未到此为止，他清醒地意识到，要使这个成果保持常态化，还是要常抓不懈。户口申报台不像当铺了，民警的态度也大为改观，但是窗口面前的长队依然如故。究竟是什么造成的呢？看来还得把“微服私访”继续下去。下基层，是叶在均一贯的工作风格，这个户口申报的事已经有了进展，要做得群众满意就更要一抓到底。

那天，叶在均与正在排长队的一个中年女同志聊起了排队这件事，她无奈地说，自己是挤出午休时间来报户口的，有时排了半天，但临近上班时间了，只能匆匆赶回去，然后还得再来。叶在均恍然，其实这个问题他也想到过，但一直没想出解决的办法。不久，叶在均把这件事向市局黄赤波局长作了专题汇报。黄赤波说了一句意味深长的话：“世界上没有哪个国家的警察机构夜晚关门的，我们上海素有‘不夜城’之称，可我们的警察机构晚上关门，与我们这个大都市实在太不相称了。”叶在均听完一惊，马上涌起一股兴奋之情。黄赤波说：“今天既然说到这个事了，你们新成分局做个试点怎么样？”叶在均站起来，向黄赤波敬礼，朗声答道：“谢谢局长对我们的信任，我们一定做好这个试点。”

回到分局，叶在均立即找奉贤派出所所长老陈研究开展这个试点的运作细节。很快，奉贤派出所就挂出了24小时昼夜受理户口申报的安民告示。这一举措赢得了一片叫好。但紧接着又出现了一个新问题：如果申报材料需要补证明待查，申办居民与管段民警恰恰两相各自找不着，终究还会耽误申报。

叶在均一直对户口申报工作紧盯不放。连续几个周末都在几个派出所转。一天早晨，叶在均又来到奉贤派出所，见一位户籍警带着厚厚一叠文件夹，准备去管段。叶在均问道：“这么厚一叠，里面都有些什么呢？”

户籍警把一叠文件打开，说道：“有很多，户口变动申请，邻居纠纷笔录，还有两封居民来信……”

叶在均一边听一边想，民警可以带着这些材料上门为居民办这些事，有没有可能上门办户口呢？这个念头一出现，叶在均就坐不住了。他一个一个派出所跑，把自己的想法告诉大家，征求意见。这下子热闹了，各种建议五花八门，但还是没有形成令人满意的方案。

那几天，叶在均的脑子里全是上门办户口这件事。吃过午饭，他骑车来到奉贤派出所，对所长老陈说：“老陈，我们一起去弄堂里走一趟。”老陈一时没反应过来，“去弄堂？”“对，去弄堂。”老陈忽然明白了，“叶局长，看你愁眉苦脸的，上门这事，我们所里还在发动大家献计献策，提合理化建议呢。”“老陈，这事对老百姓很急，我们要站在老百姓的立场上，多为他们着想啊。”

两人边走边议，不知不觉走到了陕西路的一个弄堂口。那里挂着一个“肃反检举箱”，叶在均停下脚步，眼睛豁亮了。他指着那个小箱子说：“老陈，你看，这不是现成的吗？”老陈摸摸脑袋，“唔？”叶在均说：“你看，现在肃反工作已经结束，把这个‘肃反检举箱’改成‘警民联系箱’不就行了吗？”老陈明白了，“还真是的，这个主意好啊。叶局长，我们这趟没白跑啊。”

老陈回到所里连夜让民警摘下那个检举箱，用白漆刷掉了原来的黑色字样，再用红漆写上“警民联系箱”几个字。弄完这些已是深夜，但大家都觉得完成了一项重大使命。他们披着月色，将这个“警民联系箱”郑重地挂在了陕西路的那个弄堂口。这就是全国第一个“警民联系箱”。第二天一大早，叶在均兴冲冲地骑着自行车到了这里，发现早已有居民围着这个小箱子指指点点，有人连连说好，“阿拉以后有事，就朝箱里投一张字条，民警就会上门来了”。在一旁的叶在均笑了。接着又诞生了“警民联系卡”，方便居民填报需要申办的事项，民警在三天内必定上门。没多久，“警民联系箱”就在全市公安系统推广开来。虽然这是一件小事，但也是一件实事，赢得了市民的交口赞誉。

警民关系的两大首创

几个月后，《人民日报》上刊载的一则报道引起了公安部部长罗瑞卿的注意，虽然仅仅是简短的两三百字，但罗瑞卿读得兴趣盎然。这个报道写的就是上海公安机关的警民联系箱，这是一件闻所未闻的新鲜事，也是一件为人民服务的大好事。这个小箱子就这样印在罗瑞卿的心里了。

不久罗瑞卿到上海，特意提出要到奉贤派出所来了解警民联系箱的情况。黄赤波和叶在均早早等在新成分局门口。罗瑞卿下车后也没有多少寒暄，就急切地提出徒步去奉贤派出所。但因奉贤派出所离新成分局太远，于是临时改道，去了就近的江宁派出所。叶在均详细地向罗部长介绍推出警民联系箱的情况，罗瑞卿听得津津有味。听完汇报又看了几封群众来信，感慨地说："这件事做得很好。你们要抓紧总结，写个报告送我。不要小看了这个警民联系箱，它是密切警民关系的有效途径，是个重要的桥梁。"

第九次全国公安会议作出决定，
在全国公安派出所推广上门报户口，
户籍管区内挂"警民联系箱"

1958年6月23日至8月16日，第九次全国公安会议在北京召开。会议的主要议题是，根据中共八大二次会议精神，认真总结九年来公安工作经验，研究确定今后公安工作的方针和任务。根据罗瑞卿的提议，上海市公安局新成公安分局局长叶在均在这次会议上专门汇报了《关于上门报户口的几点体会》，报告既简洁朴实、实事求是，又围绕为人民服务宗旨，大胆实践，得到公安部领导和与会者的充分肯定，并纳入了《公安工作方法 60 条》。大会作出决定，在全国公安派出所推广上门报户口，户籍管区内挂“警民联系箱”。

会后，毛泽东主席在中南海紫光阁接见了出席全国公安会议的代表。那天罗瑞卿问坐在前排的黄赤波：上海的“野战军”（叶在均名字的谐音）在哪里？叶在均站起来报告，罗部长特意把他领到毛主席身边，介绍了叶在均“发明”警民联系箱的来龙去脉。毛主席听了，连声称好。

上海市公安局成立以来，一直相当重视警民关系建设，在对公安工作如何为人民服务的方法和措施上从未间断过探索。除了 1957 年的“警民联系箱”，还有一个值得大书特书的是在全国首创了“交警纠正违章先敬礼”的执法方式。1959 年 8 月 6 日，上海市公安局向全市交通民警发出“三敬”（纠正违章、答复问询、联系工作时均需向对方敬礼）和“五必”（对敌必狠、对己必和、见危必救、遇难必助、见老幼病残过马路必扶携）的指示。最具典型意义的“纠正违章必敬礼”使人民群众对新中国人民警察全心全意为人民服务的宗旨有了直观认识和直接感受，这个密切警民关系的做法也被推广至全国并沿用至今。

新中国警察的形象代言人“马天民”

缪国庆

岁月如流。

时至2021年3月，能够存世的《今天我休息》大幅电影海报肯定为数寥寥，毕竟时隔60多年。但至少有一张被保存得十分完好，那一张就在上海公安博物馆内，走近那一张电影海报，就是走近一个“天天为人民”的人民警察马天民的心灵，就是走近马天民的创作原型之一马人俊的故事。

《今天我休息》电影海报

1959年4月的一天，上海海燕电影制片厂小剧场。

灯光渐渐地暗了下来，银幕上，一部喜剧电影《今天我休息》片头字幕正在推出，让人笑逐颜开的剧情随之展开——

今天，是青年警察马天民休息的日子，也是派出所所长的妻子为他介绍女朋友的日子。女朋友的名字很好听，叫刘萍。约定了今天上午见面，马天民也满心欢喜地前去约会，却为路遇的事情让他错过了约会时间，先是拦截、劝阻骑自行车在路上横冲直撞的小青年，接着帮助一位老农救捞掉进河里的小猪，而后又护送一个需要抢救的患病孩子前去医院……约会的时间和地点一改再改，马天民却一误再误。眼看太阳西斜，不得不约定在刘萍家吃晚饭。可在去刘萍家的路上，马天民偏偏又遇到三个红领巾送来了拾到的钱包，而钱包里又有一张当夜的火车票，想到失主万分焦急的心情，他就千方百计地前去寻找失主，等到把钱包交到失主手中，再赶到刘萍家里时，已经是晚上八点半了。等他等了一天的刘萍，心里怎么会开心？只以为马天民没有诚意，于是，给了马天民一副冷面孔，让他坐也不是、立也不是。正在尴尬之时，刘萍的父亲出现了，而刘萍的父亲惊喜地发现，原来女儿的对象，就是白天帮助自己救捞小猪的好民警……

一个多小时的剧情，就是一个多小时的笑声，直到银幕上出现了“再见”二字，直到小剧场的灯光全部亮起，马人俊的眼睛还没有离开银幕，就连编剧李天济走到他跟前了，他都没有察觉。作为影片中的主人公“马天民”的原型之一，马人俊是被特地请来观看试映的，当然，他还带来了他的新娘张盼兮，一个同样是爱民模范的女民警。

“拍得好、拍得好……”马人俊对电影《今天我休息》赞不绝口。

编剧李天济则笑着说：“马天民，天天为民，这就是你的形象啊！是我们人民警察的形象啊！”

马人俊当人民警察的道路并不平坦。

那是1950年10月，抗美援朝的热潮在中国大地涌动，正在七宝中学读初二的马人俊也热血沸腾，他一心只想报名参加志愿军，去朝鲜战场。

《今天我休息》电影剧照

可是，一批名单宣布了，没他；又一批名单宣布了，还是没他，这让他好不懊丧。正在这时候，学校的政治教员找到了他，征询他的意见："保送你去报考人民警察，你觉得怎么样？"其时，上海刚解放一年多，治安形势复杂，百业待兴，为了加强新时期公安工作，上海市军管会决定从中学里挑选一批优秀青年充实人民警察队伍。马人俊低头一想，也好，同学们到前线去打仗了，我在后方维护社会稳定，也是一样的。这样，他就答应了下来。

一回家，他就兴冲冲地把自己报考警察的事告诉了哥嫂，在他想来，哥嫂也会为他高兴，可让他万万想不到的是，哥嫂的一句话把他噎得半天都没有缓过气来："好铁不打钉，好男不当兵，更别说去当警察了。你若是去当了老百姓都看不起的警察，连我们都会抬不起头来。"当个警察，问题就有这么严重？马人俊想不通。"你读好你的书，我们也算是对得起爹娘了。"哥哥说得无比动情。马人俊不由得红了眼圈。他出生 12 天时，母亲就因产后得病去世了，到了他九岁那年，父亲又因积劳成疾撒手而去，好在大哥、二哥此时已经成人，就把他带到了上海，这才安定了下来。不管怎么说，在父母双亡的情况下，也正因为手足情深，才能够这样不离不弃，还出钱供他读书。按理，今天，他也应该听了哥嫂的劝说才是，可在这个问题上，他却有自己的主意，他得听学校政治教员的，他必须去当警察。

1950年10月，上海公安学校第一期培训班在龙华大明火柴厂开班，马人俊是瞒着自己的哥嫂来参加集训的。他在七宝中学读书时就是住宿的，因此，哥嫂未必知道自己已经实施了当警察的计划，他想，到时候木已成舟，也就由不得他们了。可是，他打的是如意算盘，而哥嫂还是摸到了他的行踪。那天，集训队的一位教员来通知他，说是他的家里来人了，他的心顿时一惊，出去一看，果然，哥嫂正等着他呢。一见他的面，哥嫂迎上来就要拉他回家，说："宁可养你在家吃白饭，也不准你做警察，丢人现眼！"丢人现眼？我丢什么人、现什么眼了？这200多名学生警察都是从上海中学、南洋模范中学、七宝中学选拔而来的，难道他们都丢人现眼了？马人俊受不了这份羞辱，背转身就跑了……

他跑过了公安集训的历程，跑过了在郊区搞土改的历程，跑进了上海市公安局闸北分局芷江庙路派出所，当了一名户籍民警。

他分管的辖区叫谈家湾。对于谈家湾，解放前就有过一句传言，叫作"做鬼不去谈家湾"。为什么？原来这里是一个乱坟山，穷人家有人死了，买不起棺材，就用草席之类的卷一卷，随便挖个坑就埋了。荒草萋萋，野鬼遍地，永远是一片凄凉景象。1947年至1948年，因苏北地区解放战争"拉锯战"，当地的不少劳苦群众逃难来到上海，租不起房子，就在这里搭棚安身，以避战乱，逐渐形成了被当时的上海人称作棚户区的居住区。

初来乍到的马人俊对谈家湾毫无概念，只知道这里住着410户人家、5000多号人，可当他跑去一看，顿时就傻了眼，这叫什么居住区啊！根本就没有一间像样的住房，大多数都是用旧芦席糊上烂泥搭起来的简陋草棚，还有不少只是用几根竹片、几张破草席拱成的半圆形的窝棚……草棚和窝棚只用来睡觉，至于洗衣、洗菜、烧饭以及日常交往一概都在外面进行，难怪垃圾遍地、污水横流，连晴天进去都得穿上套鞋，一到雨天就只好赤脚踩着泥浆行走了。

不管环境怎样恶劣，既然做了这里的户籍民警，就必须摸清这里的户籍情况。马人俊拿起蓝色的户口本，开始一家家地去对户口。可是，那里的老百姓对他都爱答不理，甚至还有白眼相对的。辛辛苦苦地奔波了两个月，根本就没有一个人愿意跟他说真心话，而在镇反工作中，他竟然连一条线索也没发现，他一走进派出所，就会羞愧得抬不起头来。

他十分纳闷：是不是因为自己年纪轻？他的身后，确实传来过那种带有轻蔑的笑谈："什么东西，一个小把戏！"是不是因为自己不会讲苏北话呢？好像也有一点儿，他确实听不大懂苏北话，常常要人家重复一两遍，人家不耐烦了，干脆就冲他一句："话讲不来，谈什么谈！"这些都是原因，好像又不是主要原因，他有这种感觉。

一个人民警察却被人民群众拒之门外，主要原因在哪里呢？

那天，早晨起来就见到一片浓雾，马人俊推开窗子看了几次，浓雾似乎没有一点儿消散的迹象，他的心里也笼罩着一片浓雾，因此有点儿犹豫：今天要不要去谈家湾呢？不熟悉谈家湾的人不知道，在这种时候走进去，两眼一抹黑，七弯八拐的，说不定就走不出来了。但他最后还是决定去，至少要到毗邻谈家湾的旧货市场去走一走、看一看，在那里落脚的人员也多，不仅成分复杂，而且流动性极大，治安管理任务也相当艰巨。

马人俊前脚刚刚跨出派出所大门，吴所长却叫住了他。

"有点儿苦恼，是不是?"吴所长问道。见他点了头，接着又问："那为什么不来找我呢?"吴所长是从解放区来的，当过区长，有丰富的群众工作经验。

"居民群众对你不理不睬，不是对你马人俊个人有意见，而是出于对旧警察盛气凌人甚至胡作非为的反感。"吴所长到底是吴所长，一句话就点中了问题的要害。他说，你知不知道，在旧社会，老百姓被"警察"整怕了，他们对老百姓吆五喝六、神气活现，甚至敲诈勒索、为所欲为，尽管老百姓当面称呼他们为"警察先生"，但在背后就叫他们为"三六九"（捞现钞），从心里是看不起他们的，甚至是讨厌、仇恨他们的。

噢，难怪哥嫂铁了心似的不让自己当警察，还说出"丢人现眼"的话来；难怪谈家湾的老百姓看见他唯恐避之不及，还以白眼相对。马人俊感到自己心上的浓雾渐渐散去，他终于找到了曾经百思不得其解的"主要原因"。可是，"主要原因"找到了，他又该怎样去证明新中国的新警察和过去的旧警察不一样呢?

"靠我们去确立新的形象。"吴所长肯定地说。

形象？马人俊第一次听见这个新名词，不禁有点儿茫然。

“眼下，上海刚解放不久，群众对我们人民警察的认识还有一个过程，”吴所长提醒说，“你要为老百姓做点儿好事啊！把你的心给老百姓，就能换来老百姓的心。你要用行动告诉老百姓，新中国的警察是为人民办事的，是人民自己的警察。”

这下，马人俊可是彻底明白了，在他眼前，那一片浓雾正在消散……

告别了吴所长，马人俊拔腿就跑进了谈家湾。

他要从老百姓的身边事做起，他要从老百姓的贴心事做起，去彻底改变群众心目中原来的警察形象。“我开始有意识地寻找需要帮助的群众。其实，根本就不需要寻找，只要有心，身边到处都有需要帮助的人。”后来回忆起那段日子，马人俊深有体会。

在谈家湾，不少穷人买不起菜，都自己圈块地种菜，他就去帮忙种田浇粪；400 多户人家只有一个给水站，他就主动帮忙去给水站挑水；凛冽寒风卷了老百姓的屋顶，他就帮他们一起加固……

突然间，来了寒潮，下了雪，一踩一踏，谈家湾到处是污水和泥泞。

马人俊就到处跑、到处看，像在寻找失落的什么东西似的，谁都不知道他究竟想干什么，只有他自己心里清楚。那天，他跑到北四川路横浜桥附近，看到有一家玻璃厂正在把煤渣倒出来，马上就跑进厂里，找人商量：能不能让我来拉煤渣去铺路呢？人家一听，蛮好，也就做了顺水人情：本来就要倒掉的，你来帮着运走岂不省事！

喜出望外的马人俊马上就去借了一辆老虎塌车（板车）来，开始了他的一边运输一边铺路的为民工程。从谈家湾到横浜桥来回一次得两个小时，虽说正是天寒地冻的时节，但马人俊却干得满头大汗、热火朝天。

刚开始时，有不少人出于好奇，袖手旁观，但是他们终于在一个星期以后看到了一条渐渐成形的煤渣路。此后的一天，当马人俊又一次拉着装满了煤渣的老虎塌车走进谈家湾时，他发现有几个年轻人热情地迎了上来，帮着卸下煤渣，然后与他一起铺起路来。再后来，他发现越来越多的居民主动与他一起干了起来，他还听见了居民们的悄悄议论：“这个警察与以前的那些警察不一样，倒是实实在在地为我们做事啊！”

两个月后，谈家湾的路铺好了，虽然这些煤渣路还不够平坦，但却是谈家湾有史以来不曾有过的真正的路；下水道也挖好了，这里的居民再也不用一脚泥一脚水地走路了。

在不知不觉之间，谈家湾的老百姓对马人俊的称呼也从过去的“警察先生”变成了“马同志”和“小马”，愿意与他家长里短地聊天了，甚至愿意将自己的心事和盘托出了，这一变化使马人俊深有感触，而派出所吴所长则把话说得意味深长：“你把路铺到老百姓心里去了。”

白天下户口段，晚上去里弄调查摸底，半夜还要四处巡逻，半年多下来，马人俊对自己负责户口段的几百户人家、几千口居民的情况了如指掌，能够一丝不差地报出每个居民的体貌特征、社会关系，以及他们自18岁以后的全部经历。当时，派出所对民警的考核很简单，却很实在：如果有居民来所里办事，所长就把管段民警叫到隔壁房间，让他凭谈话声音报出那位居民的姓名和家庭情况，报得出就通过。这项考核后来被归结为八个字：听音知人，见人知情。

马人俊不仅报得出谈家湾的人，他甚至还知道哪一只鸡、哪一只鸭是谁家养的，哪一头猪、哪一头羊是谁家喂的。这一点儿都不假，有人试过，一问一答一个准，服了；有人听了，思忖一个人哪有这么好的记性，只是不信。

可随后发生的一件事就不由人不信了。

那天夜里，马人俊背着水壶、手电筒，正在谈家湾一带巡逻，刚走到一条小河浜附近，耳边突然间传来了一声长长的怪叫。他的神经顿然绷紧了，上海刚解放不久，治安形势复杂，尤其谈家湾地区地处城乡接合部，各式人等杂居，谁也难保不会出什么大事的。他循声而去，按亮了随身的手电筒，在黑黝黝的河面上仔细地搜寻着目标，果然发现在河中央有一团沉沉浮浮的黑影。莫不是有人失足落水了？又会不会是谁把人推入了河里？他来不及多想，三步并作两步，一纵身就跳入了水中，拼命朝目标游去。游近了，才闻到了一股臊味，才发现那是一头小猪。但真想要救捞，也并非一件容易事，猪虽不大，力气却大，它可不领马人俊的这份人情，一直都在死命挣扎。那时的马人俊不过十六七岁，身材瘦弱，好不容易把小猪拖到河滩边，几乎就筋疲力尽了。

抱着小猪，湿淋淋地爬上河滩来，问题又来了：这是谁家走失的猪呢？如果不知道这是谁家的猪，那么自己就该与这头猪相伴一个长夜了。

他想认真地看看这头猪的模样，可手电筒浸了水，怎么按都按不亮了，于是，只能抱着这头猪朝着有灯光的地方走。在渐近渐亮的灯光中，猪的特征渐渐清晰了，马人俊的心也就乐了：这不是杨大伯家的那头叫“乐乐”的小猪吗？他认得，因为他记住了“乐乐”屁股上的那一块毛色不同的印记，不会有错的。他就径直去杨大伯家叫了门，杨大伯开门一看，倒是愣了：自家的小猪怎么到了马同志的手中？而马同志又怎么会浑身上下没一处干？马人俊就把事情原委简单地说了一下，杨大伯在一个劲地道谢的同时，却对马人俊怎么会知道小猪是他家的感了兴趣，当马人俊说了“乐乐”屁股上的那一块印记时，杨大伯顿时叹服了：“乖乖，马同志你不得了！”

“你说的是猪，我说的是人。”在不久的普选中，王文仁大爷听杨大伯说完马人俊救猪、识猪、送猪的故事，腾地一下站起身来，表态说：“我已半截身子埋进土里，亏得马同志救了我，我也选他当人民代表……”

那时，王文仁大爷病了，病得很重，只见他眼睛微张着，牙关紧咬着，口鼻间只剩得悠悠一口气。家里人一边哭着为他料理后事，一边忙着烧倒头纸。原来这里的习俗认为，人死之前，要预先给一点儿盘缠，那样，死者就可以早一点儿投胎来世。这里在烧倒头纸，那里的马人俊早就获知了消息，他边往王文仁大爷家赶，边想，不管怎样，他都得送送这位苦了一辈子的老人。赶进那个低矮的棚子，走近床头，他拉起王文仁大爷的手，就像小辈一样呼唤着：“大爷、大爷……”他平时知道王文仁大爷患有哮喘，一到气候变化时准会发病，一发病，就会喘不过气来，只要用药及时，只要休息得好，就会转危为安。眼下，虽然比以往几次都病得厉害，但总得先送医院再说。他赶紧去叫了一辆救护车来，把王文仁大爷送去了医院……王文仁大爷又从鬼门关前回来了，好端端地活着了。

王文仁大爷要选马人俊当人民代表，金鉴清也是举双手赞成的。

在那个特别冷的冬天里，因为没有御寒的衣服穿，金鉴清只能蜷缩在棚子里，而棚子是到处钻风的，差点儿把他冻死。那天，马人俊来走访，看到他这副落魄的样子，当即就从口袋里摸出钱来，递到了他的手中，说：“我是供给制，每月只有六块钱，现在还剩三块半，要是不嫌少，你拿去买套棉衣裤吧……”“这哪里仅仅是钱呢？这是一份情意，是人民警察对老百姓的情意……”说着说着，金鉴清低下了头，几颗泪珠随即滴落在地。

你一言，我一语，讲的都是平常事，说的都是心里话，像这样众口一词地为一个警察评功摆好，在谈家湾，可是从来都没有过的事！

1953 年，为了尽快巩固新生政权，“镇反”形势十分紧迫。

此前，派出所吴所长跟马人俊交过底：你知道谈家湾还叫什么？小台湾！谈家湾里除了劳苦群众，还混有国民党残敌、特务、叛徒、流氓恶霸……马人俊心里清楚，像谈家湾这样由大量来路不明的人形成的“无底洞”，靠他一个人挨家挨户去排查，不知要查到猴年马月呢。再说，就是查到了嫌疑对象，也会因为种种原因顾此失彼。

马人俊是有过教训也有过经验的：当时，辖区里隐藏着一个姓熊的原国民党保安团团长，在老家曾杀害过十一位革命志士，由于经验不足，在准备抓捕他的当天下午，马人俊想先去他家打探一下情况，结果被察觉了，等到晚上去实施抓捕时，那个姓熊的家伙早就逃之夭夭了。好在前一阵子打下了良好的群众基础，群众得知这一情况，就自发组织起来，每天轮流去熊家对面的茅厕蹲守。他们说，他逃了，可他老婆还在，他总有一天要偷摸着回来的。果然不出预料，在蹲守的第 14 天，终于将那个血债累累的反革命分子抓捕归案了。

眼下，马人俊面对的是一个没主的草棚，由于无人修缮，草棚破旧不堪，偏偏却热闹非凡。因为没主，所以谁都有份，愿住就住，想去就去，总是挤着六七十个人。其中，大多数人来历不明。他们来来往往，用不着打招呼，谁也不管谁是干什么的，大多都是天明起身，一晃便不见了人影，常常要到夜深才回来。马人俊想，其中肯定隐藏有反革命分子，问题是，究竟怎么才能全盘掌握内部情况呢？当然，只有内部的人才能掌握内部情况，而这些内部的人必须成为公安依靠的基本力量。马人俊排出了具有户籍的顾乐、卢大生等人，这些人尽管有过各不相同的曲折经历，但却都是苦出身，他相信，通过关心、教育后，他们一定会有所觉悟的。

马人俊想的绝对没错。

有一天，顾乐跑来了，向马人俊反映了一个情况：“我们这里有个没报户口的，叫陈子明，据说过去当过民兵队长，还是党员呢。”马人俊一听，感到好生奇怪：“党员、民兵队长？那为啥不在家乡工作，跑来上海这么个地方？”通过公安条线一查，是个叛徒。据那里的乡干部反映说：“此人在国民党军队进攻时，告过密，让敌人把村里坚壁的粮食全掳走了，后来索性带枪到还乡团去了。”获得了证据后，马人俊立即带上了手枪，当夜前去草棚守候，可一连守候了好几夜，都没见此人的影子。马人俊只当是保密不够，走漏了消息。想不到有一天夜里顾乐跑来了，兴冲冲地对他说："这小子回来了！"马人俊精神为之一振，提了枪，连奔带跑地冲进了草棚，那人抬眼一见面前的警察，顿时傻了眼，直到被戴上手铐，他还没有明白自己在家乡的恶行怎么会在上海暴露的……

一天，派出所吴所长把马人俊叫到办公室，布置说："分局来电话，说是靖江有个现行反革命越狱了，可能会逃来上海，你那里也查一查。"马人俊立刻就想到了那个没主的草棚，派人去把顾乐他们叫来研究，卢大生当即一拍脑袋："今天早晨，还真有这么个人来过，样子和你说的差不多，兴许晚上还回来。"等到天色将晚，马人俊就藏身于草棚附近，不一会儿，有人大摇大摆地走来了，附近的卢大生使了个眼色，马人俊一辨认，果然就是照片上的那个逃犯。等他进了草棚，马人俊当即就堵住了草棚门，大声喝道："你的本领不小，能够弄开手铐越狱逃跑！"此时，那个逃犯来到上海才七个小时……

正是因为获得了群众的信任和拥戴，马人俊先后获得了群众提供的400多条线索，查获了80多名不法分子，其中18名还是身负血债的反革命分子。

逢年过节，再穷苦的百姓家也会去买点儿鱼肉来，改善一下平时缺少荤腥的生活。

这年元旦中午，谈家湾李富兰家的桌上就摆出了丰盛的家宴，偏偏就在这时候，来了一个警察，说自己是从苏北盐城来的公安人员，到这里来抓反革命的。他在李富兰家的桌边坐下后，就没有一丝要走的意思了。"还没吃饭吧？一起吃、一起吃。"李富兰客气地说。那好那好，那人也不推辞，拿起筷子就撕开了那只红烧蹄髈，旁若无人地大吃大嚼了起来。李富兰在一旁越看越不对劲，怎么看都与民警马同志不一样，马同志来谈家湾好几年了，下户口段始终自己背着个水壶，连居民家里的茶都不喝一口，更别说去吸居民的一支烟、去吃居民的一粒糖了，哪像这个警察，还是那一副鱼肉百姓的旧警察模样。

不行，得报告马同志去！这样想着，她就打了个过门，说是再炒两个菜去，然后一路小跑，跑进了派出所。

听李富兰一五一十地说着事情经过，马人俊越听越感觉蹊跷：要是盐城公安人员来谈家湾抓反革命，肯定会与分局联系，分局就会安排给派出所，哪有私自跑进老百姓家，又吃人家蹄髈的！

他请示了分局，此时，分局刚刚接到邑庙分局的电话，说是有个冒充公安人员的反革命分子，抓到没几个小时，又给他跑了，正要各个分局协同抓捕。

问清了体貌特征，马人俊立即和几个民警一起赶到了李富兰家里。眼前的那个警察果然穿着公安制服，见到马人俊他们，也毫不惊慌。即使当马人俊问起他是否去过邑庙分局，他也坦然说去过，因为自己从乡下到上海来抓反革命，在邑庙地区犯了纪律，他们把我找过去谈一谈。直到马人俊厉声警告他“别演戏了”，他还像是演戏似的狡辩说：“好吧，自己人捉起自己人来了。”

此后，马人俊在谈家湾的一次居民会上表扬了李大嫂，说是李大嫂有警惕，有眼力，能分得清真假警察。大家说，这几年来，我们从你的身上看也看懂了什么叫人民警察，哪里还用得着仔细去分？说来说去，倒是反过来表扬马人俊了。

1956 年 4 月，一列墨绿色的自京回沪的列车飞驰在铁轨上，车上的一个靠窗的位子上坐着马人俊，窗外一片片绿意盎然的田野、一间间屋舍在他眼前一掠而过，他的心头充盈着对党、对人民群众的感激之情。

几天前，他来京参加全国人民警察、治安保卫委员功臣模范代表大会，被公安部授予了全国公安一级英模荣誉称号。公安部部长罗瑞卿在会上号召说：“人民警察要想不脱离群众、不被群众所讨厌，要想受到群众喜爱，那就请你学习马人俊。”周总理在接见他时又说了一段让他终生难忘的话：“当一次、两次英模不是最难，要一辈子当一个人民喜欢的好警察就不容易了。”

马人俊感谢学校的政治教员给了他当上人民警察的机会，感谢派出所吴所长在他当上人民警察后给他的帮助，更感谢谈家湾的居民群众对他的支持，使他深切地懂得了一个最浅显的道理：只有坚持从小事做起、从身边的事情做起，通过一件件小事的办理、一件件难事的解决，才能累积人民群众对警察的信任，才能坚定人民群众对“人民公安为人民”的信念，才能凝聚人民群众对党的热爱。

“你在想什么呢？”他的耳边响起一个女声。他有点儿不好意思起来，

上海公安博物馆陈列的1956年全国人民警察、治安保卫委员功臣模范代表大会纪念刊

光顾着想自己的心事了。他的身边坐着一起参加全国人民警察、治安保卫委员功臣模范代表大会的张盼兮，一个年轻的圆圆脸庞的上海女民警，与他相差一岁，才刚刚20岁。他们是在座谈时相识相知的。他侧过头，笑了一笑："你晓得吗？我是吃百家饭长大的，我一出生，母亲就去世了，家里负担重，周围邻居就用一口口奶水、一碗碗米汤喂我……"

"怪不得你在会上的发言讲得这么好，你说'警察是人民养育的，服务人民是我们警察的天职'，是用自己的真情说的。"

"你晓得吗？从一开始把我拒之门外，到最后恨不得把心掏给你，谈家湾的居民群众，不，我们的人民群众心里都有一杆秤……"

话越说越多，心越谈越拢……

这一场交谈，谈了50多年，至今还在进行。

在交谈的间歇，他们的目光就会看着电影《今天我休息》的海报，海报挂在家里的墙上，海报上的那个马天民平易地微笑着，依然在述说着一个个天天为人民服务的故事，述说着永远不会过时的"马天民精神"……

反映警民关系的儿歌《一分钱》

章慧敏

在上海公安博物馆二楼的一个展柜里，醒目地陈列着一位名叫潘振声的老人的照片，照片的下方是他创作的《一分钱》手稿——略微发黄的白纸上用蓝色圆珠笔写着简谱和歌词。2001年，这份手稿已被国家文物局评定为国家一级文物。

一位不是公安民警的老人，以及他的儿歌为什么会被珍藏在上海公安博物馆呢？这件事的前因后果，还得从1998年上海公安博物馆筹建之时的征集展品开始说起。

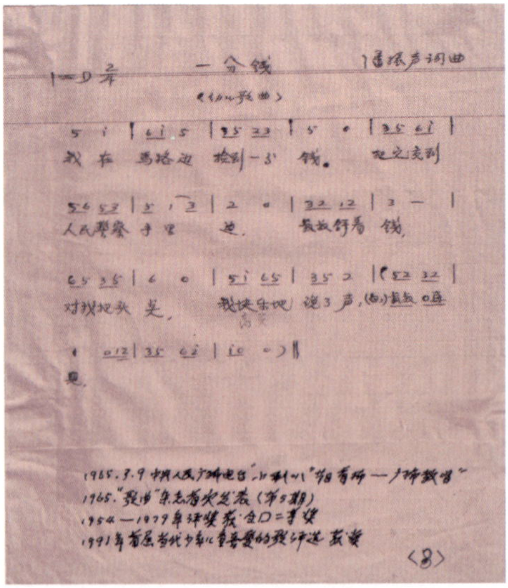

潘振声《一分钱》歌谱手稿

寻觅《一分钱》儿歌的词曲作者

我在马路边捡到一分钱，
把它交到人民警察手里边，
叔叔拿着钱，对我把头点，
我快乐地说了声：叔叔，再见！

相信六七十年代出生的人对这首儿歌绝对称得上耳熟能详。毫不夸张地说，这一代人乃至几代人都是唱着《一分钱》的儿歌长大的，它滋润着少年儿童纯真的心灵。

时光荏苒，转眼到了1998年上海公安博物馆筹建时紧锣密鼓地征集展品之时。有一天，首任上海公安博物馆馆长俞烈对参与建馆的孙浩说道："'我在马路边捡到一分钱'的儿歌不正是描写警民关系的经典作品吗？我们都是听着这首儿歌长大的，它脍炙人口，家喻户晓，而且诞生于上海。你是从文艺界出来的，想必儿歌的作者也是文艺界的，你应该想办法找到这位词曲作者，向他征集这首儿歌的手稿后在我们的公安博物馆展陈出来。"

这真是个好创意！警民鱼水情是公安战线一个永恒的主题，公安博物馆征集《一分钱》的手稿并展示，无论从哪个角度来看，它的意义大于展品本身。

然而，孙浩接到这个任务后却一时没了方向。确实，他曾从事过音乐研究，但对儿歌创作者不熟悉，何况中国的作曲家众多，他不可能全都认识。找人也要有个方向吧。

孙浩想啊想，突然灵光一现，如果作者是上海的，那么他可以问询一下上海市文联党组书记李伦新啊，他希望李书记能给他提供一点儿线索。

孙浩立即给李书记打去电话说了缘由。李书记说自己并不认识《一分钱》的作者，但他会问询知情人，过两天给回音。果然，两天后有位上海音乐家协会的同志给孙浩打来了电话，说《一分钱》的词曲作者叫潘振声，是上海人，原来在上海人民广播电台工作，50年代被调到宁夏回族自治区去了。听说现在是自治区的文联副主席。

总算有名有姓有下落了。孙浩喜不自胜，方向有了，还愁找不到人吗？他立刻拎起电话，辗转找到了宁夏回族自治区文联。对方热情地告诉他，这位潘老师80年代被调到江苏省文联去了，现正担任副主席一职。

众里寻他千百度，只差一步了。孙浩又是一番忙碌，几经周折，总算找到了潘振声家里的电话号码。当电话接通时，对方一声“你好，请讲”，孙浩激动得简直语无伦次了。

接电话的正是潘振声。当孙浩把公博馆准备向他征集《一分钱》儿歌手稿的想法说明后，他感觉到电话那头的潘老师一直在认真地听他说的每一句话、每一个字。第六感应告诉孙浩，潘老师回应的“嗯、嗯”绝非敷衍和应付，而是在思索。

孙浩一口气把诉求说完后，小心翼翼地问了句：“上海公安博物馆想向您征集这首儿歌的手稿，不知潘老师是否愿意交给我们？”

孙浩是忐忑不安地提出请求的，他根本没想到潘振声听完这句话后，连一秒钟都没犹豫：“上海公安筹建博物馆，我赞成，我一定支持，我一定把《一分钱》儿歌手稿捐给你们……”

此时的孙浩难掩激动，他马上说：“那真是太感激潘老师了，我马上到南京来取。”

潘振声立刻接口说：“你们工作很忙的，不用来南京取，我亲自给你们送去。”

这让孙浩简直不相信自己的耳朵。

《一分钱》诞生于宁夏

潘振声祖籍上海青浦，1932年1月出生于汉口市（今武汉市），家庭贫困。九岁那年，他被收容到广西桂林的象鼻山下的“儿童保育院”上学，这是一所由宋庆龄开办的半工半读学校，收容的大都是些从沦陷区抢救出来的孤儿。由于他对音乐格外喜爱并有天赋，音乐老师选他当了学校合唱团的小指挥，经常到社会上进行抗日演出，募捐资金。

可好景不长，因为时局变化，儿童保育院转移到大后方去了，潘振声不得不跟随父母逃难来到贵阳，为了生计，进了当地一家卷烟厂做童工。抗战胜利的1945年，他随着父亲和姐姐回到上海投靠亲戚。可因为家里经济条件差，只在南汇县的新城镇乐育中学上了半年初中，就不得不辍学去街头卖报赚钱。

1947 年，潘振声又经好心人介绍，到一家小印刷厂当学徒工。他爱学习，便用学徒的收入在业余时间上了“上海现代影剧演员学校”。1950 年，他学成毕业。毕业后的潘振声立刻报名参加了中国人民解放军，当了一名炮兵。

在部队里，他很活跃，艺术天赋也尽情地发挥了出来。他会拉手风琴、会跳舞、会演戏、会说相声、会唱大鼓、会写作，一场演出下来总是赢得满堂彩，很快成了深受欢迎的“一专三会八能”的文艺工作者。为此，他受过表彰，立过功，还加入了共青团。

1955 年年初，潘振声复员回到上海，被分配到徐汇区漕溪路小学当音乐老师兼少先队辅导员，从此走上了儿歌音乐创作的道路。

潘振声创作的第一首儿童歌曲《我们来到了花园里》曾从上海传唱到各地。令他没想到的是，这首在上海唱响的儿歌，居然发表在由陕西省音乐家协会主办的《群众音乐》上面。当时能发表作品的人凤毛麟角，潘振声的心中油然升起巨大的幸福感，从此便与儿童歌曲结下了不解之缘。

潘振声热爱孩子，在学校里教他们唱歌，为他们创作，教学成果累累。1956 年，他获评“上海市优秀教师”荣誉称号，同年 12 月 24 日，他光荣地加入了中国共产党。

潘振声的名声和歌声一起飞扬，不久，上海《广播歌选》聘请他为客座编辑，1957 年 9 月，他又被调去上海人民广播电台任音乐制作人。不过，人虽然离开了学校，但他的心却始终留在校园，为少年儿童写歌的笔一直没放下。在全国各地出版的音乐期刊中，几乎不间断地有他的儿童歌曲问世，仅仅 1957 年这一年，他就发表了 40 多首新作，还出版了三本个人专集。他的作品早已飞出上海，在全国各地唱响。

1958 年，潘振声来到宁夏参与筹建宁夏人民广播电台，这一待就是 32 年，宁夏成了潘振声的第二故乡。他曾自豪地说：“宁夏的娃娃不缺歌唱!”的确，是金子总要发光，他从宁夏人民广播电台的音乐编辑，到电视台的导演；从宁夏回族自治区音协主席、文联副主席，到宁夏回族自治区政协委员，无论什么工作他都干得出色，直到 1990 年退休回到南京。

说起《一分钱》的创作，还得从 1965 年中央人民广播电台“小喇叭”

节目组的编辑约稿说起。编辑是想请他创作一首表扬“好孩子”的儿歌，但“好孩子”的题目太笼统、概念又太大了，这让潘振声一时不知从何下手。

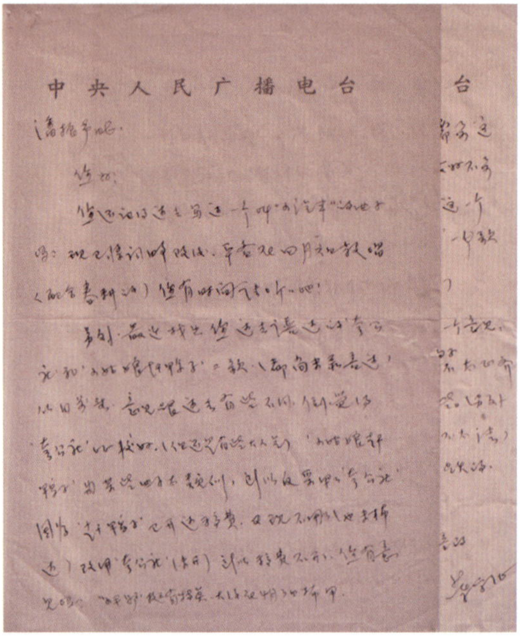

中央人民广播电台

潘振声同志：

您好！

中央人民广播电台“小喇叭”栏目给潘振声的信

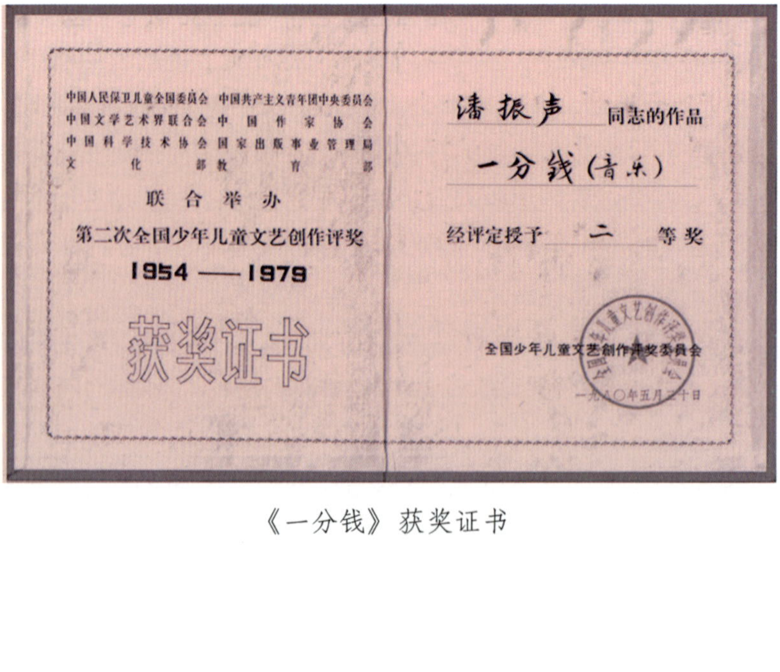

中国人民保卫儿童全国委员会 中国共产主义青年团中央委员会
中国文学艺术界联合会 中国作家协会
中国科学技术协会 国家出版事业管理局
文化部 教育部
联合举办
第二次全国少年儿童文艺创作评奖
1954——1979
获奖证书

潘振声同志的作品
一分钱（音乐）
经评定授予二等奖

全国少年儿童文艺创作评奖委员会
一九八〇年五月三十日

《一分钱》获奖证书

万籁俱寂时，潘振声想起在上海的小学任少先队大队辅导员时的情景，他的办公桌上有一只放大头针的盒子，里面就专门放着孩子们从马路上和校园里捡到的一分钱、两分钱。孩子们拾金不昧的行为常常拨动着他的心弦。

潘振声还想起，当年他们学校的学生们上下学都要过一条宽宽的漕溪路。每当这时，不管是刮风下雨，还是酷暑严寒，总有交通民警护送着孩子们安全地通过马路。懂事的孩子们过了马路后，便会回过头来挥挥小手，亲热地叫一声：“叔叔，再见！”

他亲眼看见，有一天一个小朋友将马路边捡到的一分钱交给了警察叔叔，那位叔叔微笑着摸了摸他的小脑袋，亲切地说：“真是个好孩子。”

此刻，这一幕幕真实感人的场景无比清晰地再现在他眼前，潘振声心想，这不就是创作“好孩子”的直接素材吗？那晚，他夜不能寐，望着宁夏皎洁的月亮，想起家乡的沪剧紫竹调旋律。蓦然间，他跳起身，拧亮台灯，经典儿歌《一分钱》就这样诞生了。

1965 年 3 月 9 日，《一分钱》在中央人民广播电台“小喇叭”节目首次播放。随后，这首歌曲便如春雨般迅速地洒遍大江南北。不仅孩子唱，大人也喜欢。一代代孩子长大后，每当生活中遇到了好人好事，还常常会在不经意中哼起这首旋律优美、节奏明快的儿歌。

“一分钱爷爷”无偿捐赠《一分钱》手稿

1998 年 12 月 21 日下午 4 时左右。在上海火车站，上海公安博物馆馆长俞烈和孙浩站在出站口翘首以待。他们在等从南京开往上海的列车，手中举着的牌子写着潘振声的名字。

这段日子以来，公博馆和潘老的联系一直依靠的是电话，只闻其声，不见其人，今天终于要面对面相见了，却还要借助牌子来相认。

一位老人走到他们面前，自我介绍说：“我是潘振声。”

总算见面了，三双手紧紧地握在了一起。俞馆长和孙浩开车送老人到下榻的饭店，时任上海市公安局政治部副主任的应根宝还特意赶来为潘老接风。他对孙浩交代说：“如果潘老提出知识产权的问题，我们应该予以适当的经济补偿。”

在宾馆的房间里，面对潘振声这样一位令人尊敬的老师，孙浩有点儿为难，他不知道应该如何开口谈《一分钱》手稿的经济补偿。孙浩说话的声音明显地有点儿不太自信，“潘老师，您捐出《一分钱》手稿，这涉及一个知识产权的问题，我们公博馆应该给予一些补偿的。”

潘振声听到这话，笑着反问道：“你们打算给我多少钱补偿呢？”

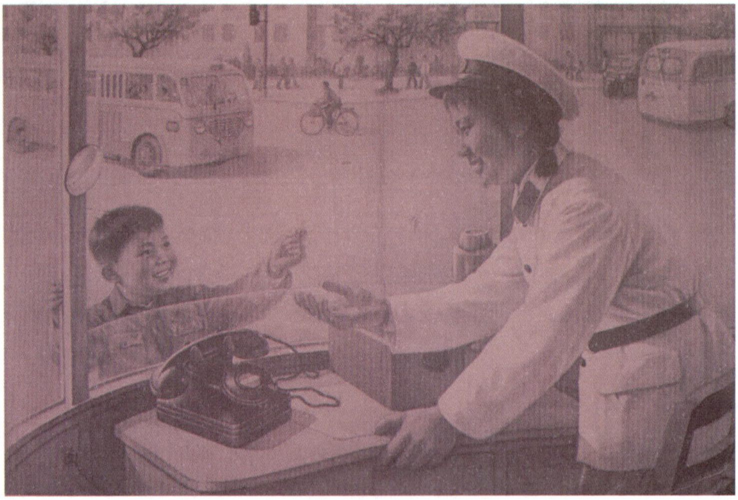

“公安宣传海报”——孩子将拾到的钱交给警察阿姨

孙浩一时愣住了，“潘老师您看多少钱合适呢？”

这时的潘振声挥了挥手，深情地说：“孙警官，我是一个受过磨难的老共产党员，我知道自己的社会责任。上海要建公安博物馆，我举双手赞成，我的支持就是一分钱不要，把这份手稿无偿地捐献出来。孙警官，你想想当年孩子们把拾到的一分钱交给警察叔叔，我当然也应该把手稿交给警察叔叔啊，我只希望让一分钱的精神代代相传……”

上海公安博物馆和潘振声的友情就此展开，每年，公博馆都会派人到南京去探望这位令人敬重的老人。虽然潘振声那时的身体每况愈下，但他并没有放下手中的笔，依然热心地为孩子们写歌。潘振声一生为少年儿童创作了1500多首儿歌，孩子们亲切地称他为“一分钱爷爷”。

孙浩最后一次见到潘老是在2009年5月8日，他因突发脑血栓入院医治。那时的潘老已陷入昏迷之中，不能言语。孙浩万分不舍，在他的耳旁大声说道：“潘老，您要坚强，全国儿童还等着听您的儿歌呢！”一遍又一

上海公安博物馆陈列的《一分钱》相关展品

遍的呼唤，只见潘老慢慢地竖起大拇指，眼泪从他的眼角缓缓地流了下来。

5 月 14 日深夜，潘老在南京逝世，享年 77 岁。追悼会上，按老人生前的遗愿，循环播放着他生前创作的《一分钱》和《春天在哪里》等代表曲目。

潘老虽然无儿无女，但孩子们最纯真的歌声在告慰这位老人的在天之灵。他为孩子们写的儿歌也将永远留在人们心里，一代一代传唱下去。

本书作者简介

（按文章先后顺序排序）

孙建伟

中国法学会会员、上海市作家协会会员，上海公安博物馆客座研究员。著有长篇小说《芒刺》、中篇小说集《魔都侨影》和长篇历史纪实文学《开禁：海关诉说》，报告文学集《狂飙乍起》《夜港惊枪》等。其中，《芒刺》获公安部金盾文学奖；《海洋之痛》《城市乡愁，别让我们的记忆面目全非》《“摩天”之恋》《张国樑：“阳光动迁”首倡者》等作品获中国散文学会、中国散文网、全国公安文联、上海市作协颁发文学奖项。

范晋川

上海市作家协会会员，上海公安博物馆客座研究员。著有小说集《处理原子弹》，中短篇小说《十字口来了个交通警》《少雪的冬天》《西区警察》《女老板和小民警》《谜案》《杀人》等，荣获公安部金盾文学奖、花地文学奖，曾获上海公安文学突出贡献奖。

姜龙飞

中国作家协会会员，上海公安博物馆客座研究员。生于1954年3月，下过乡、当过兵、做过工、进过机关、编过杂志；发表过一些文章，出版过一些书，得过一些奖。退休后仍以文史和写作为乐。曾获上海公安文学突出贡献奖。

刘翔

全国公安作家协会会员、上海市作家协会会员，上海公安博物馆客座研究员。从警数十载，一直从事公安刊物采编和公安宣传工作。著有散文集《吃素者说》《刘翔来了》，报告文学集《为警亦风流》《上海大案》《上海大案续篇》《上海大案纪实》《上海大案实录》《上海大案揭秘》《时光：一个人的杨树浦叙事》，主编《防诈骗攻略》。

尚景伯

上海公安博物馆笔名，主要撰稿人为王继伟和马骏。

章慧敏

中国作家协会会员、上海市作家协会会员、中国微型小说协会常务理事兼副秘书长，上海微型小说学会副会长，上海公安博物馆客座研究员。著有报告文学集《死亡的天使》《人生广角镜》《江山如此多娇》《商海潮》《拐角有爱》《情动天府》《右岸·苏州河》《繁华深处》《鱼翔潜底》等。其中报告文学《沉重的红十字》被译成日文出版。曾获上海公安文学突出贡献奖。

缪国庆

中国作家协会会员，上海公安博物馆客座研究员。作家、诗人，著有报告文学集、散文集、诗集多种，二十多年来，专注于公安文学创作，曾获上海公安文学突出贡献奖。

王建幸

中国作家协会会员、上海市作家协会会员，上海公安博物馆学术顾问。著有《狐踪谍影》《滴血十字架》《我不是孬种》《月光下的罪恶》《雨后脚印》等侦探推理小说二十多部（篇）。其中《狐踪谍影》《滴血十字架》荣获公安部金盾文学奖。《狐踪谍影》被改编成电影。